# Higher Education Research and Science Studies

**Reihe herausgegeben von**

Deutsches Zentrum für Hochschul- und Wissenschaftsforschung GmbH,
Hannover, Niedersachsen, Deutschland

AF138102

In der Reihe „Higher Education Research and Science Studies" (HERSS) werden Monografien und referierte Sammelbände in deutscher oder englischer Sprache im Themenspektrum der Hochschul- und Wissenschaftsforschung veröffentlicht. Sie trägt mit der Fokussierung auf interdisziplinäre und international anschlussfähige Forschung insbesondere zur innovativen Entwicklung dieses Forschungsfeldes in der Schnittmenge von Hochschul- und Wissenschaftsforschung bei. Herausgegeben wird die Reihe HERSS vom Deutschen Zentrum für Hochschul- und Wissenschaftsforschung (DZHW), einem nationalen und internationalen Kompetenzzentrum für die Hochschul- und Wissenschaftsforschung. Das DZHW betreibt erkenntnis- und problemorientierte Forschung zu aktuellen und langfristigen Entwicklungen auf allen Ebenen des Hochschul- und Wissenschaftssystems.

Bianca Maria Tokarski

# Hochschulweiterbildung zwischen Wissenschaftsinstitution und Weiterbildungsmarkt

Konventionenökonomische Analyse an Schweizer Hochschulen

 Springer VS

Bianca Maria Tokarski
Bern, Schweiz

Dissertation, Fachbereich Sozialwissenschaften der Rheinland-Pfälzischen Technischen
Universität Kaiserslautern-Landau (RPTU), Deutschland, 2023

ISSN 2662-5709             ISSN 2662-5717   (electronic)
Higher Education Research and Science Studies
ISBN 978-3-658-43780-0          ISBN 978-3-658-43781-7   (eBook)
https://doi.org/10.1007/978-3-658-43781-7

Die Deutsche Nationalbibliothek verzeichnet diese Publikation in der Deutschen Nationalbiblio-
grafie; detaillierte bibliografische Daten sind im Internet über http://dnb.d-nb.de abrufbar.

Planung/Lektorat: Marija Kojic
Springer VS ist ein Imprint der eingetragenen Gesellschaft Springer Fachmedien Wiesbaden GmbH
und ist ein Teil von Springer Nature.
Die Anschrift der Gesellschaft ist: Abraham-Lincoln-Str. 46, 65189 Wiesbaden, Germany

Das Papier dieses Produkts ist recycelbar.

# Inhaltsverzeichnis

V

# Abkürzungsverzeichnis

| | |
|---|---|
| Abb. | Abbildung |
| CAS | Certificate of Advanced Studies |
| DAS | Diploma of Advanced Studies |
| DQR | Deutscher Qualifikationsrahmen für Lebenslanges Lernen |
| ECTS | European Credits Transfer System |
| EMBA | Executive Master of Business Administration |
| HFKG | Hochschulförderungs- und -koordinationsgesetz |
| HWB | Hochschulweiterbildung |
| MAS | Master of Advanced Studies |
| MBA | Master of Business Administration |
| nfq-HS | Nationaler Qualifikationsrahmen für Hochschulen in der Schweiz |
| SBFI | Staatssekretariat für Bildung, Forschung und Innovation |
| WeBiG | Weiterbildungsgesetz |

# Abbildungsverzeichnis

# Tabellenverzeichnis

# Einleitung

1

## 1.1 Kontext der Schweizer Hochschulweiterbildung

Weiterbildungen an Schweizer Hochschulen unterliegen seit 2017 dem Bundesgesetz über die Weiterbildung (WeBiG), das Weiterbildung als «strukturierte Bildung außerhalb der formalen Bildung» definiert (WeBiG, Artikel 3). Zwar bleibt den Hochschulen eine gewisse Sonderrolle als Anbieter von Weiterbildungen erhalten, indem gemäß Artikel 2, Absatz 2 WeBiG für die Hochschulweiterbildung die Umsetzung der Grundsätze dieses Gesetzes in der Zuständigkeit der gemeinsamen hochschulpolitischen Organe nach dem Hochschulförderungs- und Koordinationsgesetz (HFKG) liegt. Jedoch ist mit der Inkraftsetzung des Weiterbildungsgesetzes eine Wettbewerbsorientierung zwischen Weiterbildungsanbietern bekräftigt worden, die eine Verbesserung bedarfsgerechter, qualitativer und zugleich wirtschaftlicher Weiterbildungen zum Ziel haben soll (vgl. Botschaft zum Bundesgesetz über die Weiterbildung, 2013: 3757). Die Schweizer Hochschulweiterbildung ist in einen ausgeprägten Weiterbildungsmarkt eingebettet, in welchem öffentliche und private Anbieter miteinander konkurrieren (vgl. Gonon, 2019: 372). Zu einer Verstärkung des Wettbewerbs hat zudem die Gründung der Fachhochschulen und Pädagogischen Hochschulen Mitte der 1990er respektive Anfang der 2000er Jahre beigetragen. Die Anzahl von Hochschulen, zu deren Leistungsauftrag die Weiterbildung gehört, hat sich damit entsprechend vergrössert. Mit der Fachhochschulreform wurde das Ziel verfolgt, die Wirtschaft zu stärken und das Schweizer Berufsbildungssystem durch Anschluss an den tertiären Hochschulbereich aufzuwerten (SBFI, 2020). Gleichzeitig stieg im Zeitverlauf die Durchlässigkeit des Bildungssystems, um Studieninteressierten ohne vorgängigen akademischen Abschluss den Übertritt in die Hochschulweiterbildung zu ermöglichen (vgl. Gonon, 2019: 384). Hierdurch wurde der Kreis

© Der/die Autor(en) 2023

B. M. Tokarski, *Hochschulweiterbildung zwischen Wissenschaftsinstitution und Weiterbildungsmarkt*, Higher Education Research and Science Studies, https://doi.org/10.1007/978-3-658-43781-7_1

der Adressat:innen wissenschaftlicher Weiterbildung erweitert und zugleich der Anspruch an die berufsbezogene Verwertbarkeit von Abschlüssen der Hochschulweiterbildung verstärkt. So deuten im Zeitverlauf Programmierung und Valorisierung der Hochschulweiterbildung auf eine stärkere Ausrichtung auf Beruf und Profession hin (vgl. Gonon, 2019: 395). Aus Sicht der Nachfrager:innen stellt sich dabei vor allem die Frage, ob und in welcher Form sich Abschlüsse der Hochschulweiterbildung für die professionelle Biografie tatsächlich rentieren (vgl. Baumann und Keimer, 2018; Schöni, 2017; Fischer und Zimmermann, 2011). Eine Refinanzierung der Hochschulweiterbildung wurde eindeutig im Bundesgesetz über die Weiterbildung (WeBiG) geregelt. Nach Artikel 9 WeBiG darf die staatliche Durchführung, Förderung oder Unterstützung von Weiterbildung den Wettbewerb gegenüber nicht-staatlichen Anbietern nicht beeinträchtigen. Dies gilt als sichergestellt, wenn die Weiterbildung zu mindestens kostendeckenden Preisen angeboten wird. Die Teilnehmer:innen von Hochschulweiterbildungen sind demnach angemessen an den entstehenden Kosten zu beteiligen. So liegen die Studiengebühren für einen weiterbildungsspezifischen Zertifikatslehrgang (CAS; Certificate of Advanced Studies) mit ECTS Credit-Erwerb je Teilnehmer:in zwischen 5–10 Tsd. Euro, ein Weiterbildungsmaster (MAS; Master of Advanced Studies) oder EMBA (Executive Master of Business Administration) generiert am Weiterbildungsmarkt Studienerlöse zwischen 10–57 Tsd. Euro je Teilnehmer:in (vgl. Fischer, 2014: 28). Studiengebühren für die Hochschulweiterbildung an international renommierten Universitäten liegen zum Teil auch deutlich darüber, wie aktuelle Webabfragen zeigen.[1] Für eine genaue Bezifferung des Marktvolumens der Schweizer Hochschulweiterbildung fehlen bis dato aktuelle Daten. So werden durch das Schweizer Bundesamt für Statistik (BfS) lediglich Abschlüsse des Master of Advanced Studies (MAS) ausgewiesen. Andere Weiterbildungsabschlüsse werden nicht in der nationalen Bildungsstatistik erfasst (vgl. Bundesamt für Statistik (BfS), 2022; Zimmermann, 2019b: 7). Es ergibt sich daher eine gewisse Ungenauigkeit in der Betrachtung. Jedoch ist, bezieht man zumindest die verfügbaren Daten zu den MAS Abschlüssen im Zeitverlauf ein, Weiterbildungsexpansion nachvollziehbar und kann zumindest als Trendgrösse herangezogen werden. Bei Zimmermann (2019a: 17) werden für die Jahre 2005–2017 insgesamt 52'549 MAS-Abschlüsse angegeben, wobei der Anteil der an Fachhochschulen erworbenen Abschlüsse mit ca. zwei Dritteln und der an Universitäten mit ca. einem Drittel angegeben wird. Für den Betrachtungszeitraum ist eine stetige Zunahme der Abschlüsse, insbesondere bei

---

[1] Die Preisstrukturen der Hochschulweiterbildungen lassen sich über die Angebotsausschreibungen auf den Websites der Hochschulen offen zugänglich nachvollziehen.

den Universitäten zu verzeichnen (Zimmermann, 2019b: 8). Der Leistungsbe-
reich Weiterbildung an Hochschulen erscheint, legt man diese Wachstumstendenz
zugrunde, lukrativ und somit lohnend für strukturelle Investitionen seitens der
Hochschulen. Bei Zimmermann (2019b: 13) wird für den Betrachtungszeitraum
2005–2016 als Näherungswert das Finanzvolumen der MAS-Abschlüsse in der
Schweizer Hochschulweiterbildung mit ca. 101 Mio. Schweizer Franken jährlich
beziffert.

Mit zunehmender Investition der Hochschulen in die Weiterbildung ergeben
sich wiederum selbstverstärkende Effekte. Es ist zumindest davon auszugehen,
dass Akteur:innen in der Hochschulweiterbildung die erfolgreiche Positionierung
ihrer Angebote auch vorantreiben und sich somit einem zunehmenden Wettbewerb stellen werden. Folgt man Gonon (2019: 385), so hält durch eine stärkere
Ausrichtung auf Nachfrage und berufliche Bedürfnisse eine neue, marktbezogene
Wertigkeit Einzug in die Hochschulweiterbildung. Die Weiterbildungsverantwortlichen üben dabei eine aktive und gestaltende Rolle aus, indem sie Angebote
entwickeln und marktbezogen vertreiben (vgl. Dollhausen, 2016: 247). Neben
der Logik des Wissenschaftssystems, werden Entscheide in der Weiterbildungsplanung und -entwicklung verstärkt auch durch Logiken des Weiterbildungsmarktes sowie der berufspraktischen Verwertbarkeit von Weiterbildungsabschlüssen
beeinflusst (vgl. Tettenborn und Tremp, 2020; Tremp, 2020).

Die Weiterbildungsangebote der Schweizer Hochschulweiterbildung folgen
einer vereinheitlichen Strukturierung von Weiterbildungsabschlüssen (vgl. Reum,
2020: 97; Gonon, 2019: 377; Zimmermann, 2019b; Fischer, 2014: 25), wodurch
eine nach aussen hin sichtbare Unterscheidung hochschulischer Erstausbildungen
(Bachelor) und konsekutiver Masterabschlüsse (bspw. Master of Science, Master of Arts) von hochschulischen Weiterbildungsstudiengängen ermöglicht wird.
Dadurch wird Nachfrager:innen nach hochschulischen Weiterbildungen die Übersicht über die vielzähligen Angebote erleichtert. So wurden durch die Schweizer
Rektorenkonferenz der Hochschulen *(swissuniversities)* als Dachorganisation des
Schweizer Hochschulsystems Abschlussformate definiert, die eindeutig der Hoch-
schulweiterbildung zugeordnet werden können und hinsichtlich Titelvergabe und

Erwerb von ECTS-Credits weitgehend standardisiert sind.1 F² Für die Zulassung zu einem Weiterbildungsstudium ist in der Regel ein abgeschlossenes Hochschulstudium einer Universität, Fachhochschule oder Pädagogischen Hochschule sowie Praxiserfahrung erforderlich. Die Hochschulen sind jedoch frei, für einzelne Weiterbildungsprogramme restriktivere Zulassungsbedingungen zu definieren oder die Weiterbildungsprogramme für weitere geeignete Bewerber:innen «sur dossier», also ohne tertiären Erstabschluss, zu öffnen (swissuniversities, 2020; Zimmermann, 2012). Trotz nationaler Steuerung durch die Rektorenkonferenz auf Basis der aktuellen Rechtgrundlagen, sind die Hochschulen in der Ausgestaltung ihrer Weiterbildungsangebote autonom. Die thematische Ausrichtung des Angebotsportfolios in der Weiterbildung liegt bei den einzelnen Hochschulen, beeinflusst durch Nachfrage und Konkurrenzsituation (vgl. Fischer, 2014: 38). Finanzieller Erfolgsdruck und Nachfrageorientierung bringen jedoch auch mögliche Qualitätsrisiken mit sich, wie beispielsweise eine Aufweichung von Zulassungsvoraussetzungen oder die Vermeidung von hohen Durchfallquoten und werfen Fragen nach der Governance von Hochschulweiterbildung auf (Fischer, 2014; Weber und Künzli, 2016).

Ein weiterer Einflussfaktor auf die Angebotsstrukturen der Hochschulweiterbildung sind Kooperationen zwischen Hochschulen und außerhochschulischen Institutionen (vgl. Gonon, 2019: 383; Fischer, 2014: 38). Organisatorisch eingebettet sind solche Kooperationsangebote in die Infrastrukturen der Hochschulweiterbildungen, dabei jedoch nur für einen definierten Kreis von Teilnehmer:innen des (außerhochschulischen) Kooperationsunternehmens zugänglich. Für die Weiterbildungsplanung und -entwicklung ergibt sich bei derartigen Kooperationsangeboten eine besondere Situation, da sich diese Angebote als Weiterbildungsdienstleitungen an einen sehr viel engeren Kreis von Adressat:innen richten. Zudem sind neben den Bedürfnissen der Weiterbildungsteilnehmenden auch die des Kooperationsunternehmens als Auftraggeber zu berücksichtigen. Im Umfeld dieser Kooperationsaktivitäten erfahren ökonomische Handlungslogiken potenziell eine zusätzliche Verstärkung. Kooperationen vollziehen sich unter

---

² Es werden die folgenden Weiterbildungsabschlüsse vergeben. Diese Regelung umfasst auch den Mindestumfang an ECTS-Credits nach Weiterbildungsabschluss. Certificate of Advanced Studies (CAS); mind. 10 ECTS Credits; Diploma of Advanced Studies (DAS); mind. 30 ECTS Credits; Master of Advanced Studies (MAS); mind. 60 ECTS Credits. In den Diplomen der Hochschulweiterbildung darf der Begriff „Master" nur mit dem Zusatz «of Advanced Studies» verwendet werden. Die Verwendung von Benennungen des Typus Master of Business Administration (MBA), Executive MBA oder Master of Public Health (MPH) liegt in der Kompetenz der Hochschule (vgl. Eckwerte der Hochschulweiterbildung; swissuniversities 2020). Diese Angebote sind zumeist integriert, so dass Masterabschlüsse durch eine Kombination von CAS- und DAS-Abschlüssen erworben werden können (vgl. Zimmermann, 2019 b: 8).

Wettbewerbsbedingungen und folgen kompetitiven Handlungslogiken (vgl. Alke, 2022: 257). Des Weiteren sind, neben den individuellen Motiven und Interessen der beteiligten Akteur:innen, auch unterschiedliche organisationale Logiken der Hochschule und des (zumeist privatwirtschaftlichen) Kooperationsunternehmens zu berücksichtigen (vgl. Fuchs, 2016: 29 ff). Unter Wettbewerbsgesichtspunkten bieten Kooperationen den Hochschulen jedoch die Möglichkeit zur Gewinnung neuer Weiterbildungskund:innen, zur Verbreiterung von Marktanteilen und nicht zuletzt, insbesondere bei längerfristigen Kooperationen, unternehmerische Planungssicherheit (vgl. Teusler, 2008: 21f). Zudem tragen Kooperationen mit Unternehmen ausserhalb des Hochschulkontextes möglicherweise zu einer verstärkten Profilbildung der Hochschulen bei, indem die Anwendungsorientierung der Hochschulweiterbildung durch die nach aussen sichtbare Nähe zum Praxis- und Berufsfeld potenziell verstärkt wird (vgl. Frank et al., 2007: 23f). Solch eine Profilbildung bedient zugleich auch auf den Weiterbildungsmarkt bezogene Handlungslogiken, sofern davon ausgegangen werden kann, dass die Hochschulweiterbildung in der Weiterbildungsplanung und -entwicklung verstärkt die Bedürfnisse ihrer Nachfrager:innen erfüllt, indem sie vermehrt auf die Berufspraxis bezogene Weiterbildungsinhalte und Formate generiert. Die Rektorenkonferenz der Schweizer Hochschulen *swissuniversities* hat den Auftrag und die Rolle der Hochschulweiterbildung an der Schnittstelle von Weiterbildungsmarkt, Berufspraxis und Wissenschaftsinstitution in diesem Sinne in einem Eckwertepapier konkretisiert: *«Mit ihren Weiterbildungsangeboten unterstützen die Hochschulen Personen, die bereits in der Berufspraxis stehen, sich laufend weiter zu qualifizieren. Damit bewegen sich die Hochschulen mit ihren Weiterbildungsangeboten nahe an Berufswelt und Gesellschaft. Gegenüber anderen Angeboten im Weiterbildungsmarkt unterscheidet sich die Hochschulweiterbildung durch ihre Nähe zu Studium und Forschung der Hochschulen. Es gehört zu ihrem Selbstverständnis, ein Teil der Hochschulbildung und im Wissenschaftssystem verortet zu sein und sich gleichzeitig am Praxisfeld zu orientieren»* (swissuniversities, 2020: 1). Anlass dieser Konkretisierung sind die bereits geschilderten gesetzlichen Veränderungen durch das 2017 in Kraft getretene WeBiG (Weiterbildungsgesetz) sowie Art. 12 Abs. 3 HFKG (Hochschulförderungs- und Koordinationsgesetz).

Die Entwicklungen der vergangenen Jahre machen den Versuch einer Profilbildung der Weiterbildung an Schweizer Hochschulen deutlich, welche die Handlungslogiken der Hochschule als Wissenschaftsinstitution und des Weiterbildungsmarktes miteinander vereint. Die Marktorientierung vollzieht sich dabei auf unterschiedlichen Ebenen, indem sowohl Wettbewerbsdynamiken, als auch Berufspraxis und Gesellschaft als prioritäre Themenkontexte der Nachfrager:innen hochschulischer Weiterbildungen zu berücksichtigen sind. Als Teil der

Hochschule ist die Weiterbildung im Rahmen der Weiterbildungsplanung und -entwicklung zudem zu einer inhaltlichen Rückbindung an Wissenschaft und Forschung aufgefordert. Trägerin der Weiterbildung ist die Hochschule, wodurch sich nicht nur ein direkter Bezug zu Wissenschaft und Forschung, sondern auch eine entsprechende Vermittlungskultur ergibt (vgl. Fischer, 2014: 26). Nach Weber (2014: 32–35) sind die dargelegten Entwicklungsprozesse Ausdruck einer zunehmenden Verschränkung der Hochschulweiterbildung mit ihrer Umwelt. Für die Universitäten ist diese Umwelt zunächst durch die Akteur:innen der Wissenschaft geprägt, weshalb sich diese im Feld der Weiterbildung stärker an den Anforderungen der Berufswelt orientieren müssen. Bei den Fachhochschulen und Pädagogischen Hochschulen hingegen sind Verschränkungen mit der Berufswelt vordergründiger (vgl. Weber, 2014; Zimmermann, 2019b; Weber, 2012). Gemäß Zimmermann und Fischer (2016: 14) bewegt sich die Hochschulweiterbildung, unter besonderer Berücksichtigung der Schweizer Rahmenbedingungen, in einer Schnittmenge von vier Kontexten: (1.) Der Hochschule als Trägerin wissenschaftlicher Weiterbildung, (2.) Wissenschaft und Forschung als inhaltlicher Bezugsrahmen, der eng mit der Trägerschaft korrespondiert, (3.) dem Weiterbildungsmarkt und (4.) der Berufspraxis respektive dem Arbeits- und Beschäftigungsumfeld der Zielgruppen von Weiterbildung (vgl. Abb. 1.1).

**Abb. 1.1** Kontexte der Hochschulweiterbildung (vgl. Zimmermann und Fischer, 2016: 14); modifizierte Darstellung

Für die Weiterbildungsplanung und -entwicklung der Hochschulweiterbildung ergibt sich zusammenfassend ein Spannungsfeld aus möglichen Ansprüchen und Erwartungen, auf die im Rahmen von Planungsentscheiden und Handlungen in geeigneter Form reagiert wird. Die Akteur:innen der Weiterbildungsplanung und -entwicklung haben dabei bereits eine zunehmende Professionalisierung durchlaufen und sind mit aktuellen Managementherausforderungen für das Feld der Weiterbildung entsprechend vertraut (vgl. Zimmermann, 2019b: 16f). Nach einer Studie von Zimmermann und Fischer (2016: 22) verstehen sich Leitende in der Weiterbildung an Schweizer Hochschulen vor allem als Unternehmer:innen. Weitere Bezeichnungen, die das Selbstverständnis der befragten Leitungspersonen wiedergeben, sind: Manager:in, Integrierer:in, Leader:in, Bildungsexpert:in und Netzwerker:in. Eine Bezugnahme auf Wissenschaft und Forschung, wie sie im Eckwertepapier (swissuniversities, 2020) als Teil der Rolle der Hochschulweiterbildung in der Schnittmenge von Hochschule und Weiterbildungsmarkt formuliert wird, ist hier nicht unmittelbar sichtbar, jedoch nicht ausgeschlossen. Dennoch sind Entwicklungen von zunehmender Autonomie und eigener «Systembildung» angedeutet (vgl. Weber, 2014: 35), die möglicherweise eine Reformulierung von Ansprüchen und Erwartungen sowohl der Hochschule als Wissenschaftsinstitution, als auch des Weiterbildungsmarktes widerspiegeln.

## 1.2   Zum Argument der Wissenschaftlichkeit in der Schweizer Hochschulweiterbildung

Die Weiterbildung an Hochschulen ist Teil des Wissenschaftssystems und zugleich am Praxisfeld orientiert (vgl. swissuniversities, 2020). So lautet die Einordnung der Schweizer Rektorenkonferenz und Dachorganisation der Schweizer Hochschulen *swissuniversities* in einem Eckwertepapier[3] aus dem Jahr 2020, welche damit den hybriden Charakter der Weiterbildung an Hochschulen betont. Es wird unterschieden: Zwar bewegen sich die Hochschulen mit ihren Weiterbildungsangeboten an der Schnittstelle zu Berufswelt und Gesellschaft. Gleichzeitig

---

[3] Im Zusammenhang mit dem Inkrafttreten des Weiterbildungsgesetzes WeBiG Anfang 2017 in Verbindung mit dem HFKG (Art. 12 Abs. 3 Lit. a4), demzufolge der Hochschulrat Vorschriften über die Weiterbildung im Rahmen von einheitlichen Rahmenvorschriften erlassen kann, wurde das Eckwertepapier der Hochschulweiterbildung (als gemeinsames Ergebnis einer Arbeitsgruppe aus Vertreter:innen aller Hochschultypen) durch die Rektorenkonferenz *swissuniversities* erlassen und durch den Hochschulrat am 26.11.2020 zustimmend zur Kenntnis genommen (vgl. https://www.swissuniversities.ch/themen/lehre-studium/weiterbildung/eckwerte-weiterbildung).

gehöre es aber durch ihre Nähe zu Studium und Forschung zu «*ihrem Selbst-verständnis, ein Teil der Hochschulbildung und im Wissenschaftssystem verortet zu sein und sich gleichzeitig am Praxisfeld zu orientieren*» (swissuniversities, 2020: 1). Durch die Ratifizierung des Schweizer Weiterbildungsgesetzes (WeBiG) im Jahr 2017 wurde die Weiterbildung an Hochschulen als Teil der non-formalen Bildung definiert und hierdurch, zumindest per definitorischer Zuschreibung, auf die gleiche Stufe wie die nicht-hochschulischen Weiterbildungsanbieter gestellt (vgl. Sgier und Schläfli, 2021: 30f). Eine grundsätzliche Klärung zum Argument der Wissenschaftlichkeit als Teil des Selbstverständnisses von Hochschulen, wie im Eckwertepapier von *swissuniversities* vorgenommen (vgl. swissuniversities, 2020), erscheint in der Folge notwendig.

Rahmenvorgaben, die sich auf die Weiterbildungsplanung und -entwicklung an Hochschulen erstrecken, sind nur geringfügig vorhanden. So sind die Ange-botsstrukturen in Bezug auf Abschlusstitel und ECTS-Crediterwerb von Weiter-bildungsstudiengängen festgeschrieben (vgl. swissuniversities, 2020: 1f). Zudem unterliegt die Weiterbildung an Hochschulen dem Primat der Selbstfinanzierung (WeBiG, Art. 9), welches aber eine Gewinnerzielungsabsicht der Hochschulen für die Weiterbildung nicht ausschliesst. Des Weiteren dürfen die Hochschu-len aufgrund ihrer öffentlichen Finanzierung andere Weiterbildungsanbieter, und hier vor allem die Einrichtungen der Höheren Berufsbildung, im Wettbewerb nicht benachteiligen (HFKG, Art.3i; in Kombination mit WeBiG, Art. 9). Das Schweizer Bildungssystem verfügt über zwei Tertiärstufen (A und B), die dem Grundsatz nach jeweils für den Zugang zur Hochschulweiterbildung berechti-gen. Zur Tertiärstufe A zählen Abschlüsse auf Bachelor- oder Masterstufe an Universitäten, Fachhochschulen oder Pädagogischen Hochschulen. Abschlüsse der Höheren Berufsbildung (Höhere Fachschule, eidgenössischer Fachausweis, eidgenössisches Diplom) zählen zur Tertiärstufe B. Für die Weiterbildungspla-nung und -entwicklung an Schweizer Hochschulen ergeben sich hiermit zwei Zielgruppen von Teilnehmenden. Zum einen die im akademischen Betrieb der Tertiärstufe A an Universitäten, Fachhochschule und Pädagogischen Hochschu-len ausgebildeten Absolvent:innen. Zum anderen die mit primär berufspraktischer Orientierung ausgebildeten Absolvent:innen der Höheren Berufsbildung (Tertiär B). Beide Zielgruppen sind potenzielle Nachfrager:innen respektive Kund:innen der Weiterbildung an Hochschulen. Jedoch sind die Ansprüche und Erwartungen an die Wissenschaftlichkeit von Weiterbildungsstudiengängen dieser beiden Ziel-gruppen möglicherweise verschieden. Ein potenzielles Spannungsfeld liegt somit nicht nur in der Frage, ob sich die Weiterbildung an Hochschulen bei der Repro-duktion von Inhalten mehr der Wissenschaft oder der Berufspraxis verschreibt. Aus einer ökonomischen Perspektive ist zudem ein Spannungsfeld dadurch zu erwarten, dass die Hochschulweiterbildung mit ihren Angeboten zugleich zwei Zielgruppen mit unterschiedlichen Voraussetzungen in Bezug auf deren wissenschaftliche oder berufspraktisch orientierte Vorbildung adressiert. Das WeBiG ermöglicht den Hochschulen in Verbindung mit dem HFKG (Art. 12 Abs. 3, Lit. a4), für die Weiterbildung einschränkende Zulassungsbedingungen zu definieren. Diese können sich beispielsweise darauf beziehen, dass Absolvent:innen für die Befähigung zum wissenschaftlichen Arbeiten Vorbereitungskurse als obligatorische Zulassungsvoraussetzung zur Hochschulweiterbildung absolvieren.[4] Das Schweizerische Bundesamt für Statistik (BfS) liefert derzeit keine Daten, die das Verhältnis von Studierenden der Tertiärstufen A und B in der Hochschulweiterbildung wiedergeben. Noch konnten Studien oder Forschungsbeiträge identifiziert werden, die hierzu aktuelle Daten für die Schweizer Hochschulweiterbildung beitragen. Jedoch bleibt die Annahme bestehen, dass sich der hybride Charakter der Hochschulweiterbildung nicht allein in der Grundsatzfrage widerspiegelt, ob diese mehr das Wissenschaftssystem oder die Berufspraxis reproduziert. Es ist zugleich davon auszugehen, dass sich aufgrund der heterogenen Struktur der Teilnehmenden aus den Tertiärstufen A und B aus ökonomischer Perspektive konkrete praktische Herausforderungen für die Weiterbildungsplanung und -entwicklung ergeben, indem sich das heterogene Zielpublikum möglicherweise in der konkreten Nachfrage nach wissenschaftlich respektive berufs-praktisch ausgestalteten Weiterbildungsprodukten unterscheidet. Der hybride Charakter der Schweizer Hochschulweiterbildung wäre demnach also zugleich ein bildungspolitischer Anspruch im Hinblick auf die Rolle der Weiterbildung an Hochschulen als auch ein Dilemma in Bezug auf die heterogene Struktur ihrer Teilnehmerschaft und deren Bedürfnisse bei der konkreten wissenschaftlich-berufspraktischen Ausgestaltung der Weiterbildungsangebote.

Wie ist nun das Argument der Wissenschaftlichkeit im Kontext der Weiterbildung an Hochschulen zu werten? Das Eckwertepapier der Schweizer Rektorenkonferenz (swissuniversities, 2020) ist an diesem Punkt recht klar, indem festgestellt wird, dass Hochschulen in der Weiterbildung zugleich mehreren Aufträgen gerecht werden sollen: Sie orientieren sich an der Wissenschaft **und** am Berufsfeld **und** an der Gesellschaft. Ergänzend zum Angebot von Zertifikats- und Masterstudiengängen in der Weiterbildung (vgl. Kap. 1.1), erhält die

---

[4] Vgl. Eckwertepapier swissuniversities (2020): *«Insbesondere können Personen zugelassen werden, wenn sie über einen Abschluss der höheren Berufsbildung verfügen. Dabei müssen die zugelassenen Personen über ausreichend Berufserfahrung in einem für die Weiterbildung relevanten Berufsfeld und über die für das Weiterbildungsprogramm **angemessenen wissenschaftlichen Kenntnisse** verfügen. Jede Hochschule legt für ihre CAS-, DAS- und MAS-Angebote die spezifischen Zulassungsmodalitäten fest»* (swissuniversities 2020: 3).

Aussenorientierung in Richtung Gesellschaft und Berufsfeld zudem noch eine Verstärkung: *«Zum Weiterbildungsangebot der Hochschulen gehören weiter auch Kurse und Veranstaltungen sowie massgeschneiderte Veranstaltungen für Individuen, Gruppen, Institutionen und Organisationen. Die Hochschulen kommen damit insgesamt ihrem Auftrag nach, ihr Wissen gegenüber einem Fachpublikum und zu gesellschaftlich relevanten Themen auch für allgemein Interessierte öffentlich zur Verfügung zu stellen»* (swissuniversities, 2020: 1). Nach Rohs et al. (2019: 4f) lässt sich die wissenschaftliche Weiterbildung **anhand der nachfolgenden Merkmale** strukturell und in Bezug auf ihren wissenschaftlichen Auftrag einordnen: Der Hochschule als **Ort** der Weiterbildung, fachliches und didaktische **Niveau** sowie **Zielgruppen** und deren Voraussetzungen.

Tab. 1.1 folgt der Einordnung nach Rohs et al. (2019) für den Kontext der wissenschaftlichen Weiterbildung in Deutschland und stellt dieser die struktur-analytischen Merkmale der Schweizer Hochschulweiterbildung gegenüber.

Bezogen auf die Diskussion und Einordnung wissenschaftlicher Weiterbildung in Deutschland stellen Rohs et al. (2019: 7) eine häufig synonyme Verwendung der Begriffe «universitäre» oder «akademische» Weiterbildung ebenso wie «Hochschulweiterbildung» fest. Die Uneinheitlichkeit im Begriffsverständnis macht eine Klärung der Terminologie unterschiedlicher Formen von Weiterbildung an Hochschulen erforderlich. Je nach Erfüllungsgrad der zuvor genannten Kriterien (Ort, Niveau, Zielgruppen und deren Voraussetzungen) werden unter dem Oberbegriff der Hochschulweiterbildung, welcher noch keine Bezüge zum Niveau und zu den Zielgruppen aufweist, weitere Weiterbildungsformen sub-summiert: Die universitäre Weiterbildung (Weiterbildung an Universitäten, ohne Bezug zu deren Niveau und Zielgruppen), die akademische Weiterbildung (Weiterbildungen an Universitäten, deren Niveau mindestes über das Niveau 6 des DQR sichergestellt wird) und postgraduale Weiterbildungen (die engere Zielgruppen ohne spezifische Anforderungen an das Niveau adressieren). Demgegenüber folgen Weiterbildungen an Schweizer Hochschulen einer anderen und zudem einheitlich geregelten Strukturierung der zulässigen Abschlüsse von Weiterbildungsstudiengängen (vgl. Reum, 2020: 97) (siehe zudem  Kap. 1.1). Rahmenregulierungen zu Niveau und Zielgruppen erfolgen gesamtheitlich durch die Organe der hochschulischen Selbstverwaltung[5], auch wenn den Hochschulen in der Ausgestaltung ein gewisser Freiraum zugestanden wird. Mit diesen

---

[5] Hierzu zählen die Schweizerische Hochschulkonferenz (SHK | CSHE | CSSU | CSSA) als das oberste hochschulpolitische Organ zur gemeinsamen Koordination von Hochschulen und Kantonen im Hochschulwesen und der Hochschulrat für die Behandlung seiner Geschäfte zur Koordination des Schweizerischen Hochschulbereichs (online unter www. shk.ch; Stand 10–2023); *swissuniversities* ist die seit dem 01.01.2015 tätige Rektorenkonferenz und zugleich Dachorganisation der Schweizerischen Hochschulen (online unter www. swissuniversities.ch; Stand 10–2023).

**Tab. 1.1** Vergleichende Einordnung der Schweizer Hochschulweiterbildung als wissenschaftliche Weiterbildung nach Rohs et al., 2019

---

**Hochschule als Ort der Weiterbildung**
**Einordung wissenschaftlicher Weiterbildung nach Rohs et al. (2019)**
Der Anspruch der Wissenschaftlichkeit von Weiterbildung verbindet sich mit der Hochschule als Ort. Gängige Definitionen schreiben der Weiterbildung eine Wissenschaftlichkeit aufgrund der Hochschule als Durchführungsort zu. Es wird die Frage aufgeworfen, inwieweit die rein örtliche Festschreibung als charakterisierendes Merkmal für wissenschaftliche Weiterbildung zielführend ist, oder ob es dabei vielmehr um die «assoziative Nähe» der Weiterbildungsangebote *«zur hochschulischen Paradedisziplin: der Gewinnung, Aufbereitung und Vermittlung von Wissen nach wissenschaftlichen Standards»* (Rohs et al., 2019: 5) geht.
**Vergleichende Gegenüberstellung der Schweizer Hochschulweiterbildung**
Die gemeinsame Rektorenkonferenz aller Hochschulen *swissuniversities* definiert Hochschulen (Universitäten, Fachhochschulen, Pädagogische Hochschulen) als Anbieterinnen von Weiterbildung an der Schnittstelle von Wissenschaft, Berufspraxis und Gesellschaft (vgl. swissuniversities, 2020). Hochschulen sind damit, zunächst auch örtlich, in der Trägerschaft von Weiterbildung. Die assoziative Nähe zum Wissenschaftssystem (vgl. wiederum Rohs, 2019: 5) wird durch den Auftrag an die Hochschulweiterbildung, sich an Gesellschaft und Berufsfeld zu orientieren, teilweise relativiert. Per Gesetz (WeBiG, 2017, Art. 3) wurde für die Weiterbildung an Schweizer Hochschulen zudem der Status der non-formalen Bildung festgeschrieben. Damit wurden Weiterbildungen an Hochschulen per Definition mit anderen, nicht-hochschulischen Anbietern von Weiterbildung auf eine Stufe gestellt. Eine Betonung der assoziativen Nähe zur Hochschule als Wissenschaftsinstitution nimmt wiederum die Rektorenkonferenz der Schweizer Hochschulen in ihrem Eckwertepapier (swissuniversities, 2020) vor, indem sie die (semantische, nicht örtliche) Nähe zu Studium und Forschung betont (*«gegenüber anderen Angeboten im Weiterbildungsmarkt unterscheidet sich die Hochschulweiterbildung durch ihre Nähe zu Studium und Forschung der Hochschulen»* (swissuniversities, 2020: 1)). Zugleich wird aber auch festgehalten, dass sich die Hochschulweiterbildung an der strategischen (nicht explizit wissenschaftlichen) Ausrichtung der Hochschule orientiert (swissuniversities, 2020: 2). Im Ökonomisierungsdiskurs zu Weiterbildung an Hochschulen finden sich zudem Hinweise auf vermehrte Kooperationsaktivitäten von Hochschulen mit Unternehmen aus dem Berufsfeld (vgl. Abschn. 1.1). Hierdurch verliert der Ort der Weiterbildung potenziell als charakterisierendes Merkmal für die Schweizer Hochschulweiterbildung an Bedeutung.

---

(Fortsetzung)

**Tab. 1.1** (Fortsetzung)

**Fachliches und didaktisches Niveau**
**Einordung wissenschaftlicher Weiterbildung nach Rohs et al. (2019)**
Für die Einordnung des fachlich-didaktischen Niveaus der Weiterbildung als
wissenschaftliche Weiterbildung steht in Deutschland der DQR (Deutscher
Qualifikationsrahmen für lebenslanges Lernen) zur Verfügung. Es wird davon
ausgegangen, dass wissenschaftliche Weiterbildungen zumindest das DQR-Niveau 6
aufweisen sollten, welches das Bachelor-Niveau beschreibt (vgl. Rohs et al., 2019: 5).
**Vergleichende Gegenüberstellung der Schweizer Hochschulweiterbildung**
Der nationale Schweizer Qualifikationsrahmen für den Hochschulbereich (nfq-HS)
definiert für die Weiterbildung an Hochschulen in der Version vom 25.11.2021 ebenfalls
keine eigenen Deskriptoren. Eckpunkte, welche sich auf das angestrebte Qualitätsniveau
beziehen, werden durch die Schweizer Rektorenkonferenz *swissunivsities* nur
rudimentär vorgegeben und sind auch hier wiederum im Eckwertepapier für die
Hochschulweiterbildung (swissuniversities, 2020) festgehalten: «*Die
Hochschulweiterbildung - stellt einen Praxisbezug her; - hat einen wissenschaftlichen
Anspruch, den sie durch ihre forschende Haltung und Forschungsnähe einlöst*»
(swissuniversities, 2020: 3).

**Zielgruppen und deren Voraussetzungen**
**Einordung wissenschaftlicher Weiterbildung nach Rohs et al. (2019)**
Die Zielgruppen wissenschaftlicher Weiterbildung in Deutschland verfügen über ein
unterschiedliches Vorbildungsniveau, wobei zumindest der Abschluss einer ersten
Bildungsphase vorausgesetzt wird. Zudem können Angebote mit unterschiedlichen
Zielgruppen unterschieden werden, indem wissenschaftliche Weiterbildung an
Hochschulen beispielsweise auf bestimmte Akteursgruppen, wie den wissenschaftlichen
Nachwuchs, ausgerichtet ist oder spezifische Bildungshintergründe voraussetzt (vgl. Rohs
et al., 2019: 6).
**Vergleichende Gegenüberstellung der Schweizer Hochschulweiterbildung**
Die Rektorenkonferenz der Schweizer Hochschulen *swissuniversities* definiert die
Zielgruppe der Hochschulweiterbildung einheitlich wie folgt: «*Mit ihren
Weiterbildungsangeboten unterstützen die Hochschulen Personen, die bereits in der
Berufspraxis stehen, sich laufend weiter zu qualifizieren. […] Mit der Weiterbildung
nehmen die Hochschulen ihre Verantwortung im Sinn des lebenslangen Lernens wahr, für
eine fortwährende Aktualisierung des Wissens und der Kompetenzen ihrer eigenen
Absolventen und weiterer Teilnehmenden zu sorgen*» (swissuniversities, 2020: 1). Für die
Zulassung zu Weiterbildungsprogrammen an Hochschulen gilt gemäss Eckwertepapier
(swissuniversities, 2020) schweizweit die folgende einheitliche Regelung: «*Für die
Zulassung zu den Weiterbildungsprogrammen ist in der Regel ein abgeschlossenes
Hochschulstudium einer universitären Hochschule, Fachhochschule oder pädagogischen
Hochschule und Praxiserfahrung erforderlich. Die Hochschulen sind frei, für einzelne
Weiterbildungsangebote restriktivere Zulassungsbedingungen zu definieren oder die
Weiterbildungsangebote für weitere qualifizierte Bewerberin/innen zu öffnen.
Insbesondere können Personen zugelassen werden, wenn sie über einen Abschluss der
höheren Berufsbildung verfügen. Dabei müssen die zugelassenen Personen über
ausreichend Berufserfahrung in einem für die Weiterbildung relevanten Berufsfeld und
über die für das Weiterbildungsprogramm angemessenen wissenschaftlichen Kenntnisse
verfügen*» (swissuniversities, 2020: 3).

Rahmenregulierungen (vgl. Tab. 1.1) werden einheitliche Voraussetzungen für alle Hochschultypen (Universitäten, Fachhochschulen und Pädagogische Hochschulen) geschaffen. Eine Differenzierung zwischen universitärer, akademischer und postgradualer Weiterbildung ist für den Kontext der Schweizer Hochschulweiterbildung nur bedingt übertragbar, da es einheitliche Rahmenvorgaben zur akademischen Vorbildung und den Zielgruppen für die Hochschulweiterbildung gibt. Zumindest ist eine solche Binnendifferenzierung in den aktuellen Rahmenvorgaben der hochschulpolitischen Organe nicht sichtbar. Inwieweit sich die angesprochenen Unterscheidungen nach Niveau und Zielgruppen in der Realität gegebenenfalls dennoch wiederfinden, würde eine gesonderte Analyse der Weiterbildungsprogramme an Schweizer Hochschulen erfordern.

Als Oberbegriff für Weiterbildung an Schweizer Hochschulen wird in den Rahmenerlassen der Organe der hochschulischen Selbstverwaltung einheitlich die Terminologie der Hochschulweiterbildung verwendet, welcher auch in der hier vorliegenden Arbeit gefolgt wird.

## 1.3    Erkenntnisinteresse und analytischer Aufbau

Ziel dieser Forschungsarbeit ist eine akteurszentrierte Analyse der Weiterbildungsplanung und -entwicklung an Schweizer Hochschulen. Als methodologischer Zugang dient dabei die Konventionenökonomie. Berücksichtigt werden unterschiedliche kontextuelle Rückbindungen der Hochschulweiterbildung (vgl. Abb. 1.1), welche als Basisannahme ein Spannungsfeld zwischen Handlungslogiken des Weiterbildungsmarktes und der Hochschulen als Wissenschaftsinstitutionen hervorbringen. Für eine Erforschung des Handelns von Akteur:innen in marktlich verwobenen Institutionen stehen verschiedene Zugangswege zur Verfügung. Ein Schwerpunkt dieser Arbeit liegt zunächst in der theoretischen Diskussion von drei ausgewählten Perspektiven auf das Verhältnis von Hochschulweiterbildung und Weiterbildungsmarkt, welche zu einem unterschiedlichen Verständnis zu Akteur:innen und deren Beziehungen zu den Einflusssphären Weiterbildungsmarkt, Institution und institutionellen Umwelten beitragen: Die Neue Institutionenökonomie mit einer primär rational-ökonomischen Orientierung, der soziologische Neo-Institutionalismus und dessen Orientierung an institutionellen Umwelten sowie die Konventionenökonomie mit ihrer Orientierung an situativer Handlungskoordination. Hiermit wird das Ziel verfolgt, eine theoretische Positionierung zu finden, die aus methodologischer Sicht eine akteurs- und handlungszentrierte Analyse der Weiterbildungsplanung und -entwicklung auf Basis der Konventionenökonomie plausibilisiert. Darauf aufbauend lassen sich konkrete modellhafte Überlegungen zu einer Kategorisierung von Qualitätskonventionen für die Hochschulweiterbildung als Basis für das Handeln in der Weiterbildungsplanung und -entwicklung formulieren, welche zugleich als Bezugsrahmen für die anschliessende empirische Analyse dienen.

Die Forschungsfragen folgen einer konventionetheoretischen Heuristik und werden im Anschluss an die theoretische Fundierung als dessen Ergebnis konkretisiert (vgl. Kap. 5). Es werden die nachfolgenden **Forschungsfragen** aufgestellt und anschliessend auf der Grundlage einer explorativ-empirischen Datenanalyse beantwortet:

1. Welchen konventionenbezogenen Zuschreibungen folgen Akteur:innen der Hochschulweiterbildung im Spannungsfeld von Wissenschaftsinstitution und Weiterbildungsmarkt?
2. Korrespondieren diese konventionenbezogenen Zuschreibungen mit den Handlungen der Akteur:innen in der Weiterbildungsplanung und -entwicklung?
3. Welche konventionenbezogenen Typologisierungen von Akteur:innen in der Weiterbildungsplanung und -entwicklung lassen sich im Spannungsfeld von Wissenschaftsinstitution und Weiterbildungsmarkt vornehmen?

Abb. 1.2 verdeutlicht den analytischen Aufbau dieser Studie in komprimierter Form.

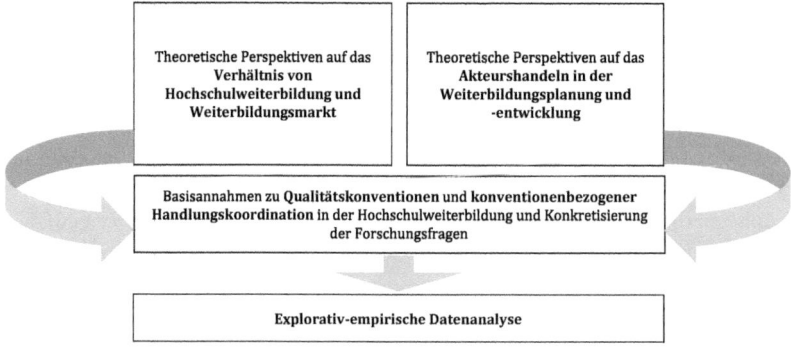

**Abb. 1.2** Aufbau eines konventionentheoretischen Analyserahmens für das Akteurshandeln in der Weiterbildungsplanung und -entwicklung an Hochschulen, eigene Darstellung

# Zum Stand einer institutionentheoretisch-akteurszentrierten Forschung in der Hochschulweiterbildung

**2**

Die hier vorliegende Studie widmet sich dem Handeln von Akteur:innen in der Weiterbildungsplanung und -entwicklung im Spannungsfeld von Wissenschaftsinstitution und Weiterbildungsmarkt an Schweizer Hochschulen. Dieses grundlegende Interesse impliziert mehrere Betrachtungsebenen: Die handelnden Akteur:innen, die Hochschule als Institution und Organisation sowie die Umwelt der Hochschulweiterbildung mit besonderem Fokus auf den Weiterbildungsmarkt und seine Anspruchsgruppen. Forschungsaktivitäten im Feld der Hochschulweiterbildung finden sich auf all diesen Ebenen. Die nachfolgenden Ausführungen verfolgen das Ziel eines **einleitenden Überblicks** zum Stand einer **institutionentheoretisch sowie akteurszentrierten Forschung in der Weiterbildungsplanung und -entwicklung an Hochschulen.** Berücksichtigt werden dabei, entlang der genannten Betrachtungsebenen, kontextrelevante Beiträge aus der institutionen-theoretischen und akteurszentrierten Weiterbildungsforschung sowie der Programmplanungsforschung der Erwachsenenbildung der letzten fünfzehn Jahre, sofern diese das Handeln von Akteur:innen im hochschulischen Weiterbildungskontext aus einer akteurszentrierten, institutionentheoretischen oder auch ökonomischen Perspektive einbeziehen. Allgemeine Beiträge aus der Weiterbildungsforschung werden einbezogen, sofern diese den besonderen Aspekt einer nachfrage- und weiterbildungsmarktbezogenen Ausrichtung von Weiterbildung an Hochschulen berücksichtigen. Beiträge aus der Neuen Institutionenökonomie, dem Neo-Institutionalismus oder der Konventionenökonomie werden ergänzend herangezogen, wenn diese zum Verständnis des hier diskutierten Forschungsstandes beitragen. Es geht in diesem Abschnitt insbesondere darum, grundsätzliche Strömungen von Diskursbeiträgen im engeren Kontext der akteursbezogenen

B. M. Tokarski, *Hochschulweiterbildung zwischen Wissenschaftsinstitution und Weiterbildungsmarkt*, Higher Education Research and Science Studies, https://doi.org/10.1007/978-3-658-43781-7_2

Erforschung von Weiterbildungsplanung und -entwicklung überblicksartig aufzuzeigen. Vertiefte theoretische Diskussionen zum Verhältnis von Weiterbildungsmarkt und Hochschulweiterbildung sowie zu den institutionentheoretischen oder konventionenökonomischen Perspektiven auf das Akteurshandeln in der Weiterbildungsplanung und -entwicklung, erfolgen in den nachfolgenden Theoriekapiteln, deren logische Reihenfolge und inhaltlicher Aufbau an die Ergebnisse dieses Abschnitts zum Stand der Forschung anschliesst.

Wissenschaftliche Arbeiten zum **Ökonomisierungsdiskurs in der Bildung** im Allgemeinen finden sich bei Büchter und Höhne (2021); Höhne (2015a, 2012a); Lohmann (2014); Graßl (2019, 2008); Brückner und Tarazona (2010) oder auch Bellmann (2001). Diese Beiträge liefern Impulse für das Verhältnis von Hochschulweiterbildung und Weiterbildungsmarkt, da durch ein Verständnis von Ökonomisierungsprozessen die Wirksamkeit von Handlungslogiken des Weiterbildungsmarktes auf die Weiterbildungsorganisation nachvollzogen werden kann. Ökonomisierung wird als Ausgangspunkt von Transformationen verstanden, indem ökonomische Handlungslogiken auf nicht-ökonomische Bereiche übertragen werden und diese überformen (Bellmann, 2001: 388). In der Folge ergeben sich hybride Steuerungen von Institutionen aus vormals getrennten Logiken unterschiedlicher Herkunftsbereiche der beteiligten Akteur:innen (Höhne, 2016, 2015b, 2012b). Dabei erfahren ökomische Leitgedanken als Ausgangspunkt von Transformation eine feldspezifische Veränderung, indem diese an die Bedingungen des Feldes angepasst und durch die Akteur:innen legitimiert werden (vgl. Höhne, 2012a; Harms und Reichard, 2003).

Folgt man dem Diskurs zu Ökonomisierung von Weiterbildung aus dem engeren Betrachtungswinkel der unterschiedlichen **Systembindungen der Hochschulweiterbildung** und deren Wirkung auf das Handeln von Akteur:innen, so lassen sich Befunde von Zastrow (2013), Seitter (2014) sowie Schmid und Wilkesmann (2020) wie folgt zusammenfassen: Die zunehmende Ökonomisierung der Hochschulweiterbildung führt zu einer **Nachfrageorientierung als Steuerungsmodus**, womit diese neben der wissenschaftlichen Fundierung ihrer Angebote auch marktförmige Leistungsbeziehungen im Sinne der Nachfrageorientierung gestalten muss. Beiträge, welche die Nachfrageorientierung als Steuerungsmodus in der Hochschulweiterbildung in den Fokus rücken, finden sich bei Seitter (2017, 2014) sowie Wolter (2017). Mit steigender Nachfrageorientierung werden Weiterbildungsangebote spezifischer auf die Bedürfnisse bestimmter Abnehmer:innen ausgerichtet. Der Anspruch nach Wissenschaftlichkeit ist mit einer kundenseitigen Forderung nach Praxisorientierung abzugleichen. Bei den genannten Beiträgen handelt es sich im Schwerpunkt um eine Verortung der

Hochschulweiterbildung im Entwicklungsprozess von einer primär angebotsinduzierten Weiterbildung an Hochschulen, welche den eigenen Schwerpunkten in Wissenschaft und Forschung bei der Weiterbildungsentwicklung folgt (vgl. Wolter, 2011: 16), hin zu einer nachfrage- und wettbewerbsorientierten Steuerung (vgl. Zimmermann 2019b: 24; Fischer 2014: 39f; Seitter 2014: 141; Zastrow 2013: 228).

Folgt man Dollhausen und Lattke (2020: 102), so fehlt (im Sinne einer Einschätzung zum Forschungsstand in Weiterbildungsorganisationen) ein **grundlegendes Verständnis institutioneller Referenzsysteme und deren Koordinationswirkung,** indem handelnde Akteur:innen ihre Absichten und Präferenzen im Rückgriff auf divergente Werthaltungen rechtfertigen. Damit ist, neben der Feststellung der Existenz unterschiedlicher Systembindungen der Hochschulweiterbildung, zugleich auch ein institutionentheoretischer Kontext angesprochen, der die Wirkung institutioneller Regeln und Normen auf das Handeln von Individuen mitführt. Dabei wird für die Weiterbildung vor allem der Hochschule eine prägende institutionelle Bedeutung zugeschrieben (Dollhausen und Lattke, 2020: 4). Bei Dollhausen und Lattke (2020) werden mit dem Verweis auf Diaz-Bone (2011a) konventionenökonomische Bezüge für das Akteurshandeln indirekt in den Ausblick genommen, indem davon ausgegangen wird, dass neben institutionellen Wertvorstellungen und Normen, Handlungskonventionen die Verfahrensweisen in der Weiterbildungsorganisation mitsteuern. In der aktuellen Diskussion lassen sich drei verschiedene Richtungen von Forschungsbeiträgen identifizieren, die zum **Verständnis institutioneller Referenzsysteme im Feld der Hochschulweiterbildung** beitragen. Hierzu zählen insbesondere institutionentheoretische Ansätze des **Neo-Institutionalismus** oder, etwas stärker angelehnt an den Diskurs der Ökonomisierung von Bildung, der **Neuen Institutionenökonomie.** Forschungsbeiträge jüngeren Datums (vor allem 2019–2022) sehen in der Konventionenökonomie einen potenziellen Zugang für eine institutionentheoretische Akteursforschung im Zusammenhang mit der Steuerung von Bildungs- und Weiterbildungsorganisationen. Zum besseren Nachvollzug werden im Weiteren **Forschungsbeiträge aus der institutionentheoretischen oder akteurszentrierten Forschung,** die zugleich **kontextrelevant im Sinne der hier durchgeführten Untersuchung** sind, thematisch gruppiert und in der folgenden Reihenfolge diskutiert:

– Forschungsbeiträge der Neuen Institutionenökonomie,
– Forschungsbeiträge des Neo-Institutionalismus,
– Forschungsbeiträge der Konventionenökonomie,
– Forschungsbeiträge der Programmplanungsforschung,

– Forschungsbeiträge im engeren Kontext der Schweizer Hochschulweiterbildung.

Ein abschliessender Meta-Kommentar dient der zusammenfassenden Einschätzung zum Forschungsstand.

Die **Neue Institutionenökonomie** bietet eine mögliche Reflexionsfläche zu Fragen der Ökonomisierung von Weiterbildung, da diese, basierend auf einer rational-ökonomischen Transaktionskostenökonomie[1], Akteurskonzepte an der Schnittstelle von Weiterbildungsmarkt und institutionalisiertem Handeln bereithält. Nach Brückner und Tarazona (2010) stehen in der Neuen Institutionenökonomie mikroökonomische Erklärungsansätze zur Verfügung, mit deren Hilfe zugleich eine Reformulierung des Verhaltens der pädagogischen Akteur:innen in Organisationen erklärt werden kann. Dabei rückt die Neue Institutionenökonomie neoklassische Annahmen einer marktvermittelten Tauschbeziehung in den Vordergrund. Nach Höhne (2012a) verbindet sich hiermit, dass Bildungsziele auf einer konzeptionellen Ebene unter ökonomischen Gesichtspunkten formuliert werden. Zugleich werden in der Neuen Institutionenökonomie Aspekte von Macht und strategischen Verhalten ebenso wie institutionelle Kontrollmechanismen mit in den Blick genommen, um beispielsweise Zweckrationalität und Opportunismus zu begegnen. Es wird konsequent dem Akteursbild des ausschliesslich zweckrationalen und nutzenmaximierenden Homo Oeconomicus gefolgt. Wie in den theoretischen Ausführungen der Abschn. 3.1 bis 3.3 der vorliegenden Arbeit gezeigt werden wird, unterscheiden sich die Neue Institutionenökonomie, der soziologische Neo-Institutionalismus und auch die Konventionenökonomie in ihrem Akteursverständnis. Folgt die Neue Institutionenökonomie dem Bild des rational-ökonomischen und nutzenmaximierenden Individuums im Sinne eines methodologischen Individualismus (vgl. Voigt, 2009; Richter und Furubotn, 2003), so fällt im soziologischen Neo-Institutionalismus der Organisation die Rolle als kollektive, eigenständige und zielbildende Akteurin zu (vgl. Meyer und Rowan, 2009; DiMaggio und Powell, 2009; Scott, 1995), die sich in einem fortlaufenden Angleichungsprozess mit der institutionellen Umwelt befindet (vgl. DiMaggio und Powell, 2009). Die Konventionenökonomie wiederum

---

[1] Die Transaktionskostenökonomie bildet als theoretisches Basismodell einen wesentlichen Baustein der Neuen Institutionenökonomie; vgl. Göbel (2021), Voigt (2009), Richter und Furubotn (2003). Im neoklassischen ökonomischen Verständnis sind Organisationen sowie Institutionen als exogene Variable dazu gedacht, Transaktionskosten zu senken. Siehe hierzu auch Kap. 3.1, 3.3 und 4.2 der vorliegenden Arbeit.

verfolgt den Ansatz kompetenter Akteur:innen, die durch ihr situationsbezogenes Handeln und auf der Grundlage von Konventionen Institutionen formen (vgl. Eymard-Duvernay, 2011).

Als aktuelle Beiträge des **soziologischen Neo-Institutionalismus** mit direkter Bezugnahme auf Bildungsinstitutionen, lassen sich vor allem Koch und Schemmann (2009), Hartz (2019), Schemmann (2017), Houben (2019), Herbrechter und Schemmann (2019), Koch (2022), Dahmen (2022) sowie Vetter und Schemmann (2022) nennen. Auch wenn in diesen Publikationen nur zum Teil Institutionen der Weiterbildung oder der Hochschulweiterbildung explizit adressiert sind 6F[2], stellen diese doch wichtige Bezüge zum besseren Verständnis neo-institutionalistischer Ansätze für die Steuerung von Organisationen zur Verfügung. Ansätze des Neo-Institutionalismus erklären das Verhalten von Organisationen und ihren Akteur:innen aus dem Verhältnis zu ihrer Umwelt (vgl. Vetter und Schemmann, 2022: 228). Dabei wird nicht nur nach organisationaler Effizienz, sondern vor allem auch nach Legitimität gestrebt (vgl. Schemmann, 2017). Organisationale Akteur:innen beziehen ihre Legitimation aus einer wechselseitigen Beziehung mit der Organisationsumwelt. «*Jegliche Steuerungsversuche eines organisationalen Akteurs sowie die möglichen Reaktionsweisen der gesteuerten Organisationen stellen eine legitimitäts- bzw. legitimierungsbedürftige Organisationspraxis dar*» (Koch, 2022: 152). Akteur:innen sind demnach in unterschiedliche Legitimationskontexte eingebunden. Die Hochschulweiterbildung erhält ihre Legitimationen aus der Institution Hochschule als Referenzsystem ebenso wie aus ihrem Erfolg am Weiterbildungsmarkt (vgl. Kondratjuk, 2020; Reich-Claassen, 2020, 2016; Tremp, 2020; Zimmermann und Fischer, 2016, 2014; Wolter, 2011; Kloke und Krüken, 2010). Die neo-institutionalistische Perspektive hat nach Koch (2022) den Vorteil «*[…] auch die eher indirekten und oft unbemerkten Wirkmechanismen in den Blick zu bringen – z. B. hier das legitimatorische Bedingungsgefüge von Steuerung*» (Koch, 2022: 152).

Theoretische Beiträge, welche sich der **Konventionenökonomie** als Forschungszugang im Kontext von Bildung widmen, sind bei Imdorf und Leemann (2023); Alke (2022); Pätzold (2022); Dahmen (2022); Graß und Alke (2019); Leemann (2019) sowie Peetz und Sowada (2019) zu verzeichnen. Diese Arbeiten behandeln zwar keine Fragestellungen im engeren Kontext des Planungshandelns in Weiterbildungseinrichtungen, liefern jedoch wichtige

---

[2] Lediglich der Beitrag von Vetter und Schemmann (2022) hat eine Fragestellung im Hochschulsystem zum Gegenstand; Herbrechter und Schemmann (2019) analysieren das Potenzial des Neo-Institutionalismus für die Weiterbildungsforschung.

Bezüge, die zum Verständnis von konventionenbezogener Handlungskoordination zwischen Akteur:innen in institutionell geprägten Handlungsräumen wie
der Hochschule und der Hochschulweiterbildung beitragen. Graß und Alke
(2019) skizzieren überblicksartig Beiträge der Soziologie der Konventionen für
die Bildungsforschung. In einer explorativen Interviewstudie widmet sich Alke
(2019) Marktkonventionen im Kontext der Volkshochschulen in Deutschland und
zeigt deren Wirksamkeit für das Programmplanungshandeln von Leitungskräf-
ten auf. Im Bereich der Hochschulforschung sind mit den Forschungsarbeiten
von Esposito (2022); Juusola und Räihä (2020) sowie Baird (2008) weitere
Beiträge vertreten, welche sich methodologisch an der Konventionentheorie
ausrichten. Esposito (2022) widmet sich dem Vergleich konkurrierender Gesundheitsausbildungen in der Schweiz aus konventionensoziologischer Perspektive.
Bei den empirischen Arbeiten von Juusola und Räihä (2020) sowie Baird
(2008) handelt es sich um konventionenökonomische Beiträge im Feld der
Hochschulforschung, die explizit Marktkonventionen in die Analyse einbeziehen.
Bei Baird (2008) werden Heuristiken der Konventionenökonomie ausgewählten
Qualitätstaxonomien im ökonomisierten Markt der australischen Hochschulbildung gegenübergestellt. Juusola und Räihä (2020) widmen sich, im Rahmen
einer qualitativen Interviewstudie, Qualitätskonventionen finnischer Masterpro-
gramme, welche im Bereich der Lehrer:innen-Bildung in Indonesien angeboten
werden. Alle drei der genannten Beiträge (Esposito, 2022; Juusola und Räihä,
2020; Baird, 2008) stellen konkrete Überlegungen zur Nutzung konventionenökonomischer Heuristiken für empirische Analysen bereit. Dies ist nicht ohne
Herausforderungen. Wie durch Pätzold (2022: 369) angemerkt, sind aus einer
empirischen Perspektive konventionenökonomische Analysen mit der Problematik konfrontiert, dass Zusammenhänge zwischen abhängigen und unabhängigen
Variablen im komplexen Zusammenwirken von Situation, Konvention und Handlung nicht einfach herzustellen sind. Deshalb fällt der Konventionentheorie vor
allem als «Beobachtungsheuristik» eine zentrale Rolle zu (Pätzold, 2022: 369).
Aktuell fehlen noch Anschlussarbeiten, welche das Potenzial der Konventionenökonomie für theoretisch-empirische Forschungen im Kontext von Bildungs-
und Weiterbildungsinstitutionen tiefergehend beleuchten. Hierzu zählen auch Forschungsarbeiten, welche sich methodischen Fragen für die empirische Analyse
des Handelns von Akteur:innen auf der Basis von Konventionen widmen.

Beiträge zum Akteursverständnis in der Weiterbildung sind zudem in der
**Erwachsenenbildung** und hier, im engeren Kontext von Weiterbildungsplanung,
in der **Programmplanungsforschung** verortet. Gegenstand der Programmplanungsforschung sind unter anderem die Angleichungsbemühungen der handelnden Akteur:innen an die Erwartungen unterschiedlicher Instanzen wie den

Adressat:innen von Weiterbildung, der Weiterbildungsorganisation oder auch ökonomischen Anspruchsgruppen. Zum Verständnis tragen insbesondere die Arbeiten von Gieseke, siehe beispielsweise Gieseke (2003, 2006, 2008a, 2008b), von Hippel (2017, 2013, 2011) oder auch Fleige et al. (2019) bei. Die Programmplanungsforschung zeigt auf, welche Anforderungen und auch logischen Widersprüche im Spannungsfeld der Erwartungen unterschiedlicher Instanzen und deren Anspruchsgruppen durch die Programmplanungsverantwortlichen bearbeitet werden müssen. Eine Betrachtung von Programmplanung und -entwicklung in der Hochschulweiterbildung sollte daher vor allem die besonderen strukturellen und sozialen Logiken des Hochschulsystems berücksichtigen, siehe beispielsweise Reich-Claassen (2020). Hiermit ist zugleich eine besondere Herausforderung angesprochen, nämlich die «*epistemologische Problematik von Organisation als einem mehrstufigem Feedbacksystem*» (Schäffter, 2013: 230). Planungsmodelle der Programmplanungsforschung folgen häufig einer Makro-, Meso-, Mikrounterteilung der Ebenen erwachsenenpädagogischen Handelns. Die Programmplanung erfüllt nach Siebert (1982) die Funktion, zwischen diesen Ebenen zu vermitteln. Eine Analyse von Akteurshandeln ist im Sinne dieses Mehrebenenkonzepts mit Komplexität konfrontiert, insbesondere dann, wenn theoretische Überlegungen in empirische Analyseinstrumente transferiert werden sollen. Wie im Verlauf dieser Arbeit gezeigt werden wird, liefert die Konventionenökonomie durch ihr Konzept situativer Reichweiten eine eigene Herangehensweise, welche aus einer organisationalen Perspektive eine eng gefasste Unterteilung in Mikro-, Meso- und Makroebene vermeidet (vgl. Knoll, 2015: 23f; Diaz-Bone, 2009: 236) (siehe hierzu auch Kap. 3.3). In der Programmplanungsforschung liegen gemäss Fleige et al. (2019: 54) nur wenige empirische Studien vor, die insbesondere das Handeln von Akteur:innen in der Programmplanung adressieren. Ein expliziter Einbezug der ökonomischen Sphäre im Kontext von Angebotsplanung findet sich bei Dollhausen (2008), welche die Auswirkungen veränderter organisationaler Rahmenbedingungen auf Planungskulturen in der Weiterbildung und (in der Folge) auf Kommunikation und Instruktion in der Programmplanung untersucht. Dabei ist der analytische Bezugspunkt die Planungskultur. Ein weiterer Beitrag der Programmplanungsforschung, welcher sich den Widersprüchen zwischen pädagogischen Zielen und ökonomischen Kriterien im Planungshandeln der Akteur:innen widmet, stammt von von Hippel (2011). Ökonomisierungseffekte wirken auf das Programmplanungshandeln ein und verstärken (so die Annahme) bestehende Antinomien mit pädagogischen Ansprüchen (vgl. von Hippel, 2011: 52).

Diskussionsbeiträge und empirische Befunde **im engeren Kontext der Schweizer Hochschulweiterbildung** finden sich bei Fischer (2014); Fischer und Zimmermann (2011); Gonon (2019); Weber (2014, 2012, 2012); Weber und Künzli (2016); Zimmermann (2019b, 2019a, 2012); Zimmermann und Fischer (2016). Deren Forschungsbeiträge fokussieren, entweder im Schwerpunkt oder zumindest in Teilbereichen, auf Entwicklungen der Hochschulweiterbildung infolge Ökonomisierung und gestiegener Nachfrageorientierung. Eine Grundlagendiskussion zur Legitimität der Schweizer Hochschulweiterbildung zwischen Wissenschafts- und Arbeitsmarktorientierung wird von Gonon (2019) vorgenommen, wobei er sich auf zentrale Heuristiken der Konventionenökonomie bezieht, wie beispielsweise die der Forminvestition als Qualitätszuschreibung zu Objekten. Gonon (2019) diskutiert das Potenzial der Konventionenökonomie als Forschungszugang mit der abschliessenden Einschätzung, dass diese einen Beitrag dazu leistet, in der Hochschulweiterbildung «*[...] die teilweise eher latent vorhandenen Motivlagen und gestaltenden Wertsetzungen [...] zu beleuchten und damit auch Legitimitätsprobleme sichtbar zu machen*» (Gonon, 2019: 396).

Die bisherigen Ausführungen zeigen: Es lassen sich thematisch und inhaltlich verschiedene Richtungen ausmachen, die sich mit dem institutionellen Bedingungsgefüge von Bildungsorganisationen befassen und dabei (zumindest teilweise) die Akteursebene einbeziehen. Betrachtet man die hier genannten Beiträge im **thematischen Quervergleich**, so wird sichtbar, dass sehr **unterschiedliche institutionentheoretische oder akteursbezogene Konzepte** für die Erforschung von Handlungen in der Weiterbildungsplanung und -entwicklung herangezogen werden können. So sind einzelne Beiträge der vergleichenden Diskussion des Neo-Institutionalismus und der Konventionenökonomie gewidmet (vgl. Dahmen, 2022; Pätzold, 2022), oder legen den Schwerpunkt auf das analytische Potenzial der Konventionenökonomie für eine akteurs- und handlungszentrierte Bildungs- sowie Educational Governance Forschung (vgl. Alke, 2022; Imdorf et al., 2019; Graß und Alke, 2019; Peetz und Sowada, 2019; Leemann, 2019). Andere fokussieren unmittelbar auf das Potenzial des Neo-Institutionalismus (vgl. Herbrechter und Schemmann, 2019; Houben, 2019; Graß, 2015; Koch und Schemmann, 2009) für eine Akteursforschung im Kontext von institutionellen Umwelten. Bei Dollhausen (2022) wird eine Ausrichtung der Analyse von Weiterbildungsorganisationen am Akteursbegriff und im speziellen am Konzept von «actorhood» in Anlehnung an Meier (2009) vorgeschlagen. Berücksichtigt man zudem das Publikationsjahr der genannten Forschungsbeiträge, so lässt sich feststellen, dass eine zunehmende Anzahl von Publikationen jüngeren Datums (2019–2022) einen Forschungsbedarf formuliert, der die Hochschulweiterbildung in ihren organisationalen, institutionellen und kontextuellen Besonderheiten berücksichtigt. Eine

Verschränkung von Perspektiven der Weiterbildungsforschung mit akteurs- und handlungszentrierten Ansätzen, wie beispielsweise der Konventionenökonomie, dient potenziell der Analyse von komplexen Bedingungen und Entwicklungen im Mehrebenensystem der Hochschulweiterbildung.

Es lassen sich also verschiedene Strömungen ausmachen, die entweder das Verhältnis von Hochschulweiterbildung und Weiterbildungsmarkt betreffen, oder sich mit dem institutionellen Bedingungsgefüge von Bildungsorganisationen befassen und dabei (zumindest teilweise) die Akteursebene mit einbeziehen. Abb. 2.1 dient der Gesamtübersicht der hier genannten Beiträge zum Stand der Forschung gemäß ihren inhaltlichen Schwerpunktsetzungen.

Die Diskussion des Forschungsstandes führt **zusammenfassend** zu der folgenden Einschätzung: Durch die Feststellung einer verstärkten Nachfrageorientierung als Steuerungsmodus in der Hochschulweiterbildung wird aufgezeigt, dass sich die Ausgangsbedingungen im Forschungsfeld wandeln. Aktuelle Beiträge, welche sich der mehrfachen Systembindung der Hochschulweiterbildung widmen, betonen die Bedeutungszunahme des Weiterbildungsmarktes als Referenzsystem bis hin zu einer markt- und wettbewerbsorientierten Steuerung. Der Terminus der Nachfragesteuerung folgt dabei einer ökonomischen Perspektive. Es wird davon ausgegangen, dass die Erfüllung der Bedürfnisse von Teilnehmenden der Hochschulweiterbildung einen Beitrag auch zum ökonomischen Erfolg von Hochschulweiterbildung leistet. Damit werden aber zugleich Lücken in der Diskussion sichtbar. Zum einen besteht Unklarheit, welche Kategorien von Bedürfnissen den Teilnehmenden von Hochschulweiterbildung zugeschrieben werden. So kann nicht per se unterstellt werden, dass die Forderung nach einer verstärkten berufspraktischen Orientierung auch tatsächlich einem Bedürfnis aus Sicht der Teilnehmenden entspricht, welches im Widerspruch zu einer an Wissenschaftlichkeit orientierten Angebotsplanung steht. Im Mindesten fehlen hier die empirischen Belege. Gleiches gilt für die Annahme, dass bei einer vordergründigen Orientierung an Marktnachfrage und Wettbewerb in der Hochschulweiterbildung nur noch Themen angeboten werden, für die es ausreichend zahlungsbereite Interessent:innen gibt. Im Verständnis des Neo-Institutionalismus befinden sich Weiterbildungsorganisationen in einem breiten Austausch mit ihrer Umwelt, zu der unterschiedliche gesellschaftliche und ökonomische Anspruchsgruppen zählen. Folgt man Koch (2022), resultiert hieraus ein *«legitimatorisches Bedingungsgefüge»* für die handelnden Akteur:innen. Die Vorstellung einer rein ökonomischen Steuerung, welche die Bedingungen für Handeln in der Weiterbildungsplanung und -entwicklung nur auf das Verhältnis von Angebot und Nachfrage reduziert, scheint also eher zu kurz gegriffen. Wie nun tatsächlich Akteur:innen im institutionellen Legitimationsgefüge der Weiterbildungsplanung

| Verhältnis von Hochschulweiterbildung und Weiterbildungsmarkt | Institution, Bedingungsgefüge und Legitimationskontexte | Akteurshandeln und Handlungskoordination zwischen Akteur:innen |
|---|---|---|
| **Nachfrageorientierung als Steuerungsmodus**<br><br>Zastrow, 2013; Seitter, 2014; Schmid und Wilkesmann, 2020; Seitter, 2017, 2014; Wolter, 2017, 2011; Zimmermann 2019; Fischer 2014; Seitter, 2014 | **Neo-Institutionalismus**<br>Orientierung an institutionellen Umwelten als Legitimationskontexte<br><br>Koch und Schemmann, 2009; Hartz 2019; Schemmann, 2017; Houben, 2019; Herbrechter und Schemmann, 2019; Koch, 2022; Dahmen, 2022; Vetter und Schemmann, 2022 | **Konventionenökonomie**<br>Orientierung an Handlungskoordination zwischen Akteur:innen; situative Legitimation auf der Basis von Konventionen<br><br>Baird, 2008; Alke, 2022, 2019; Pätzold, 2022; Dahmen 2022; Graß und Alke, 2019; Leemann, 2019; Peetz und Sowada, 2019; Juusola und Räihä, 2020; Esposito, 2022 |
| **Ökonomisierung von Bildung als Bezugspunkt für feldspezifische Veränderungen**<br><br>Büchter und Höhne, 2021; Höhne, 2016, 2015a, 2015b, 2012a, 2012b; Lohmann, 2014); Graßl, 2019, 2008; Brückner und Tarazona, 2010; Harms und Reichard, 2003; Bellmann, 2001 | **Organisationsforschung**<br><br>Bedeutung der Hochschule als relevanter, institutioneller Kontext für die Steuerung von Weiterbildungsorganisationen<br><br>Dollhausen und Lattke, 2020 | **Neue Institutionenökonomie**<br>Rational-ökonomische Orientierung; neo-klassische Sicht auf Akteur:innen und deren Handeln als rationale Nutzenmaximierer:innen<br><br>Brückner und Tarazona, 2010; Höhne, 2012a |
| **Systembindungen der Hochschulweiterbildung, Weiterbildungsmarkt als Referenzsystem**<br><br>Kondratjuk, 2020; Reich-Claassen, 2016; Tremp 2020; Zimmermann und Fischer, 2016; 20146; Wolter 2011; Kloke und Krüken, 2010 | **Ausrichtung der Analyse von Organisationen am Akteursbegriff; «Actorhood» der Universität als Akteurin**<br><br>Dollhausen, 2022; Meier, 2009 | **Programmplanungsforschung als Angleichungshandeln zwischen Akteur:innen**<br><br>Reich-Claassen, 2020; Gieseke , 2003, 2008, 2008a, 2008b; von Hippel, 2017, 2013, 2011; Fleige et al., 2019; Schäffter, 2013 |

**Abb. 2.1** Kontextrelevante Beiträge der Bildungs- und Weiterbildungsforschung; eigene Darstellung

und -entwicklung an Hochschulen ihre Handlungen abwägen und begründen, ist eine Frage, die theoretisch-empirisch beantwortet werden sollte. Die genannten Beiträge zum Stand einer institutionen- und konventionentheoretischen Bildungs- respektive Weiterbildungsforschung schaffen hierzu methodologische Voraussetzungen.

# Theoretische Perspektiven auf das Verhältnis von Hochschulweiterbildung und Weiterbildungsmarkt

Die Hochschulweiterbildung folgt einer mehrfachen Systembindung: Sie unterliegt sowohl den Funktionslogiken des Hochschul- und Wissenschaftssystems als auch den Wirkungsmechanismen des Weiterbildungsmarktes (vgl. Kondratjuk, 2020: 41; Reich-Claassen, 2020: 286, 2016; Tremp, 2020: 131; Zimmermann und Fischer, 2016: 14, 2014: 26; Wolter, 2011: 15; Kloke und Krüken, 2010: 32). Aus dem Versuch, beiden Systembindungen zu genügen, werden Handlungslogiken entwickelt, um hochschulinternen und -externen Anspruchsgruppen möglichst umfassend gerecht zu werden (vgl. Kondratjuk, 2017: 136; Schulze, 2020: 152). Einerseits sollen Angebote geschaffen werden, die berufsfeldspezifischen und vornehmlich praxisorientierten Ansprüchen genügen. Andererseits sollen diese Angebote zugleich anschlussfähig an den aktuellen wissenschaftlichen Diskurs sein (vgl. Dörner, 2020: 27; Klages et al., 2020; Wilkesmann, 2010). Die Hochschulweiterbildung muss somit zwei verschiedenen Handlungslogiken gerecht werden: Zum einen als Reproduktionsmuster der Wissenschaft, zum anderen dem Praxisnutzen des vermittelten Wissens im Berufsfeld (vgl. Tremp, 2020: 131 f.; Dick, 2010: 16; Wilkesmann, 2007). Im Zuge des Bologna-Reformprozesses und der Betonung lebenslangen Lernens sind Hochschulen aufgefordert, markt- und nachfrageorientierte Angebote anzubieten (vgl. Wissenschaftsrat, 2019: 65; Wolter, 2017, 2011). Im Weiterbildungsmarkt Schweiz stehen die Angebote hochschulischer Weiterbildung konkreten und mit Kaufkraft ausgestatteten Bedarfen gegenüber. Hierdurch entstehen Anreize zur Weiterbildungsexpansion. Die Zunahme des Wettbewerbs zwischen den Hochschulen im Bereich der Weiterbildung ist eine mögliche Folge. Das Dilemma zwischen den Handlungslogiken des Wissenschaftsbetriebes und den Handlungslogiken

© Der/die Autor(en) 2023

B. M. Tokarski, *Hochschulweiterbildung zwischen Wissenschaftsinstitution und Weiterbildungsmarkt*, Higher Education Research and Science Studies, https://doi.org/10.1007/978-3-658-43781-7_3

des Weiterbildungsmarktes (vgl. Schulze, 2020: 156; Voswinkel und Wagner, 2014: 105; Zastrow, 2013: 41, 2013: 228) erhält also für die Schweizer Hochschulweiterbildung ein besonderes Gewicht.

Dies hat nicht allein Auswirkungen auf die Weiterbildungsplanung und -entwicklung der Hochschulweiterbildung, sondern betrifft auch deren organisationalen und institutionellen Rahmenbedingungen, die zunehmend marktlichen Anforderungen genügen sollen (vgl. Dörner, 2020: 22; Seitter, 2014: 141). Maschwitz et al. (2020: 234 f.) zeigen in Anlehnung an die Empfehlungen der DGWF (2015) auf, dass eine organisationale Verankerung der Weiterbildung an Hochschulen sowohl einer primär wissenschaftlichen Ausrichtung folgen (Anbindung der Weiterbildung an Forschungsstellen oder Institute), rein administrativ ausgerichtet oder als intermediäre organisationale Anbindung (eigenständige Weiterbildungszentren oder Professional Schools) erfolgen kann. Strukturanpassungen vollziehen sich sowohl innerhalb der Organisation (Einbettung der Hochschulweiterbildung als Abteilung in das System Hochschule, Rollen und instanzielle Anbindungen von Weiterbildungsverantwortlichen), als auch auf institutioneller Ebene. Organisationen werden dabei als eine besondere Ausprägungsform der Institution verstanden, die einer bewusst und planvoll hergestellten Ordnung entsprechen (vgl. Göbel, 2021: 18). Organisationen regeln den spezifischen Zweck des Zusammenwirkens, folgen aber einer dahinterliegenden institutionellen Ordnung (vgl. Banscherus, 2020: 116; Hasse und Krücken, 2008). Nach Meyer und Rowan (2009: 28), entstehen formale Organisationsstrukturen als Spiegelung rationalisierter, institutioneller Regeln. Institutionen ordnen Problembereiche menschlicher Interaktion gemäß einer Leitidee und schaffen so verhaltenssteuernde Regeln, deren Beachtung auf unterschiedliche Art und Weise durchgesetzt wird. Sie definieren die Spielregeln sozialer Interaktion im Sinne von zumeist subtil normierten Erwartungen (vgl. Göbel, 2021: 18, Richter und Furubotn, 2003: 7 f.).

Im Verhältnis von hochschulischer Weiterbildungsinstitution und Weiterbildungsmarkt bestehen besondere Spielregeln, die in der Schnittmenge beider Systembindungen reformuliert und durch verschiedene Anspruchsgruppen in unterschiedlicher Intensität beeinflusst werden (vgl. Dollhausen und Lattke, 2020: 116). In der Schweizer Hochschulweiterbildung wurden durch eine einheitliche Vorgabe und Nomenklatur postgradualer Zertifikats- und Masterabschlüsse (vgl. Zimmermann, 2019a) die Gegenstandsbereiche der Programmentwicklung stärker eingegrenzt, und verbindliche Programmstrukturen im Sinne eines übergeordneten Geschäftsmodells geschaffen. Damit ist die Schweizer Hochschulweiterbildung recht deutlich strukturiert (Reum, 2020: 96; Gonon, 2019: 377; Zimmermann, 2019b; Fischer, 2014: 25). Durch die Bereitstellung eigens

strukturierter Angebote (CAS, DAS, MAS, EMBA) soll sich die Hochschul-
weiterbildung inhaltlich, didaktisch als auch organisatorisch vom grundständigen
Angebot auf Bachelor- und Masterstufe unterscheiden (swissuniversities, 2020).
Es haben Formierungen stattgefunden, die sich von den bei Wolter (2011: 16)
angesprochenen Merkmalen des Wissenschaftssystems in Teilen differenzieren.
Hochschulen werden dort als «prototypisch angebotsorientierte Einrichtungen»
(Wolter, 2011: 16) bezeichnet, denen Fachdisziplinen und die akademische Forschung als Referenzsysteme dienen. Demgegenüber folgt die Hochschulweiter-
bildung stärker den Steuerungsinstanzen Nachfrage, Weiterbildungsmarkt und
Wettbewerb (vgl. Zimmermann, 2019b: 24; Fischer, 2014: 39 f.; Seitter, 2014:
141; Zastrow, 2013: 228).

In Institutionen wirken Ordnungen in Form gemeinsamer Leitideen, die eine
zielführende Verhaltenssteuerung von Individuen unterstützen (vgl. Banscherus,
2020: 116; Hasse und Krücken, 2008). Gewinnt der Weiterbildungsmarkt als
Einflusssphäre zunehmend an Bedeutung, ist das Referenzsystem Wissenschaft
damit keinesfalls ausgeklammert. Auch wenn die marktlich-ökonomische Instanz
an Bedeutung gewinnt und diesem Umstand durch eine strukturelle Stärkung
der Hochschulweiterbildung im Hochschulsystem entsprechend Rechnung getragen wird, bleiben die Spielregeln des Wissenschaftssystems weiterhin wirksam.
Wissenschaftlichkeit drückt sich beispielsweise dadurch aus, dass Vermittlungs-
aufgaben wissenschaftlich informiert und fundiert erfolgen sowie einer gewissen
forschungsmethodischen Systematik unterliegen (vgl. Tremp, 2020: 126 f.). Auch
hier findet sich im Eckwertepapier der Schweizer Hochschulrektorenkonferenz
(vgl. swissuniversities 2020) eine Klarstellung, die eine sinnhaft erscheinende
Positionierung der Hochschulweiterbildung in der Schnittmenge der angesprochenen Referenzsysteme (Markt, Hochschule, Wissenschaft) unterstützen soll: *«Die
Hochschulweiterbildung stellt einen Praxisbezug her; hat einen wissenschaftlichen
Anspruch, den sie durch ihre forschende Haltung und Forschungsnähe einlöst, bin-
det die eigene Faculty ein und zieht externe Spezialisten hinzu»* (swissuniversities,
2020: 3). Es stellt sich jedoch die Frage, welche Gewichtung das «wissenschaftliche Argument» in der Weiterbildungsplanung und -entwicklung zukünftig
erhalten wird. Die inhaltliche Rückbindung der Angebote an eigene Forschungsschwerpunkte der jeweiligen Hochschulen bleibt Bestandteil des trichotomen
Leistungsauftrages der Hochschulen aus Lehre, Forschung und Weiterbildung.
Jedoch ist unklar, auf welche Art und Weise und in welchem Ausmaß weiterbildungsmarktbezogene Handlungslogiken die Weiterbildung an Hochschulen
formen werden. Eine besondere Wissenschaftlichkeit von Studiengängen und
Abschlüssen kann in der Hochschulweiterbildung zum Argument in der Ange-
botsdifferenzierung gegenüber anderen Hochschulen im Wettbewerb werden.

Der Bezug zum Wissenschaftssystem spielt in der Weiterbildungsplanung und -entwicklung der Hochschulweiterbildung möglicherweise auch dann eine Rolle, wenn die Strahlkraft als Forschungseinrichtung für die Hochschulweiterbildung Nachfrage generiert. Damit folgt die Angebotsentwicklung aber bereits dem Markt als vordergründiger Steuerungsinstanz, weil man eine relevante Zielgruppe vermutet, und nicht primär einem Vermittlungsanspruch zwischen Wissenschaft und Gesellschaft. Aufgrund der Finanzierungszwänge verschwinden diese Angebote voraussichtlich wieder vom Weiterbildungsmarkt, wenn sie keine Nachfrage erzeugen. Hier postuliert das System Hochschule, aufgrund der gesetzlichen Bestimmungen für die vollständige Refinanzierung ihrer Weiterbildungsangebote aus eingeworbenen  Studiengebühren (vgl. Fischer, 2014: 39 f.), klare Erwartungen an den wirtschaftlichen Erfolg der Hochschulweiterbildung. Gleichwohl haben Hochschulen als Teil des Wissenschaftsbetriebes ein ureigenes Interesse an der Sichtbarmachung ihrer Forschungsleistungen, dies auch in der hochschulischen Weiterbildung, im Sinne von Wissenschaftskommunikation sowie Wissens- und Technologietransfer (vgl. Tremp, 2020; Kloke und Krücken, 2010).

Es wird also deutlich: Institutionen der Hochschulweiterbildung befinden sich in einer dialektischen, Gegensätze ausgleichenden Beziehung mit den Referenzsystemen Weiterbildungsmarkt und Wissenschaft. Offen ist hingegen die Frage, welchen Handlungslogiken die beteiligten Individuen im Feld der Hochschulweiterbildung mehrheitlich geneigt sind zu folgen, und wie sich (a) diese Mehrheiten im Sinne neuer, subtil-normativ wirksamer Spielregeln auf institutioneller Ebene niederschlagen, und (b) welche Auswirkungen hierdurch wiederum für die konkrete Ausgestaltung von Angeboten in der Hochschulweiterbildung resultieren. Es stehen verschiedene theoretische Zugänge zur Verfügung, die potenziell als Methodologie für eine institutionentheoretische und zugleich akteursbezogene Erforschung von Weiterbildungsplanung und -entwicklung im Feld der Hochschulweiterbildung dienen können. Institutionen spielen, wenn auch mit unterschiedlichen Schwerpunktsetzungen, in allen Sozialwissenschaften eine Rolle. Dabei bietet die Erforschung von Institutionen ein sehr breites Feld, welches durch Subkategorien in der Forschung geprägt ist, die vielfältige und zum Teil transdisziplinäre Perspektiven aus der Ökonomie und der Soziologie einnehmen: *«The last two decades have seen many calls for an integration of scholarship on spatial patterns of development and scholarship on institutions. Initially, much of the literature on spatial development was defined deliberately in contradistinction to the kinds of institutionalism seen in economics and political science, while sharing significant orientations with sociology»* (Farrell, 2018: 23). Nachfolgend werden drei ausgewählte Ansätze vorgestellt und diskutiert, die, neben einer institutionentheoretischen und/oder akteursbezogenen

Sichtweise, auch eine Betrachtung des Verhältnisses von Hochschulweiterbildung und Weiterbildungsmarkt ermöglichen.

1. Die **Neue Institutionenökonomie** mit ihrer primär rational-ökonomischen Orientierung (siehe  Kap. 3.1).
2. Der **soziologische Neo-Institutionalismus** mit der Grundidee der Isomorphie von Institutionen zwecks Angleichung an die Erfordernisse institutioneller Umwelten (siehe  Kap. 3.2).
3. Die **Konventionenökonomie** als wirtschaftssoziologische Institutionen- und Handlungstheorie mit ihrer Orientierung an Akteur:innen und situativer Handlungskoordination (siehe  Kap. 3.3).

## 3.1   Neue Institutionenökonomie: Methodologischer Individualismus und rational-ökonomische Orientierung

In der Neuen Institutionenökonomie werden Institutionen als Systeme von verhaltenssteuernden Regeln verstanden, die (a) Problembereiche in der Interaktion gemäß einer Leitidee ordnen, und (b) die Einhaltung dieser Regeln auf unterschiedliche Art und Weise durchsetzen (vgl. Göbel, 2021: 18; Richter und Furubotn, 2003: 32). Bezogen auf die Rückbindung der Hochschulweiterbildung an die Funktionslogiken des Weiterbildungsmarktes, erscheint die Neue Institutionenökonomie als theoretischer Zugang zum besseren Verständnis des Akteursverhaltens in der Weiterbildungsplanung und -entwicklung zunächst naheliegend. Ausgangspunkt der Diskussion ist der Umstand zunehmender Ökonomisierung von Hochschulweiterbildung in dem Sinne, als dass ökonomische Handlungslogiken auf den vormals nicht ökonomisierten Bildungsbereich übertragen werden und diesen überformen (vgl. Schmid und Wilkesmann, 2020: 220; Schimank und Volkmann, 2017: 593; Zastrow, 2013: 228; Bellmann, 2001: 388).[1] Für die Erklärung von Handlungskoordination zwischen Akteur:innen braucht es wiederum geeignete Verhaltensmodelle. Die zentrale Leitidee der Neuen Institutionenökonomie ist die Rückbindung an das Verhaltensmodell des Homo Oeconomicus, also ein ausschliesslich rational handelndes und den eigenen

---

[1] Weiterführende Beiträge zu Ökonomisierung sowie der damit einhergehenden Transformation im Feld der Bildung finden sich insbesondere bei Höhne, 2015a, 2012a; Lohmann, 2014; Graßl, 2019; Brückner und Tarazona, 2010.

Nutzen optimierendes Individuum. Dem Verhaltensmodell des Homo Oeconomicus liegt die Annahme zugrunde, dass Individuen rational zwischen ihren inneren Präferenzen und äußeren Restriktionen abwägen, um sich schlussendlich für die optimale Variante zu entscheiden (vgl. Göbel, 2021: 47 f.; Voigt, 2009: 21). Dabei ist die individuelle Nutzenmaximierung nicht nur auf monetäre, sondern auch auf nicht-monetäre Aspekte bezogen. Verhaltensweisen von sozialen Systemen sind, diesem Verhaltensmodell zufolge, immer aus den Einzelverhaltensweisen ihrer Individuen erklärbar. Aus dieser kategorischen Betrachtung folgt die Zuschreibung des methodologischen Individualismus, woraus sich ein zentraler Kritikpunkt an den Ansätzen der Neuen Institutionenökonomie ableitet: Nach dem Prinzip des methodologischen Individualismus werden Koordinationen durch die externen/internen institutionellen Umwelten des Unternehmens nicht berücksichtigt. Kollektive wie Unternehmen oder Organisationen werden nicht als handelnde Akteur:innen betrachtet (vgl. Göbel, 2021: 49; Voigt, 2009: 21; Richter und Furubotn, 2003: 3); Ergebnisse auf der Kollektivebene werden ausschliesslich als das Resultat individueller Interaktionen und Handlungen verstanden, ohne dass diese von einzelnen Akteur:innen beabsichtigt sind. Zudem gelten die Präferenzen der Akteur:innen als konstant, es ändern sich lediglich die Restriktionen, wodurch wiederum Anpassungen im Verhalten als Folge fortlaufender rationaler Abwägungen erforderlich werden. Die inneren Präferenzen der handelnden Akteur:innen hingegen gelten als stabil. Zudem wird angenommen, dass der Homo Oeconomicus die Präferenzen und verfügbaren Alternativen für ein Entscheidungsproblem vollständig und richtig modellieren kann (vgl. Göbel, 2021: 48). *Welche* Präferenzen Individuen haben und wie diese zustande kommen, wird jedoch ebenso wenig betrachtet wie eine individuelle Gewichtung von Präferenzen oder auch mögliche Probleme der Informationsverarbeitung. Das rationale, den eigenen Nutzen optimierende Verhalten ist stets dominant. Bleiben Präferenzen konstant, ließen sich Handlungen durch die Veränderung der Restriktionen gezielt beeinflussen. Der Homo Oeconomicus handelt somit berechenbar.

Für die hier hinterlegte Fragestellung, nach welchen Handlungslogiken Akteur:innen an Hochschulen Weiterbildungsplanung und -entwicklung koordinieren und legitimieren, erscheint ein auf dem Verhaltensmodell des Homo Oeconomicus basierendes Akteurskonzept recht kurz gegriffen: Individuelle Präferenzstrukturen und deren Beeinflussbarkeit durch Interaktionen in komplexen intra- und interinstitutionellen Beziehungen werden ausgeklammert. Koordinationslogiken zwischen handelnden Akteur:innen in institutionellen Kontexten sind deutlich komplexer und auch potenziell konfliktreicher, da von einer Vielzahl unterschiedlicher Ansprüche und Beurteilungslogiken auszugehen ist (vgl. Florian, 2015; Thévenot, 2001). Gleichzeitig existieren Gruppennormen, die als internalisierte Zwänge das Verhalten von Individuen übersteuern, bestimmte Rollenerwartungen erzeugen und zugleich einem *«Kosten-Nutzen-Kalkül»* entzogen sind (vgl. Voigt, 2009: 29). In der Realität der Institution sind deren Akteur:innen vielmehr durch unterschiedliche soziale Rollenerwartungen determinierte Individuen (vgl. Richter und Furubotn, 2003: 47). In der Hochschulweiterbildung müssen Akteur:innen unterschiedlichen Rollenerwartungen gerecht werden müssen. Wie bereits dargelegt (vgl. Kap. 1.1 und Kap. 3), ist die Hochschulweiterbildung in unterschiedliche Referenzsysteme eingebunden: In die Funktionslogiken des Hochschul- und Wissenschaftssystems einerseits, und in den Weiterbildungsmarkt andererseits (vgl. Kondratjuk, 2020: 41; Lehmann, 2019: 10; Wolter, 2011: 15; Kloke und Krücken, 2010: 32; Dick, 2010: 16). Infolge dieses Umstandes ist nicht offenkundig, welchen individuellen Präferenzen die handelnden Akteur:innen im Feld der Hochschulweiterbildung als rational-ökonomisierende Nutzenmaximierer:innen folgen. Zudem ist der Nutzenbegriff im Modell des Homo Oeconomicus zu wenig präzise, da auch nicht-monetäre Nutzenaspekte berücksichtigt werden. Es besteht demzufolge das Risiko der Tautologie, da theoretisch jedweder Nutzen infrage kommt und das Nutzenargument somit inhaltsleer bleibt (vgl. Göbel, 2021: 50). Jedoch stellt sich auch für die Neue Institutionenökonomie die Frage, wie nun Akteur:innen, deren Handlungslogik im Grundsatz einzig individualistisch-nutzenmaximierend erklärt wird, interagieren. Im Verständnis der Neuen Institutionenökonomie wirken innerhalb von internen Institutionen sowie im Austausch mit externen Institutionen verschiedene Formen der Regelüberwachung und Kontrolle (vgl. Voigt, 2009: 31; Richter und Furubotn, 2003: 7; Kiwit und Voigt, 1995). Dabei haben diese Regeln zugleich auch informatorischen Gehalt und verringern so strategische Unsicherheit. So ist nach Voigt (2009: 27) eine Regel *«zwar als Ergebnis menschlichen Handelns zu interpretieren, nicht aber notwendig als Ergebnis menschlichen Entwurfs, da ihre Entstehung sowohl auf explizite wie implizite Versuche von Individuen zurückgeführt werden kann, Interaktionsbeziehungen zu strukturieren».*

**Tab. 3.1** Kategorien institutioneller Überwachung; in Anlehnung an Kiwit und Voigt (1995)

| Regel | Art der Überwachung | Beispiel |
|---|---|---|
| **1. Konvention** | Selbstüberwachung | Artefakte der Sprache |
| **2. Ethische Regel** | Imperative Selbstbindung | Kategorischer Imperativ |
| **3. Sitte** | Spontane Überwachung durch andere Akteure | Gesellschaftliche Umgangsformen |
| **4. Formelle private Regel** | Geplante Überwachung durch andere Akteure | Selbstgeschaffenes Recht von Wirtschaftsakteuren |
| **5. Regel positiven Rechts** | Organisierte staatliche Überwachung | Privat- und Strafrecht |

Die Kategorien der institutionellen Überwachung (vgl. Tab. 3.1) weisen unterschiedliche Formalisierungsgrade auf, von selbst geschaffenen Überwachungsformen (Konventionen) und imperativen Selbstbindungen (ethischen Regeln) bis hin zu Formen der informellen Fremdkontrolle (Sitte) und schliesslich den streng formalisierten Rechtsordnungen (Regeln privaten und positiven Rechts). Im Verständnis der Institutionenökonomie dienen diese Kategorien der institutionellen Überwachung dem dahinterliegenden Zweck einer auf den Markt bezogenen Steuerung: Im Verhaltensmodell des Homo Oeconomicus sind die genannten Überwachungsarten nichts anderes als Restriktionen, deren Berücksichtigung (unter der Annahme stets gleichbleibender Präferenzen) zu klar prädiktiven und individuell nutzenmaximierenden Handlungsalternativen führt (vgl. Göbel, 2021: 47 f.; Voigt, 2009: 21). Jedoch wird dabei vernachlässigt, dass neben der Markttransaktion auch Qualitätserwartungen eigenständige Wertmaßstäbe und Koordinationslogiken hervorbringen: «*So ist das Modell des Unternehmens, das die Transaktionskostenökonomie[2] vorschlägt, [...] nur eine um Verträge und das Prinzip der Hierarchie erweiterte Form der marktförmigen Koordination*» (Diaz-Bone, 2018b: 179). Mit Blick auf das Verhältnis zwischen der Hochschulweiterbildung und dem Weiterbildungsmarkt ist damit ein wichtiger Aspekt angesprochen: Auch im ökonomischen Handeln kommen unterschiedliche Koordinationslogiken zum Tragen, die sowohl einer ökonomischen Sichtweise auf gelingende, marktliche Transaktionen folgen, als auch den vorherrschenden Qualitätskonventionen

---

[2] Die Transaktionskostenökonomie bildet als theoretisches Basismodell einen wesentlichen Baustein der Neuen Institutionenökonomie; vgl. Göbel (2021), Voigt (2009), Richter und Furubotn (2003). Für den grundlegenden Nachvollzug der Transaktionskostenökonomie als Forschungsrichtung eignen sich u. a. die Beiträge von Williamson (1975) oder North (1990/1992).

im Transaktionsbereich (vgl. Diaz-Bone, 2018b: 141 ff.; Jagd, 2011: 284 ff.). Die Koordinationslogiken zwischen handelnden Akteur:innen in institutionellen Kontexten sind demnach komplex und potenziell konfliktreich, da durch eine Pluralität von Rationalitäten Koordination erschwert wird (vgl. Eymard-Duvernay et al., 2010).

Die bisherigen Ausführungen führen zu dem **Zwischenfazit**, dass die Neue Institutionenökonomie zwar einen theoretischen Zugang zu Handlungskoordination in marktlich verwobenen Institutionen bereitstellt, jedoch für eine Rekonstruktion von Handlungskoordination im komplexen Spannungsfeld unterschiedlicher, jedoch miteinander korrespondierender Systeme eher wenig Anknüpfungspunkte liefert. Nach Eymard-Duvernay et al. (2010: 14) bewältigen Unternehmen in Situationen, in denen sich aufgrund unterschiedlicher Koordinationsformen Spannungen ergeben, diese durch Kompromisse. Eine Sichtweise, die Unternehmen einheitliche Koordinationsmodi zuschreibt, ist demnach infrage gestellt (vgl. Eymard-Duvernay, 2002). Für die Erforschung von Handlungskoordination in der Weiterbildungsplanung und -entwicklung in der Hochschulweiterbildung wird vielmehr ein Zugang benötigt, der auf der Mikroebene Handlungskoordination zwischen Akteur:innen erfassen kann.

## 3.2   Soziologischer Neo-Institutionalismus: Methodologischer Kollektivismus und Orientierung an institutionellen Umwelten

Im Gegensatz zu der im Kontext der Neuen Institutionenökonomie aufgezeigten konstanten Präferenz für ökonomisch-rationales Handeln, sind gemäss Schemmann (2017: 3) im soziologischen Neo-Institutionalismus nicht das Streben nach rationaler Effizienz für Organisationen leitend, sondern das Streben nach Legitimität. Im zeitlichen Diskurs kann der Neo-Institutionalismus in seinen Ursprüngen als Gegenentwurf zu überwiegend einseitig ökonomisch geprägten Organisationstheorien verstanden werden, die sich ab den 1960er Jahren zunächst vor allem in der US-Amerikanischen Managementlehre etablierten (vgl. Senge, 2011: 11–14). Dabei lehnt der Neo-Instituationalismus das Modell einseitig ökonomisch-rational handelnder Akteur:innen ab und wendet sich der Institution als einer überindividuellen Analyseeinheit zu, die (im Gegensatz zum methodologischen Individualismus rational-ökonomischer Ansätze) eben nicht allein aus den individuellen Motiven der Akteure heraus erklärbar ist (vgl. DiMaggio und Powell, 1991: 8).

Der soziologische Neo-Institutionalismus entspricht keiner geschlossenen Theorie, sondern vielmehr einem über Jahrzehnte gewachsenen Theorienkonglomerat zahlreicher Forschungsbemühungen, die in ihren Positionen wiederum unterschiedliche Subtypen und Strömungen geprägt haben.[3] Ein Versuch, diese Vielfältigkeit neo-institutionalistischer Sichtweisen in einer gemeinsamen Begriffsdefinition von Institutionen zu vereinen, findet sich bei Koch und Schemmann (2009: 7): *«Institutionen fundieren und formen die Gestalt sowie das Handeln sozialer Akteure – Akteure wiederum erzeugen, erhalten sowie verändern Institutionen und lassen sie letztlich erodieren».* Neben den Mechanismen und Mustern zur Formung organisationaler Entscheidungsprozesse interessieren im Neo-Institutionalismus vor allem die Strukturmerkmale des organisationalen Feldes, wobei sich nach Herbrechter und Schemmann (2019: 187) der Begriff des organisationalen Feldes insbesondere für die Konstellation von Akteur:innen durchgesetzt hat. Dabei wird der Auslegung von DiMaggio und Powell (2009: 59) gefolgt, die als organisationales Feld ein Aggregat von Organisationen und deren wechselseitige Abhängigkeitsbeziehungen bezeichnen, welche bestimmte Bereiche des institutionellen Lebens formen: Hierzu zählen neben den Konsumenten von Ressourcen und Dienstleistungen/Produkten auch andere, vor- oder nachgelagerte Organisationen. Im organisationalen Feld vollzieht sich, im Verständnis des soziologischen Neo-Institutionalismus, also eine fortlaufende Strukturangleichung zwischen der institutionalisierten Organisationsumwelt und der innerorganisatorischen Struktur und Praxis (vgl. Koch und Schemmann, 2009: 8; Meyer und Rowan, 2009; DiMaggio und Powell, 2009). Organisationen inkorporieren auf diesem Wege institutionelle Regeln, um Legitimität, Stabilität und erhöhte Überlebenschancen zu entwickeln (vgl. Meyer und Rowan, 2009: 28). Lösungen für umweltbezogene Herausforderungen folgen dabei nicht zwingend einer messbaren Effizienz, sondern sind zudem auch abhängig von deren Legitimation und deren Erfolgszuschreibung, die aus einer stetig wachsenden Informationsflut und wechselseitigen Beobachtungen gefiltert werden (DiMaggio und Powell, 2009: 149–152). Scott (1995: 3) unterscheidet daher, als Erweiterung des umweltbezogenen Institutionenbegriffs, Institutionen als *«cognitive, normative and regulative structures and activities that provide stability and meaning to social behavior».* Hierdurch ergibt sich eine erweiterte Sicht auf «institutionelle Erwartungszusammenhänge», die Handlungskoordination beschreibbar machen (Herbrechter

---

[3] Für den Nachvollzug siehe beispielsweise Koch und Schemmann 2009; Peters, 2011; Herbrechter und Schemmann 2019; Meyer und Rowan 2009; DiMaggio und Powell 2009; Scott und Meyer, 1991.

und Schemmann, 2019: 186). Policies, Programme und auch Professionen werden in hoch institutionalisierten Kontexten gemeinsam mit solchen Produkten entwickelt, die als logische Konsequenz aus den im jeweiligen Zeitpunkt als relevant erachteten, inkorporierten Regeln verstanden werden (vgl. Meyer und Rowan, 2009: 28). Anders ausgedrückt: Die Organisation folgt den als legitim geltenden Verhaltenskonsensen ihrer institutionalisierten Umgebungen und zwingt sich so selbst, immer wieder neue Handlungspraktiken zu verinnerlichen, um fortlaufend die eigene Legitimität und Überlebensfähigkeit zu erhalten. Sowohl die inneren als auch die äusseren Umwelten der Institution werden repräsentiert durch verschiedene Anspruchsgruppen, deren Erwartungshaltungen mögliche Zielkonflikte zwischen den beteiligten Akteur:innen erzeugen und zu Angleichungsbemühungen führen (vgl. DiMaggio und Powell, 2009).

Das Handeln der Organisation unterliegt also einerseits den inkorporierten Regeln ihrer institutionellen Umwelten. Andererseits zwingen aber auch «*einflussreiche Organisationen ihre unmittelbaren relationalen Netzwerke, sich ihren Strukturen und Verhältnissen anzupassen*» (Meyer und Rowan, 2009: 38), indem diese versuchen, ihre Ziele direkt als institutionelle Regeln in der Gesellschaft zu verankern. In «*institutionell elaborierten Umwelten*» orientierten sich Organisationen zunehmend an externen Wertmaßstäben respektive der Zuschreibung bestimmter Wertigkeiten, wie beispielsweise dem Prestige von Programmen (vgl. Meyer und Rowan, 2009: 41).

Demzufolge sind gemäß DiMaggio und Powell (2009) Angleichungsbemühungen zu erwarten: «*Rationale Akteure gestalten durch ihre Versuche, die Organisationen zu wandeln, diese zunehmend ähnlich*» (DiMaggio und Powell, 2009: 57). Im Kontext dieser, zumeist fließenden, Angleichung der Erwartungen verschiedener innerer und äußerer institutioneller Umwelten, welche mit dem Begriff des umweltbezogenen Isomorphismus eine feste Umschreibung im soziologischen Neo-Institutionalismus gefunden hat, lassen sich drei Kategorien von Angleichungsprozessen ausmachen: (1.) Angleichung durch Zwang, (2.) Angleichung als Mimese und (3.) Angleichung durch normativen Druck (vgl. DiMaggio und Powell, 2009: 63–69). Angleichung durch Zwang (1.) ist die Folge formellen oder informellen Drucks auf Organisationen, beispielsweise bei einer starken Abhängigkeit von anderen Organisationen oder kulturellen Erwartungen der Gesellschaft. Für Bildungsinstitutionen sind derartige Zwänge anzunehmen, da diese, je nach Trägerschaft, öffentlichen Leistungsaufträgen, Finanzierungsvorgaben und gesellschaftlichen Rollenzuschreibungen hinsichtlich ihres Bildungsauftrages unterliegen. Nicht selten sind zentrale Merkmale und Erwartungen einer Gesellschaft Teil einer wechselseitigen, institutionalisierten Austauschbeziehung mit Hochschulen (vgl. Schofer et al., 2021). Mimetische

Isomorphie (2.) erfolgt als Nachahmung zumeist in Phasen von Unsicherheit. Organisationen modellieren sich nach dem Vorbild anderer in der Erwartung ökonomischer Vorteile. Aus der ökonomischen Perspektive ist wiederum zu fragen, woraus diese Unsicherheit resultiert. Je grösser die Anzahl konkurrierender, externer Institutionen, desto wahrscheinlicher ist ein hoher Grad an Unsicherheit über den eigenen Erfolg/Misserfolg in einem zunehmend dynamischen und volatilen Wettbewerbsumfeld. In tendenziell expansiven Märkten wie dem der Schweizer Weiterbildung (vgl. Kap. 1.1) ist die Annahme mimetischer Angleichungsbemühungen eine möglicherweise relevante Perspektive. Bei der dritten Form von Angleichungsprozessen, der Angleichung durch normativen Druck, stehen das professionelle Selbstverständnis der Akteur:innen und Professionalisierungsprozesse im Vordergrund. Die von DiMaggio und Powell (2009: 68) beschriebenen Charakteristika von normativer Professionalisierung erscheinen auch im Kontext der Hochschulweiterbildung relevant. So wird unter Professionalisierung die «*kollektive Anstrengung einer Berufsgruppe*» verstanden, «*die Bedingungen und Methoden ihrer Tätigkeit selbst zu definieren, […] sowie eine kognitive Grundlage und Legitimation ihrer beruflichen Autonomie zu etablieren*» (DiMaggio und Powell, 2009: 68). Der Umfang der normativen Angleichung wird dabei wesentlich durch zwei Aspekte von Professionalisierung beeinflusst: Zum einen werden die Grundlagen formaler Bildung und deren Legitimation von Fachpersonen der Hochschulen bereitgestellt. Zum anderen verbreiten sich Sichtweisen und Modelle sehr stark über die institutionell übergreifenden Netzwerke und Verbände (vgl. DiMaggio und Powell, 2009: 69), oder auch kooperierende Partnerinstitutionen. Für die Hochschulweiterbildung, die den Zugang zu professionellem Wissen nach ökonomischen Grundsätzen am Weiterbildungsmarkt offeriert, ergibt sich hieraus ein besonderer Umstand: Die Anbieterseite ist zugleich die legitimierende Instanz dessen, was als zeitgemäßer professioneller Standard gelten sollte. Gleichzeitig wird die Erwartung an das Handeln der verantwortlichen Akteur:innen durch den Austausch mit diversen Anspruchsgruppen innerhalb und ausserhalb der Hochschule beeinflusst. Hieraus resultiert die Annahme, dass sich veränderte professionelle Sichtweisen der verantwortlichen Akteur:innen im Feld der Hochschulweiterbildung ergeben, die sowohl die bereitgestellten Bildungsangebote als das Produkt ihrer Bemühungen betreffen, als auch möglicherweise das eigene Rollenverständnis auf der (legitimierenden) Grundlage bestehender institutioneller Regeln.

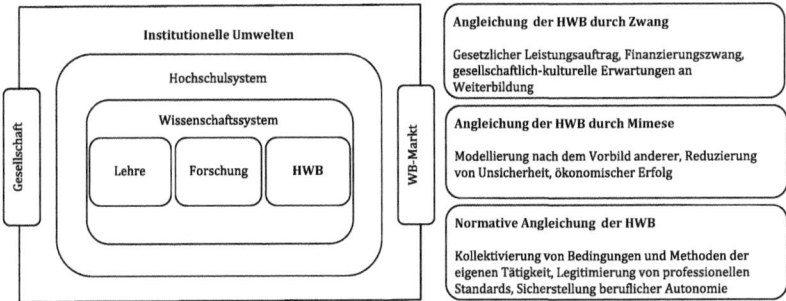

**Abb. 3.1** Umweltbezogenes Angleichungshandeln aus neo-institutionalistischer Perspektive in Anlehnung an DiMaggio und Powell, 2009; eigene Darstellung

Die Annahme organisationaler Angleichungsprozesse in institutionellen Umwelten wirft zugleich die Frage nach dem dahinterliegenden Akteursverständnis auf. Bleibt beim methodologischen Individualismus der Neuen Institutionenökonomie das Kollektiv der handelnden Akteur:innen weitgehend ausgeklammert (vgl. Voigt, 2009; Richter und Furubotn, 2003), so kommt im Verständnis des soziologischen Neo-Institutionalismus der Organisation die Rolle als kollektive, eigenständige und zielbildende Akteurin zu (vgl. Meyer und Rowan, 2009; DiMaggio und Powell, 2009; Scott, 1995). Damit versteht sich der soziologische Neo-Institutionalismus als Gegenentwurf zum methodologischen Individualismus stärker ökonomisch geprägter Organisationstheorien, welche das Verhalten sozialer Systeme einzig aus den individuellen Verhaltensweisen und Nutzenpräferenzen ihrer Akteur:innen erklären. Jedoch bleibt auch an den Entwürfen des soziologischen Neo-Institutionalismus der Vorwurf bestehen, dass die «neo»-Betrachtung von Institutionen als gesamtheitlicher, eigenständiger und zielbildender Akteur die konkrete Interaktion und Handlungskoordination zwischen den beteiligten Akteur:innen letztlich ebenso wenig erklären kann. Zwar wird mit dem Konzeptentwurf des «institutional entrepreneurs» (Greenwood und Suddaby, 2006; Lawrence und Suddaby, 2006) ein theoretischer Entwurf präsentiert, um die Akteursperspektive innerhalb des Neo-Institutionalismus zu stärken (Herbrechter und Schemmann, 2019: 193). Die Theoriefigur des institutionellen Unternehmers geht von einer Leitfigur aus, die institutionellen und gesellschaftlichen Wandel plant und mit Macht durchsetzt. Kritisch anzumerken ist hierbei jedoch der Rückgriff auf den, in seinen Grundsätzen im Neo-Instituationalismus ja eigentlich kritisch gestellten, methodologischen Individualismus (vgl. Powell und Colyvas, 2008). Am Ende bleiben die Befunde wenig spezifisch, wie genau

Akteur:innen die Aufrechterhaltung und Veränderung von Institutionen koordinieren (Kirchner et al., 2015: 196). Dies ist primär auch nicht verwunderlich, da sich Ansätze des Neo-Instituationalismus als Gegenentwurf zu den rational-ökonomischen Orientierungen neo-klassischer Ansätze verstehen. Insofern sind Individuen eben auch nicht der primäre Bezugspunkt von Untersuchungen (vgl. Hasse und Krücken, 2005). Nach Knoll (2012: 59) ist diese «*Unentschiedenheit zwischen rationalem Wahlhandeln und der unhinterfragten Durchsetzung institutioneller Muster im soziologischen Neo-Institutionalismus*» vor allem auf die heterogene Autorenschaft und deren Rezeptionen zurückzuführen. Es besteht demzufolge der Bedarf nach einer Mikrofundierung der klassischen Ansätze des Neo-Institutionalismus, um diese Lücke zu schliessen (vgl. Knoll, 2012; Powell und Colyvas, 2008; Powell und DiMaggio, 1991). Zu einem ähnlichen Schluss kommen Krücken und Röbken (2009: 336), welche die klassischen Konzepte des Neo-Institutionalismus als nicht mehr ausreichend erachten, um aktuelle Entwicklungen im Hochschulwesen zu erklären. Letztere beziehen sich dabei vor allem auf die zunehmende Rechenschaftsverpflichtung der Bildungsinstitutionen bezüglich Effizienz und Effektivität.

**Zusammenfassend** wird festgehalten: Aus einer mehrfachen Systembindung der Hochschulweiterbildung resultieren potenzielle Zielkonflikte und auf der Ebene der Akteur:innen der Bedarf nach konsensfähigen Lösungen. Trotz der «neo-Betrachtung» von Institutionen als gesamtheitlicher, eigenständiger und zielbildender Akteur, fehlen auch im soziologischen Neo-Institutionalismus Erklärungsansätze, welche die konkrete Interaktion und Handlungskoordination zwischen Akteur:innen in komplexen institutionellen Umgebungen methodologisch erschliessen. Einen möglichen theoretischen Ansatz für die Mikrobetrachtung von Interaktion und Handlungskoordination zwischen Akteur:innen bietet die Konventionenökonomie (vgl. Kap. 2.3).

## 3.3 Konventionenökonomie: Methodologischer Situationalismus und Orientierung an Handlungskoordination zwischen Akteur:innen

Die Konventionenökonomie hat sich seit der Mitte der 1980er Jahre zunehmend als Forschungsrichtung an der Schnittstelle von Soziologie und Ökonomie etabliert (vgl. Diaz-Bone, 2006; Diaz-Bone, 2009; Diaz-Bone; 2011; Jagd, 2011). Im Forschungsverständnis der Konventionenökonomie sind der Situationsbezug von Vorgängen und die «*Gegenwart des Handlungsverlaufs*» die zentralen Bezugsgrössen für die Erklärung soziologischer Phänomene (Barthe et al., 2016). Es handelt sich bei der Konventionenökonomie um einen transdisziplinären Zugang, welcher auf der Basis einer grundlegenden Handlungstheorie gegenwärtige Forschungsfragen der Ökonomie, der Soziologie, der Organisationstheorien oder auch der Evaluations- und Implementationsforschung gleichermassen adressiert (vgl. Diaz-Bone, 2009; Knoll, 2015, 2012; Grüttner, 2015; Barthe, 2016). Wichtige Bezüge findet die Konventionenökonomie im wissenschaftlichen Diskurs und in vielzähligen Arbeiten der pragmatischen Soziologie Frankreichs, in welcher dem Konzept der Konventionen eine zentrale theoretische Bedeutung zukommt (vgl. Diaz-Bone, 2011) sowie in dem 1991 erschienen Grundlagenwerk von Luc Boltanski und Laurent Thévenot «De la justification».

Welche Rolle spielen nun Konventionen für die Interaktion und Handlungskoordination zwischen Individuen in institutionalisierten Kontexten? Für die Beantwortung dieser Frage ist zunächst eine Klärung zum Begriffsverständnis von Konventionen erforderlich. Im allgemeinen Sprachgebrauch ließe sich eine Konvention als eine als Norm etablierte Verhaltensregel definieren. Aus Sicht der Konventionenökonomie gehen Konventionen jedoch deutlich über traditionell etablierte Standards hinaus: Vielmehr dienen Konventionen als Handlungslogiken, welche es Akteur:innen situativ ermöglichen, sich unter unsicheren Bedingungen zu koordinieren und gemeinsame Handlungsabsichten zu verwirklichen (vgl. Diaz-Bone, 2011a: 23). Konventionen sind demnach *«sozio-kulturell etablierte Koordinationslogiken, die Akteuren als situative Ressource zur Verfügung stehen»* (Diaz-Bone, 2011a: 14). Biggart und Beamish (2003: 444) beschreiben Konventionen als *«shared templates for interpreting situations and planning»*. Storper und Salais (1997: 15 ff.) ordnen Konventionen vor dem Hintergrund komplexer sozialer Situationen ein. Komplexe soziale Situationen sind durch eine starke wechselseitige Abhängigkeit zwischen den beteiligten Akteur:innen sowie Unsicherheit in Bezug auf gegenseitige Erwartungen gekennzeichnet. Engagieren sich nun diese Akteur:innen für gemeinsame ökonomische Aufgaben, wird auf der Basis gemeinsamer Konventionen Koordination benötigt, was zu tun ist und in welcher Form der/die Einzelne die Erwartungen der anderen beteiligten Akteur:innen erfüllen kann. Wiederholen sich Formen erfolgreicher Handlungskoordination in vergleichbaren Situationen immer wieder, werden diese in Institutionen als Routinen verinnerlicht. In diesem Prozess fungieren Konventionen als Regeln, denen alle Beteiligten ohne erneute Reflexion zustimmen können.

Die Konventionenökonomie zeichnet sich durch eine Verschränkung disziplinärer Denkweisen aus, welche die Soziologie und die Ökonomie in der Grundlagenforschung stärker zusammengeführt haben, vor allem in Bezug auf handlungstheoretische Überlegungen (vgl. Diaz-Bone, 2011: 11). Im Fokus stehen dabei Fragestellungen einer angewandten, transdisziplinären Forschung, wie Akteur:innen unter den Bedingungen von Unsicherheit und einer grundsätzlichen Pluralität der verfügbaren Handlungslogiken Handlungskoordination bewältigen (Jagd, 2011: 278; Salais, 2007). In der Konventionenökonomie vollzieht sich zudem ein Bruch mit den für die Sozialwissenschaften stark prägenden Einflüssen der Arbeiten von Pierre Bordieux (vgl. Diaz-Bone, 2011a: 17, 2006). Durch die Zuschreibung einer kritischen Reflexionskompetenz zu handelnden Akteur:innen tritt die Konventionenökonomie spätestens seit den 1990er Jahren dem Habituskonzept der Theorie von Pierre Bordieux entgegen: Konventionen werden nicht als inkorporierte Strukturen verstanden, denen bestimmte Handlungen quasi automatisch folgen (vgl. Diaz-Bone und Thévenot, 2010: 5). Stattdessen wird Akteur:innen ein Verständnis der grundlegenden Funktionsprinzipien einer Gesellschaft, einer Organisation oder einer Interaktion im Sinne einer politischen Fähigkeit zugeschrieben, wodurch ihnen ein Zurechtfinden in ungewissen Umwelten ermöglicht wird (vgl. Eymard-Duvernay, 2011: 114). Sie verfügen über die politische und kognitive Kompetenz, Probleme der Handlungskoordination in verschiedenen Umwelten wie Organisationen und Institutionen anhand von Konventionen zu reflektieren (vgl. Diaz-Bone, 2009: 236). Dabei wird von einer radikalen Pluralität koexistierender Konventionen ausgegangen. Wenn eine Konvention als angemessene Koordinationsform in einer Situation herangezogen wird, so stehen zugleich andere Konventionen als Handlungsalternativen zur Verfügung, die verworfen werden müssen (vgl. Diaz-Bone, 2011: 23). Akteur:innen sind in der Lage, unter Verweis auf äussere Umstände zu relativieren. Sie erzielen untereinander Annäherung, indem Sie sich auf bestimmte Zuordnungen und Formen von Allgemeingültigkeit einigen, die von allen geteilt werden können und zukünftig eine Stütze für die Rechtfertigung von Handlungen bieten (vgl. Boltanski und Thévenot, 2018: 54 ff., 448; 2011).

Insbesondere in Märkten beeinflussen Konventionen Handlungskoordination zwischen Akteur:innen und sorgen so für die Stabilisierung wechselseitiger Erwartungen bei wirtschaftlichen Transaktionen (vgl. Boltanski und Thévenot, 2018: 68 ff.; Knoll, 2012: 103 ff.). Marktkonventionen dienen der Verständigung auf gemeinsame Interessen: Welche Beurteilungsmaßstäbe haben gemeinhin Gültigkeit bei der Zuschreibung von Mengen und Preisen? Oder für die Beurteilung der Wertigkeit (sowie Zahlungsfähigkeit) von Marktteilnehmer:innen? Aus Sicht der Konventionenökonomie ist eine Marktkonvention jedoch nur eine von vielen möglichen Handlungslogiken (vgl. Diaz-Bone, 2011a: 23). Diese grundlegende Sichtweise der Konventionenökonomie basiert auf den Einordnungen von Boltanski und Thévenot (2018: 49 ff.). Diese beschreiben die Antinomie zwischen Ökonomie und Soziologie als Folge einer scheinbar unversöhnlichen methodologischen Gegensätzlichkeit bei der Erklärung individueller und kollektiver Verhaltensweisen. In der neoklassischen Ökonomie werden Sachverhalte häufig auf eine Unterscheidung zwischen Gütern und Personen hin reduziert, wohingegen die Soziologie von kollektiv geteilten Wirklichkeiten ausgeht. Die Auflösung der Antinomie des methodologischen Individualismus der Ökonomie und des methodologischen Kollektivismus der Soziologie ist ein zentraler theoretischer Standpunkt in der Konventionenökonomie (vgl. Boltanski und Thévenot, 2018: 48; Diaz-Bone, 2011b: 50; Bessy, 2011). Stattdessen rückt die Situation als methodologischer Bezugspunkt für Handlungskoordination und deren Analyse in den Fokus (vgl. Boltanski und Thévenot, 2018: 45 ff; Diaz-Bone, 2011a: 32, 2011b: 49; Vogel, 2019: 129 f.; Knoll, 2015: 24). Akteur:innen bewerten die Angemessenheit und die Handhabung von Konventionen anlässlich konkreter Situationen. Darüber hinaus müssen sich die Akteur:innen für die Koordination von Handlungen auf überindividuelle und intersubjektiv überprüfbare Realitäten stützen. Konventionen sind somit vor allem empirisch und nicht losgelöst von subjektiven Erfahrungen und Bewertungen von situationsbezogenen Kontexten (vgl. Diaz-Bone, 2011a: 23; Boltanski und Thévenot, 2011: 45). Für die Konventionenökonomie ist die Situation die zentrale Analyseeinheit für die Erfassung und Beurteilung konventionenbasierter Handlungskoordination zwischen Akteur:innen (vgl. Diaz-Bone 2011a: 32; 2011b). Die Differenzierung des Homo Oeconomicus und des Homo Sociologicus findet in der Konventionenökonomie eine Synthese in Form des Homo Conventionalis. Durch die Rückbindung von Handlungen und Handlungskoordination an Konventionen ergibt sich eine neue Sicht auf Rationalität: Die Rationalitäten des Homo Conventionalis sind interpretativ, situationsbezogen und argumentativ (vgl. Bessy, 2011).

Des Weiteren erhält in der Konventionenökonomie die Zuschreibung von Qualitäten zu Objekten eine besondere Bedeutung für die Handlungskoordination (vgl. Diaz-Bone, 2011a: 12). Qualitätszuschreibungen sind Teil einer ökonomischen Rationalität, die immer dann gegeben ist, wenn Handlungen mit Verweis auf Qualitätskonventionen begründbar sind. Rationalität ist demnach, entgegen dem methodologischen Individualismus einer Transaktionskostenökonomie, keine Eigenschaft von Akteur:innen, sondern das Ergebnis von Handlungskoordination unter Berücksichtigung von Qualitätskonventionen und Situation (Diaz-Bone, 2018: 183). Akteur:innen schreiben bestimmten Objekten im Rückgriff auf Konventionen Qualität zu, relativieren dabei gegebenenfalls bereits vorhandene Qualitätszuschreibungen und finden zu neuen, verallgemeinerungsfähigen Lösungen (vgl. Diaz-Bone und Thévenot, 2010: 6; Boltanski und Thévenot, 2018: 54 f.).

Herausfordernd im Kontext der Hochschulweiterbildung ist dabei, dass die Zuschreibung von Qualität im Rückgriff auf unterschiedliche institutionelle Referenzsysteme erfolgen kann (vgl. Kap. 3). Für die Hochschulweiterbildung wird von einer Koexistenz unterschiedlicher Rechtfertigungsordnungen ausgegangen, die sowohl der Logik des Wissenschaftsbetriebes als auch der Logik des Weiterbildungsmarktes entlehnt sein können. Produkte und Akteur:innen erhalten spezifische Wertzuschreibungen im Rückgriff auf Qualitätskonventionen, die als Stütze für Rechtfertigung dienen, wenn einzelne Akteur:innen kritisiert werden oder andere kritisieren. Akteur:innen gelten dabei als kompetent und teils auch als gewillt, bei konfligierenden Konventionen Konflikte zu mobilisieren (vgl. Boltanski und Thévenot, 2018: 55; Diaz-Bone, 2011a: 24 f.; Diaz-Bone und Thévenot, 2010: 5; Eymard-Duvernay, 2011). Aus der Perspektive des Weiterbildungsmarktes ist ein Studienangebot der Hochschulweiterbildung ein Produkt, welches seine Qualitätskonventionen aus dem Vollzug von Angebot und Nachfrage ableitet. Die Wertzuschreibungen zu den Produkten (Studienangeboten) der Hochschulweiterbildung werden durch die Studierenden als Nachfrager:innen dieser Angebote mit beeinflusst. Wie bereits ausgeführt (vgl. Kap. 3), stehen die Leistungsangebote hochschulischer Weiterbildung konkreten und mit Kaufkraft ausgestatteten Bedarfen gegenüber. Neben den internen Beziehungen können auch die externen Beziehungen (so beispielswiese die Beziehungen zwischen Hochschulen und Weiterbildungsstudierenden als Nachfrager:innen von Studienangeboten) durch Konventionen reguliert sein. Qualitätskonventionen wirken wie eine Art «*Blaupause für die Art und Weise, wie ein Kollektiv Produkte produziert und damit sind sie die Logik, wie eine spezifische Qualität in ein Produkt eingearbeitet wird, sodass es dessen wahrgenommene Qualität wird*» (Diaz-Bone und Thévenot, 2010: 6). Aus der Logik des Wissenschaftssystems heraus gelten Hochschulen als angebotsorientierte Einrichtungen, denen für die Ausgestaltung von Studienangeboten Fachdisziplinen und die Forschung als Referenzsysteme dienen (vgl. Wolter, 2011; Dick, 2010). Qualitätskonventionen erfahren hier eine mögliche Rückbindung, die sich auf die Wissenschaftlichkeit von Studienangeboten stützt. Hochschulische Weiterbildungsangebote orientieren sich am wissenschaftlichen Profil und den Qualitätsansprüchen der Hochschule selbst, ebenso wie an einem zumeist impliziten, allgemeinen wissenschaftlichen Bildungsanspruch (vgl. Reich-Claassen, 2020: 286, 2016). Im Sinne der Marktkonventionen sollen Angebote geschaffen werden, die den Kundenbedürfnissen möglichst gerecht werden und berufsfeldspezifischen und praxisorientierten Ansprüchen genügen (vgl. Kondratjuk, 2017: 136; Schulze, 2020: 152; Dörner, 2020: 27; Seitter, 2014). Wissenschaftlichkeit fokussiert dabei zumeist auf das Vorhandensein forschungsmethodischer Systematiken oder auf explizierbares und systematisierbares Wissen. In der Berufswelt stehen vielmehr Bewertungen nach den Kategorien nützlich/angemessen oder nicht nützlich/nicht angemessen im Vordergrund (Tremp, 2020: 133). Hieraus ergibt sich ein Spannungsfeld zwischen Wissenschaftsbezug und Berufsfeld-/Praxisbezug in der Hochschulweiterbildung, welches unterschiedliche Bewertungsmaßstäbe hervorbringt und die Planung von marktfähigen Weiterbildungsangeboten beeinflusst. Im Sinne der Konventionenökonomie sind marktliche Transaktionen grundsätzlich komplex und unterliegen, verstanden als koordinativer Prozess zwischen Individuen, vielschichtigen Bewertungsmassstäben. Dabei wirken nicht allein marktbezogene Konventionen im Sinne der Legitimierung effizienter Transaktionen, sondern auch die bereits angesprochenen Qualitätskonventionen als gleichrangiger Gegenpol zu ökonomischen Konventionen (vgl. Boltanski und Thévenot, 2018; Diaz-Bone, 2018; Diaz-Bone, 2011a; Knoll, 2015). Es ergibt sich also ein gewisses Dilemma dadurch, dass verschiedene Sichtweisen und Normvorstellungen in ein und derselben Institution koexistent sein können. Aus konventionenökonomischer Perspektive folgt aus diesem Dilemma eine Vielzahl möglicher Kritikpunkte und Rechtfertigungen, die eine alltägliche Klärung zwischen den beteiligten Akteur:innen erfordern (vgl. Diaz-Bone, 2011a: 24 f.).

Institutionen gelten in der Konventionenökonomie als unvollständig (vgl. Diaz-Bone, 2011a: 28, 2009; Diaz-Bone und Thévenot, 2010: 5; Bessy, 2011: 168). Deren Regelsysteme müssen durch die Akteur:innen bei sich ändernden Situationen pragmatisch anhand von Konventionen immer wieder neu beurteilt werden. Zum Vergleich: In einem neo-institutionalistischen Verständnis folgen Akteur:innen den inkorporierten Regeln ihrer Institution, die zumeist in organisationale Strukturen übersetzt werden (vgl. Abschn. 3.2). Aus der konventionentheoretischen Perspektive werden nun Institutionen für Akteur:innen aktiv steuerbar, indem diese auf Konventionen als Grundlage für ihr Handeln zurückgreifen können. Akteur:innen müssen ihr individuelles Handeln mit dem kollektiven Handeln und dessen Rechtfertigungszwängen innerhalb der sie umgebenden Institutionen abstimmen. Dabei entstehen Handlungsformen, die nicht zwangsläufig institutionell reglementiert sind, sondern sich stattdessen als Folge von Interaktionen entwickeln (vgl. Eymard-Duvernay, 2011). Dabei ist der Ansatz der Konventionenökonomie nicht ausschliesslich mikrosoziologisch. Er vermeidet lediglich aus einer organisationalen und institutionellen Perspektive die Unterteilung in Mikro-, Meso- und Makroebene (vgl. Knoll, 2015: 23 f.; Diaz-Bone, 2009: 259). In der Konventionenökonomie wird die Mikroebene nicht als Gegensatz zur Makroebene verstanden. Stattdessen werden auf der Mikroebene von Situation zu Situation die Gegebenheiten der Makroebene vollzogen, und zwar in

Form von Praktiken, Dispositionen und Institutionen. Die Mikroebene ist somit der Spiegel nächsthöherer sozialer Realitäten, welche über unmittelbar beobachtbare Situationen hinausgehen (vgl. Barthe et al., 2016: 206 f.; Callon und Latour, 1981). Es wird eine *«alternative Konzeption der Verbindung zwischen situativen und strukturellen Wirklichkeiten und insofern zwischen Mikro- und Makroebene»* angeboten (Barthe et al., 2016: 207). Situationen gelten nicht per se als durch Strukturen festgelegt. In der theoretischen Übersetzung ergibt sich eine Logik von Reichweiten, die makrosoziologische Gegebenheiten nicht *«von den Vorgängen und Prozessen, in denen und durch die sie erst beschreibbar werden»* (Barthe et al., 2016: 206) trennt. Vormals voneinander getrennte Analyseebenen werden als durchlässig, und in einem wechselseitigen Austausch stehend, verstanden. Dabei wird die Perspektive von sogenannten Reichweiten situativer Koordination und situativen Handelns eingenommen (vgl. Knoll, 2015; Dodier, 2011, 1993; Bessy, 2011).

# 4

## Theoretische Perspektiven auf das Akteurshandeln in der Weiterbildungsplanung und -entwicklung

Der Schwerpunkt der nachfolgenden Ausführungen liegt auf den institutionell vermittelten Anforderungen an die handelnden Akteur:innen im Kontext der Weiterbildungsplanung und -entwicklung an Hochschulen. Als institutionelle Anforderungen werden zum einen die internen Ansprüche der Wissenschaftsinstitution, zum anderen die unmittelbar auf die Hochschulen einwirkenden Einflüsse des Weiterbildungsmarktes einbezogen.

Folgt man Fleige et al. (2019: 22 ff.), so erscheint für den Kontext der Weiterbildungsplanung und -entwicklung eine begriffliche Unterscheidung zwischen Programm und Angebot relevant, wobei einer Strukturierung nach Ebenen der Erwachsenen- und Weiterbildung gefolgt wird. Auf der Mesoebene der Organisation entsteht das Programm als konzeptioneller und inhaltlicher Ausdruck eines Lehr-Lern-Konzepts. Auf der Mikroebene wird das Angebot in Form von konkreten Lernangeboten, als Gegenstand erwachsenenpädagogischen und mikrodidaktischen Handelns, vermittelt. Eine akteurszentrierte Betrachtung, wie sie hier vorgenommen wird, legt den Blickpunkt jedoch auf konkrete Planungssituationen. Wie bereits in Kap. 3.3 dargelegt, findet die Konventionenökonomie einen anderen Umgang mit Mehrebenenkonstrukten, indem Ebenen als wechselseitig durchlässig verstanden werden. Auf der Mikroebene spiegeln sich die Gegebenheiten nächsthöherer Ebenen (vgl. Barthe et al., 2016: 206 f.). Eine fachterminologische Unterscheidung zwischen Programm und Angebot (vgl. Fleige et al., 2019) unter Berücksichtigung der Weiterbildung als Mehrebenensystem (vgl. Schrader, 2008), ist für die vorliegende Untersuchung also nicht zweckdienlich. Hinzu kommt, dass der Begriff «Angebot» eine ökonomische Komponente mitführt. In Märkten vollziehen sich Transaktionen auf der

B. M. Tokarski, *Hochschulweiterbildung zwischen Wissenschaftsinstitution und Weiterbildungsmarkt*, Higher Education Research and Science Studies, https://doi.org/10.1007/978-3-658-43781-7_4

Grundlage von Angebot und Nachfrage. Zwar ist immer noch die erwachsenen-pädagogische und mikrodidaktische Gestaltung Grundbestandteil eines Weiterbil-dungsangebotes. Jedoch nimmt in der vorliegenden Arbeit das Zusammenspiel von planungsverantwortlichen Akteur:innen in der Hochschulweiterbildung und den Nachfrager:innen nach Weiterbildungsangeboten einen wichtigen Platz ein. Weiterbildungsangebote sind also auch Gegenstand von Transaktionen am Weiter-bildungsmarkt. Jedoch sind sowohl Programm als auch Angebot nicht Gegenstand dieser Untersuchung, sondern die handelnden Akteurinnen und Akteure, die im Rahmen der Weiterbildungsplanung und -entwicklung institutionelle Anfor-derungen im Rückgriff auf Konventionen bedienen oder möglicherweise auch verändern. Der in der vorliegenden Arbeit verwendete Terminus der «Weiter-bildungsplanung und -entwicklung» folgt also einer eigenen Definition, welche sich argumentativ an die Konventionenökonomie anlehnt: **Die Weiterbildungs-planung und -entwicklung ist eine Form von situativem Handeln, welches die Anforderungen unterschiedlicher institutioneller Legitimationskontexte mit-führt und sich im Rückgriff auf Konventionen vollzieht.** Situatives Handeln in möglicherweise widersprüchlichen institutionellen Kontexten, wie sie für die Hochschulweiterbildung aus ihrer mehrfachen Systembindung resultieren (vgl. Kap. 3), bedarf jedoch der Angleichung von divergierenden Ansprüchen durch die handelnden Akteur:innen. Zum Angleichungshandeln finden sich in der erwach-senenbildnerischen Programmplanungsforschung (vgl. Kap. 4.1) entsprechende Auseinandersetzungen.

## 4.1　Angleichungshandeln im Verständnis der Programmplanungsforschung

Planungsverantwortliche Akteur:innen in der Hochschulweiterbildung müssen abweichende Wertvorstellungen unterschiedlicher institutioneller Kontexte im Mehrebenensystem aus- respektive aneinander angleichen (vgl. Kap. 2). Öko-nomisch geprägte Wertvorstellungen stehen dabei in möglicher Konkurrenz zu institutionellen Erwartungshaltungen der Referenzsysteme Hochschule und Wissenschaft, welche miteinander in Einklang zu bringen sind.

　　Eine systematische Auseinandersetzung mit dem Angleichungshandeln der zumeist pädagogischen Akteur:innen findet sich in der Programmplanungsfor-schung (vgl. Fleige et al., 2019; von Hippel, 2013, 2011; Schäffter, 2013; Gieseke, 2003, 2006, 2008a, 2008b). Eine Betrachtung von Weiterbildungsplanung an Hochschulen sollte dabei vor dem Hintergrund der besonderen Struktur- und auch Handlungslogiken des Systems Hochschule erfolgen (vgl. Reich-Claassen, 2020).

Ein Modell, welches sowohl einer berufspraktischen als auch einer wissenschaftlichen Handlungsorientierung in der Weiterbildungsplanung und -entwicklung Rechnung trägt, zeigen Weber und Neureuther (2017: 12). In diesem Modell werden Erfahrungswissen aus der beruflichen Praxis sowie disziplinäres Fachwissen und Metawissen aus der Wissenschaft als Ressourcen für die Angebotsentwicklung miteinander kombiniert. Durch die Berücksichtigung von gleichermassen berufspraktischen wie auch wissenschaftlichen Bezügen als Variablen für die Weiterbildungsplanung und -entwicklung, werden in diesem Modell Bezugsgrössen präsentiert, für die zumindest implizit ein Angleichungshandeln der beteiligten Akteur:innen eine Voraussetzung wäre: Hochschulische Weiterbildungsangebote, die auf inhaltlicher Ebene sowohl berufliches Erfahrungswissen als auch den Wissenschaftsbezug adressieren, orientieren sich sowohl an berufspraktischen Lernbedarfen zur Steigerung und Erhaltung der Employability ihrer Absolvent:innen, als auch zumeist an einer forschungsmethodischen Systematik (vgl. Tremp, 2020: 126). Hiermit ist ein Zusammenhang aufgegriffen, welcher den unterschiedlichen Systembindungen der Hochschulweiterbildung Rechnung trägt und zugleich den hybriden Charakter der Hochschulweiterbildung widerspiegelt, welche neben der wissenschaftlichen Fundierung ihrer Angebote auch marktförmige Leistungsbeziehungen im Sinne der Nachfrageorientierung gestalten muss (vgl. Seitter, 2014: 148 f.). Jedoch bleibt auf der Individualebene der handelnden Akteur:innen unbeantwortet, wie sich diese hybriden Handlungslogiken in der Weiterbildungsplanung und -entwicklung tatsächlich niederschlagen und die Handlungskoordination zwischen den Akteur:innen beeinflussen.

Folgt man den Ausführungen von (Gieseke, 2008a: 133), so ist Planungshandeln immer auch Angleichungshandeln, da in der Erwachsenenbildung *«vor allem Anforderungen und keine Lehrpläne»* berücksichtigt werden sollen. Die Programmplanung erfüllt eine mesodidaktische Funktion, indem sie zwischen dem Lehren und Lernen auf Mikroebene, und den ökonomischen, bildungspolitischen und institutionellen Ansprüchen (Makroebene) vermittelt (vgl. Siebert, 1982: 110). Dabei müssen unterschiedliche Ansprüche und Einflüsse zwischen Entscheidungsinstanzen durch professionelles und situationsadäquates Handeln einen Ausgleich erfahren (vgl. Gieseke, 2008b: 47). Diese Lesart hat sich insbesondere in der Erwachsenenbildung etabliert und macht deutlich, dass sich Programmplanungshandeln in einem Spannungsfeld aus Abhängigkeiten und Einflussnahmen bewegt. Von Hippel et al. (2019: 29) definieren dieses Spannungsfeld als eine *«aktive Auseinandersetzung mit institutionellen Erwartungsstrukturen, bei der eine Balance hergestellt werden muss zwischen unterschiedlichen und z. T. divergierenden Ansprüchen».* Die Abstimmungsprozesse, die aus der Auseinandersetzung mit divergierenden institutionellen Erwartungsstrukturen resultieren, entsprechen einem Angleichungshandeln (vgl. Wittpoth, 2007; von Hippel und Röbel, 2016). Damit folgen die genannten Vertreter:innen der Programmplanungsforschung zumindest implizit einer Sichtweise, die Parallelen zum institutionellen und umweltbezogenen Isomorphismus des soziologischen Neo-Institutionalismus aufweist (vgl. Kap. 3.2). Angleichungshandeln ist dabei häufig geprägt von logischen Widersprüchen (Antinomien), bei denen sich unterschiedliche Erwartungen scheinbar gleichberechtigt begründen lassen (Fleige et al., 2019: 55).

Vielfach adressiert die Programmplanungsforschung die institutionellen Rahmenbedingungen der Programmplanung sehr viel häufiger als die individuelle Handlungsebene der planungsverantwortlichen Akteur:innen. Dies zeigen verschiedenen Planungsmodelle der Programmplanungsforschung. Eine theoretische Übersicht zu den Perspektiven auf Programmplanung mit den jeweiligen, diesen Perspektiven zuordnungsfähigen Modellen findet sich bei von Hippel (2017). Programmplanungsmodelle unterscheiden sich in ihrer Zuordnung zu den Ebenen des erwachsenenbildnerischen Handelns (Mikro-, Meso- und Makroebene). Planungsmodelle mit einer übergreifenden Betrachtung dieser Ebenen finden sich in der deutschsprachigen Erwachsenenbildung bei Siebert (1982), oder auch bei Gieseke (2009), Fleige (2011) und Schrader (2011). Eine Fokussierung auf die mesodidaktische Ebene wird wiederum bei Gieseke (2002) sowie bei von Hippel (2011) vorgenommen. Ebenfalls Erwähnung finden sollten Planungsmodelle, welche im Kern Deutungs- und Interpretationsmuster als Leitgedanken mitführen, wie bei Cervero und Wilson (1994), Dollhausen (2008), von Hippel und Röbel (2016).

Bei Caffarella und Daffron (2013: 184) werden im Modell des «Interactive Program Planning» die Erwartungsstrukturen im Planungshandeln um Komponenten erweitert, die einen Einbezug handlungsrelevanter Aspekte auf der Mikroebene zumindest im Ansatz ermöglichen. Für das Programmplanungshandeln wird aus der Mesoebene heraus ein Spannungsfeld skizziert, welches die Einflussdimensionen «Macht» und «Interessen» einbezieht und zudem als weitere Einflüsse die Dimensionen «Aufbau von Beziehungen», «kulturelle Differenzen», «Erwachsenenlernen» sowie «Technologie» berücksichtigt. Es werden Handlungsbereiche für die Programmplanung aufgezeigt, die zum einen relevante Restriktionen (Budgets, Technology) darstellen, und zum anderen Bedürfniskategorien verschiedener Anspruchsgruppen (Needs, Goals and Objectives, Learning Transfer) widerspiegeln. Mit dem Modell nach Caffarella und Daffron (2013) lässt sich ein potenzielles Bild der konkreten praktischen Herausforderungen und Rollen der handelnden Akteur:innen skizzieren, die in ihrer Vielfalt berücksichtigt und ausgeglichen werden müssen.

Die genannten Beiträge der Programmplanungsforschung leisten einen Beitrag für die Analyse von Spannungsfeldern und den logischen Widersprüchen (Antinomien), welche in diesen Spannungsfeldern entstehen und durch die handelnden Akteur:innen bearbeitet werden müssen. Eine vertiefte Auseinandersetzung mit dem Handeln von Akteur:innen in einem mikrosoziologischen Verständnis, welches deren Handlungsbegründungen aus einer institutionellen Perspektive zu erklären vermag, ist jedoch kaum zu verzeichnen (vgl. Dollhausen und Lattke, 2020). Professionelle Akteur:innen in der Hochschulweiterbildung haben es mit Herausforderungen zu tun, deren Erklärungsversuche in einem tiefgreifenden Zusammenhang mit ihrer organisationalen und institutionellen Einbindung in das System Hochschule stehen (vgl. Dörner, 2020: 22; Kondratjuk, 2017), als auch mit der Passung von Angebot und Nachfrage hochschulischer Weiterbildungen (vgl. Seitter, 2017: 211). Die spezifische Sichtweise auf die Programmplanung als eine besondere Form des Angleichungshandeln als situationsspezifisches und professionelles Aushandeln von Lösungen erscheint insbesondere für die Hochschulweiterbildung in einem besonderen Maße zutreffend (vgl. Reich-Claassen, 2020: 292). Im Kontext der Hochschulweiterbildung und deren Erforschung fehlt jedoch ein grundlegendes Verständnis institutioneller Referenzsysteme und deren Koordinationswirkung, indem handelnde Akteur:innen ihre Absichten und Präferenzen im Rückgriff auf divergente Werthaltungen rechtfertigen (vgl. Dollhausen und Lattke, 2020: 102).

Einen alternativen theoretischen Zugang für die Analyse von Handlungen und Handlungskoordination in wirtschaftlichen Institutionen bietet auch hier die Konventionenökonomie, welche einer primär akteursbezogenen Sichtweise folgt und die interaktive Bearbeitung von Mehrdeutigkeit im organisationalen Feld entlang wandlungsfähiger Rechtfertigungsordnungen versteht (vgl. Diaz-Bone, 2017: 83; Leemann, 2019: 284; Knoll, 2012: 60). Es stellt sich die Frage, inwieweit konventionsbezogene Widersprüche, welche Akteur:innen bei der Planung und Entwicklung von Weiterbildung wahrnehmen, zu Angleichungsprozessen in institutionell geprägten Handlungsräumen im Sinne einer veränderten Handlungskoordination führen.

## 4.2 Situative Handlungskoordination aus Sicht der Konventionenökonomie

Die Konventionenökonomie leistet als Forschungsrichtung einen handlungstheoretischen Beitrag, indem sie aus wirtschaftlicher und gesellschaftlicher Perspektive einen Zugang zu den Grundlagen von Koordination, verallgemeinerungsfähigen Handlungslogiken sowie deren Zuordnung zu Rechtfertigungsordnungen ermöglicht (vgl. Diaz-Bone, 2011a: 18 ff.; Boltanski und Thévenot, 2018: 54 f.; Gonon, 2019: 374). Ihr Fokus liegt auf einem situationsbezogenen, handlungstheoretischen Verständnis, nach welchem Akteur:innen in Situationen unter Rückgriff auf Konventionen ihre Handlungen koordinieren, um ein gemeinsames Ziel zu erreichen (vgl. Diaz-Bone und Thévenot, 2010: 4). Dabei folgt die Konventionenökonomie einer transdisziplinären Sichtweise bei der theoretischen Analyse von Institutionen, welche vor allem eine Verschränkung von Perspektiven der Soziologie und der Ökonomie adressiert (vgl. Diaz-Bone, 2011a: 11; Boltanski und Thévenot, 2018: 45 ff.). Sie dient einerseits als Basis für die *«empirische Analyse der ökonomischen Koordination und den darin erfolgenden Konstruktionen von Wertigkeiten»* (vgl. Diaz-Bone, 2018b: 2). Es wird argumentiert, dass radikale Unsicherheiten im Zusammenhang mit ökonomischen Entscheidungen durch geteilte Konventionen reduziert werden, weil Akteur:innen im Rückgriff auf Konventionen übereinstimmend interpretieren und handeln (vgl. Diaz-Bone, 2018a: 182; Boltanski und Thévenot, 2018: 54–56; Diaz-Bone und Salais, 2011; Salais, 2007). Andererseits bricht die Konventionenökonomie, verglichen mit den holistischen Perspektiven des soziologischen Neo-Institutionalismus (vgl. Kap. 3.2) mit einer dualistischen Trennung von Markt und Organisation (vgl. Diaz-Bone, 2018a: 181; Eymard-Duvernay, 2011). Handeln wird auf der Individualebene sowohl durch den Markt als auch durch die Organisation gleichermaßen beeinflusst. Markt und Organisation sind Teil übergeordneter Einflussgrößen, die in konkreten Situationen Handlungen durch die Bereitstellung von Qualitätskonventionen beeinflussen (vgl. Diaz-Bone, 2018a; Knoll, 2015; Thévenot, 2001). Dabei erhebt die Konventionenökonomie keinen Anspruch auf ein eigenständiges Organisationskonzept. Stattdessen werden Organisationen als Dispositive für die kollektive Koordination und die komplexe Handhabung pluralistischer Bewertungsmassstäbe verstanden. An dieser Stelle sei zum Vergleich nochmals auf die rational-ökonomische Sichtweise der Neuen Institutionenökonomie verwiesen (vgl. Kap. 2.1), welche Handlungslogiken aus einer rein individualistischen Perspektive mit dem Ziel der Nutzenoptimierung rezipiert (vgl. Diaz-Bone, 2018a: 185; Williamson, 2000: 595; Diaz-Bone und Thévenot, 2010: 6). Im (neoklassischen) ökonomischen Verständnis sind Organisationen sowie Institutionen als exogene Variable dazu gedacht, Transaktionskosten zu senken. Im Sinne des Verzichts einer dualistischen Trennung von Markt und Organisation sind in der Konventionenökonomie Institutionen hingegen endogen (vgl. Bessy, 2011; Bessy und Favereau, 2003; Salais, 2007). Sie sind somit Teil marktlicher Transaktionen, da sich aufgrund der Pluralität von Bewertungsmassstäben, welche marktliche Konventionen ebenso wie Qualitätskonventionen umfassen, die Grenzen zwischen Markt und Organisation auflösen (vgl. Boltanski und Thévenot, 2018).

Knoll (2012: 83) beschreibt die Konventionenökonomie als einen Ansatz, der einen ergänzenden Beitrag für die Mikrofundierung des neo-institutionalistischen Akteursverständnisses leisten kann. So wird in der Konventionenökonomie *«Legitimation [...] nicht vorausgesetzt, sondern als alltägliches situatives und interaktives Problem von Akteuren beobachtet, die in ihrem Arbeitsalltag von Mehrdeutigkeit, vagen Zielformulierungen und von Kompromissobjekten umgeben sind.» «Wirtschaftliches Handeln stellt sich dabei als prinzipiell ambivalent und prinzipiell begründungsbedürftig dar.»* (Knoll, 2012: 83). Hierbei handelt es sich um eine wichtige Feststellung: Zum einen steht somit ein Gegenentwurf zum methodologischen Individualismus für die Erforschung von Fragestellungen im Bereich «Ökonomisierung und Bildung» zur Verfügung (vgl. Knoll, 2015: 23).[1] Zum anderen ist für die Erforschung von Handlungslogiken in der Weiterbildungsplanung und -entwicklung in der Hochschulweiterbildung ein Zugangsweg erkennbar, der die Mechanismen einer Auseinandersetzung der handelnden Akteur:innen mit widerstreitenden institutionellen Logiken sowie marktlichen Anforderungen in den Fokus rückt. So schreibt Knoll (2012: 83): *«Wirtschaftliche Akteure werden einerseits als strategiefähig, wollend, nach Rationalität strebend und kompetent gedacht, die andererseits in einem mehrfach theoriegeladenen Kontext von Situation zu Situation mit Anderen nach Koordination und Orientierung streben.»* Hiermit sind zwei bedeutsame Grundannahmen der Konventionenökonomie für Handlungskoordination angesprochen (vgl. Knoll, 2012: 46 f.): (1.) Akteur:innen suchen in «mehrdeutigen Situationen nach Interpretation und Koordination», und (2.) Sachverhalte und Objekte können entlang voneinander abweichender Interpretationsmuster beurteilt und bearbeitet werden.

Verlaufen Interaktionen erfolgreich, werden Handlungsmuster zu inkorporierten Routinen. Die mit diesen Routinen verbunden Konventionen sind in das Handeln quasi eingelagert und somit Bestandteil eines überindividuellen Handlungsprinzips (vgl. Diaz-Bone, 2011b: 30; Storper und Salais, 1997: 16). Dennoch

---

[1] Dabei wird das Verhaltensmodell des Homo Oeconomicus durch die Konventionenökonomie nicht grundlegend abgelehnt. Die Annahme eines individualistischen und ausschliesslich rational-nutzenmaximierenden Verhaltens wird jedoch als das Ergebnis eines aufwendigen, konventionsbezogenen Formierungsprozesses verstanden (vgl. Knoll 2015: 23).

werden kompetente Akteur:innen bestehende Konventionen in Situationen hinter-
fragen, oder vor dem Hintergrund situativer Kontextbedingungen neu evaluieren
(Boltanski und Thévenot, 2011: 45). Konventionen sind demzufolge in sozialen und ökonomischen Kontexten veränderbar: Falls es die Umstände erfordern,
sind Akteur:innen bereit, von einer bestehenden Konvention auf eine andere zu
wechseln. Es werden in der Folge neue Rechtfertigungen entwickelt und vorgebracht, um die Wertigkeit einer Lösung oder eines Produktes zu legitimieren
(vgl. Knoll, 2015: 42; Eymard-Duvernay et al., 2011: 203–230; Diaz-Bone und
Thévenot, 2010: 5). Darüber hinaus werden Konventionen für die Handlungskoordination nicht nur instrumentalisiert, sondern sind auch deren mögliches Resultat
(vgl. Dodier, 2011: 82 ff.). Akteur:innen reflektieren die koordinative Wirksamkeit von Konventionen und erkennen diese als das Ergebnis kollektiv geteilter
Erfahrungen.[2]

## 4.3 Qualitätskonventionen in der Hochschulweiterbildung als Referenz für Handlungen

Institutionen der Hochschulweiterbildung befinden sich in einer dialektischen,
Gegensätze ausgleichenden Beziehung mit den Referenzsystemen Weiterbildungsmarkt und Wissenschaft (vgl. Kap. 2). Aus diesem Umstand ergeben
sich verschiedene Dilemmata, die dazu führen können, dass Akteur:innen in
Situationen der Weiterbildungsplanung und -entwicklung kritische Standpunkte
einnehmen und diese argumentativ verteidigen. Im Sinne der Konventionenökonomie unterliegen derartige Konfliktsituationen einem Rechtfertigungsimperativ:
Personen müssen Rechtfertigungen produzieren, um die eigene Kritik zu stützen oder um ihr Handeln zu verteidigen. Dabei müssen die Rechtfertigungen den
Regeln des Akzeptablen im Sinne eines *common sense* oder einer gemeinsamen
Relativierung von Ansichten entsprechen (vgl. Boltanski und Thévenot, 2018: 46;
54–58; Boltanski und Thévenot, 2011: 44; Storper und Salais, 1997: 15 ff.).

Neben dem bereits angesprochenen Dilemma aus dem Verhältnis von Praxis-
und Wissenschaftsorientierung in der Hochschulweiterbildung (vgl. Kap. 1.1),

---

[2] Durch die Zuschreibung der kritischen Reflexionskompetenz auf Ebene der handelnden
Akteure bricht die Soziologie der Konventionen sowie die Konventionenökonomie mit dem
Habituskonzept in der Theorie von Pierre Bordieux. Konventionen werden nicht als inkor-
porierte Strukturen verstanden, denen bestimmte Handlungen zugeschrieben werden (vgl.
Diaz-Bone 2010: 5), sondern sind vielmehr deren Ergebnis.

beschreibt Wilkesmann (2010) drei weitere Dilemmata: (1.) Die organisationale-strukturelle Einbindung der Weiterbildung innerhalb der Hochschule, (2.) die unterschiedlichen Steuerungsmodi der «Kernuniversität» (Lehre und Forschung) sowie der Weiterbildung und (3.) ungleiche Motivatoren für Organisationsmit-glieder, sich in der Weiterbildung und somit ausserhalb der «Kernuniversität» zu engagieren. So ist nach Cendon et al. (2020b: 32) oftmals deren mangelnde akademische Reputation ein möglicher Hinderungsgrund für die Weiterentwick-lung der Hochschulweiterbildung als Kernaufgabe der Hochschulen. Durch eine verstärkte Marktorientierung erhält das Argument der Berufsbezogenheit hoch-schulischer Weiterbildungen ein stärkeres Gewicht (vgl. Kondratjuk, 2017: 136; Schulze, 2020: 152; Dörner, 2020: 27; Seitter, 2014). Das Dilemma «Praxis- ver-sus Wissenschaftsorientierung» in der Hochschulweiterbildung wirkt sich nicht nur auf die Angebotsgestaltung aus, sondern hat auch gegebenenfalls unmit-telbare Auswirkungen auf die Art und Weise, wie Organisationsmitglieder ihre Rollen wahrnehmen und ausüben. So können Leitungspersonen der Hochschul-weiterbildung, deren Erfolg wiederum mit einer erfolgreichen Positionierung ihrer Angebote am Weiterbildungsmarkt verbunden ist, einen Teil ihrer Rolle als Unternehmer:in verstehen (vgl. Fischer und Zimmermann, 2016). Auch kann hinsichtlich des Umgangs mit Wissen in der Hochschulweiterbildung ein stärker anwendungs- und erfahrungsbezogener Umgang relevant sein (vgl. Kla-ges et al., 2020; Heufers und El-Mafaalani, 2011). Wilkesmann et al. (2020: 206) kommen im Rahmen einer quantitativ-empirischen Datenerhebung bei Stu-diengangleitenden in der wissenschaftlichen Weiterbildung an Hochschulen in Deutschland zu dem Ergebnis, dass die Motivation für Aktivitäten in der Hoch-schulweiterbildung eine deutliche Hierarchie aufweist: Am stärksten präferiert wird die Forschung, dann die grundständige Lehre und erst zum Schluss die Lehrtätigkeit in der wissenschaftlichen Weiterbildung. Fasst man die Hoch-schulweiterbildung aus einer soziologischen Perspektive als eine Entität im Hochschulsystem, so führt eine zunehmende Ökonomisierung im Verständnis der Konventionenökonomie möglicherweise zu deren veränderter Kategorisierung und Relevanzbehauptung. Werden Entitäten neu kategorisiert oder kommt es zu einer veränderten Relevanzbehauptung, so entsteht innerhalb einer «Welt» (oder zwischen mehreren «Welten») zumeist Kritik (vgl. Boltanski und Thévenot, 2011: 64). Die Kategorisierung von Rechtfertigungsordnungen nach Welten spielt in der Konventionenökonomie eine zentrale Rolle und ist auf die Arbeiten von Bol-tanski und Thévenot (1991) zurückzuführen. So sind Rechtfertigungsordnungen kontextuell den nachfolgenden Welten zugehörig, die über konventionsbezogene Zuordnungen der Abstützung von Handlungen dienen: Die Welt der Inspira-tion, die häusliche Welt, die Welt der Meinung, die staatsbürgerliche Welt, die

Welt des Marktes und die industrielle Welt (vgl. Tab. 4.1). Im Konflikt wird auf diese Welten als Repräsentationen von Rechtfertigungsordnungen durch die Akteur:innen zurückgegriffen (vgl. Boltanski und Thévenot, 2018: 182 ff.).[3] In der Folge streben die verantwortlichen Akteur:innen für ihr Handeln nach einer auf Konventionen basierenden Äquivalenz, die eine neue Ordnung zutage fördert. In einer kritikbeladenden Situation oder einem Konflikt suchen Akteur:innen nach Legitimität ihrer Handlungen und, unter Rückgriff auf Konventionen, nach einem neuen Äquivalenzregime (vgl. Boltanski und Thévenot, 2011: 45 ff.). Zum besseren Verständnis des konventionen-ökonomischen Äquivalenzregimes wird auf ein stark vereinfachtes Beispiel zurückgegriffen (in Anlehnung an Boltanski und Thévenot, 2011: 46), welches einen alltäglichen Bezug aufweist und in dem es zu einer Kollision zweier Autos kommt. Beide Autofahrer sind mit einer ganzen Reihe von persönlichen Problemen und Herausforderungen konfrontiert. Der eine hat gestern seinen Arbeitsplatz verloren, der Sohn hat Probleme in der Schule und die finanzielle Situation steht auch nicht zum Besten. Der andere hat vor nicht allzu langer Zeit den Tod seiner Frau verkraften müssen und zudem am Vortrag von seiner Ärztin die Mitteilung erhalten, dass er selbst schwer erkrankt ist. Beide sind fürchterlich aufgebracht über den Unfall und fühlen sich als Leidtragende widriger Umstände. Beide sehen sich im Recht, werben um Anerkennung der besonderen persönlichen Erschwernisse. Nun wäre eine Klärung der Schuldfrage unter Verweis auf die widrigen Umstände in der Realität kaum möglich. Stattdessen muss hier die Strassenverkehrsordnung als eine allgemein weitgehend konsensfähige Äquivalenzordnung herangezogen werden. Diese Äquivalenzordnung erfüllt den Grundsatz der Legitimität: Eine Kritik oder eine Rechtfertigung kann in einer konkreten Situation als legitim gelten, wenn ein(e) Akteur:in an ihr festhalten kann, ganz gleich, welche sozialen Merkmale oder Argumente ein(e) andere(r) Akteur:in einbringt. Die Legitimierung von Kritik ist somit das Resultat eines Verallgemeinerungsprozesses (vgl. Boltanski und Thévenot, 2011: 51 ff.). Im alltäglichen und gemeinsamen Handeln sind Äquivalenzregimes jedoch häufig nicht in gesetzlich verankerten Rechtsordnungen verfasst. Auch sind diese zumeist kein Gegenstand bewusster Reflexion. Sie halten vielmehr als implizite, konventionsbezogene Stützen Handlungen in Gang, ohne dass diese auf den Prüfstand gestellt werden. Erst wenn durch eine radikale Kritik die konventionenbezogenen Prinzipien einer der Konfliktparteien infragestellt werden, kommt es zu einer Auseinandersetzung. Die beteiligten Akteur:innen müssen dabei über die

---

[3] Die genannten sechs Welten sollen ausreichen, um die Mehrzahl der im Alltag vorkommenden Rechtfertigungsordnungen zu beschreiben (vgl. Boltanski und Thévenot 2018: 222 ff., 2011: 57 ff.).

Kompetenz verfügen, unter gleichen Bedingungen von einer Form der Rechtfertigung auf eine andere zu wechseln. Eine Kompromisslösung liegt darin, dass ein neues Äquivalenzprinzip unter Rückgriff auf vorhandene Wertmassstäbe gefunden wird. Aus einer Situation «alter Ordnung» können so Situationen «neuer Ordnung» entstehen, die eine Re-Kategorisierung und Relevanzbehauptung von Objekten und Personen zulassen. Es kommt zu einer neuen und verallgemeinerungsfähigen Lösung. Die Abb. 4.1 veranschaulicht die Zusammenhänge auf der Basis des Modells von Diaz-Bone (2018c: 74) und unter Bezugnahme auf die Hochschulweiterbildung.

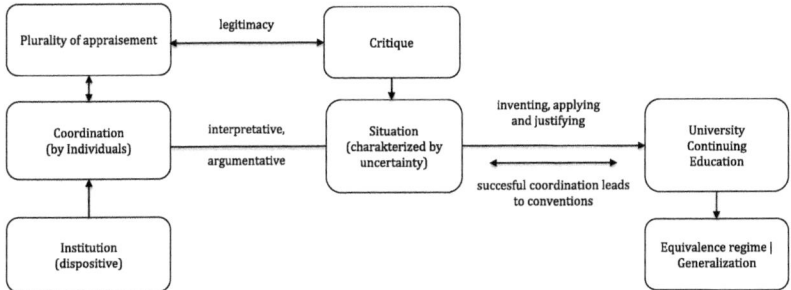

**Abb. 4.1** Core concept of economics of convention in higher continuing education (vgl. Diaz-Bone 2018c: 74); im Kontext der Hochschulweiterbildung modifizierte und erweiterte Darstellung

Wie zuvor angesprochen, sind in der Konventionenökonomie zulässige Kritiken, die durch die Akteur:innen vorgebracht werden, ebenso wie die als legitim bewerteten Lösungsfindungen an sogenannte Welten rückgebunden. Diese bilden, im Sinne von Wertordnungen, eine gedankliche Blaupause für verallgemeinerungsfähige Lösungen (vgl. Boltanski und Thévenot, 2011: 51 ff.; Graß und Alke, 2019: 224). Insgesamt werden sechs solcher Ordnungen oder auch Welten unterschieden, die sich jeweils auf ein zentrales Prinzip beziehen lassen.

**Tab. 4.1** Sechs Welten der Rechtfertigung nach Boltanski und Thévenot (2018: 222 ff.); in Anlehnung an Graß und Alke (2019: 224)

| Staatsbürgerliche Welt (Kollektivinteresse) | Welt des Marktes (Wettbewerb) | Welt der Meinung (Bekanntheit) |
|---|---|---|
| Häusliche Welt (Tradition) | Industrielle Welt (Produktivität, Effizienz) | Welt der Inspiration (Kreativität) |

Für die konventionenökonomische Betrachtung des Handelns von Akteur:innen in der Weiterbildungsplanung und -entwicklung an Hochschulen stellen sich nun zwei Fragen, die nachfolgend beantwortet werden:

1. Welche «weltlichen» Repräsentationen sind in der Hochschulweiterbildung für die Zuschreibung von Qualität relevant?
2. Welcher theoretische Zusammenhang kann zwischen Markt- und Qualitätskonventionen in der Hochschulweiterbildung hergestellt werden?

*Zu 1.) Welche «weltlichen» Repräsentationen sind in der Hochschulweiterbildung für die Zuschreibung von Qualität relevant?*
Betrachtet man die Beziehung zwischen Hochschulweiterbildung und Markt, so ist aus der konventionenökonomischen Perspektive eine der relevanten Welten bereits angesprochen, nämlich die des Marktes. In der Welt des Marktes sind die wichtigen Akteur:innen Käufer:innen und Verkäufer:innen. Beziehungen untereinander unterhalten diese Akteur:innen durch den Wettbewerb. Opportunistisches Verhalten dient dazu, die Möglichkeiten des Marktes im Sinne der eigenen Optimierung zu nutzen. Dabei ist die Welt des Marktes in der Konventionenökonomie nicht allein mit ökonomischen Beziehungen gleichzusetzen (vgl. Boltanski und Thévenot, 2011: 61 f.). Der Fokus liegt vielmehr auf der soziologischen Perspektive von Handlungen und Koordination in dem Sinne, *«[…] dass wirtschaftliches Handeln auf mindestens zwei Grundformen der Koordination beruht, nämlich der des Marktes und der einer industriellen Ordnung, und dass jede von Ihnen eine eigene Prüfung vorsieht»* (Boltanski und Thévenot, 2018: 264). Zentral ist dabei der Grundgedanke, dass eine isolierte Betrachtung von Handlungen, die nur die Koordination von Marktgütern in den Blick nimmt, relevante Beurteilungsmassstäbe aus anderen Welten vernachlässigt. Es geht um den Status, den Objekte in anderen Lebensbereichen einnehmen, die wiederum nach bestimmten Welten kategorisiert werden. Boltanski und Thévenot (2018: 271) stellen kritisch, dass *«die Ökonomie unter den Sozialwissenschaften diejenige Wissenschaft ist, die den*

*Objekten den breitesten Raum zumisst, ohne dass sie freilich den Status dieser Objekte in der Theorie jemals geklärt hätte».* Was bedeutet dies wiederum für die Planung und Ausgestaltung von Angeboten der Hochschulweiterbildung, die sich in Konkurrenz mit anderen am Weiterbildungsmarkt behaupten sollen? In der marktlichen Welt ist das Handeln von Individuen vor allem durch Bedürfnisse motiviert. Rivalität und Konkurrenz regeln Uneinigkeiten durch die Zuschreibung eines Marktwertes, primär also den Preis (vgl. Boltanski und Thévenot: 268). Die eigentliche Zuschreibung von Wert zu einem Produkt bezieht aber die Wertordnungen anderer Sphären mit ein. Wie lassen sich nun Wertordnungen, die der Welt der Wissenschaft zuzuschreiben sind, aus konventionenökonomischer Perspektive theoretisch einordnen? In den weltlichen Repräsentationen von Qualitätskonventionen nach Boltanski und Thévenot (2018) (vgl. Tab. 4.1) findet sich augenscheinlich keine unmittelbare Passung für Studienangebote der Hochschulweiterbildung, die als intellektuelle Produkte gegen einen angemessenen Preis (reguliert durch Angebot und Nachfrage) und zu einer angemessenen Qualität vertrieben werden. Allenfalls in der industriellen Welt, also der Welt der technischen und wissenschaftlichen Objekte, wäre eine gewisse Analogie denkbar. Jedoch führen die Grundgedanken zur industriellen Welt gemäß Boltanski und Thévenot (2018: 276 f.) in eine andere Richtung. In der industriellen Welt finden Beurteilungen der Qualität industrieller Objekte (u. a.) anhand ihrer wissenschaftlichen Belege statt. Oder die Beurteilungen von Qualität stützen sich auf das Renommée oder das Markenansehen der Produktanbieter:innen. An dieser Stelle hilft in Ergänzung ein weiterer theoretischer Ansatz, und zwar der Ansatz der *«four possible worlds of production»* nach Storper und Salais (1997). Für konventionenökonomische Betrachtungen im Feld der Hochschulweiterbildung ist der Ansatz nach Storper und Salais (1997) deutlich naheliegender, da hier eine direkte Bezugnahme auf eine Welt der intellektuellen Ressourcen möglich ist (vgl. Storper und Salais, 1997: 36).

Mit ihrer Monografie *Worlds of Production* stellen Storper und Salais (1997) ein weiteres Grundlagenwerk der Konventionenökonomie. Storper und Salais unterscheiden vier verschiedene Produktionswelten mit den dazugehörenden Koordinationslogiken, die man als weitreichende Kategorien von Konventionen auffassen kann (vgl. Diaz-Bone, 2021: 349; Diaz-Bone und de Larquier, 2022: 15 ff.). Diese Produktionswelten werden danach unterschieden, ob ihre Produkte bestimmten Abnehmer:innen gewidmet sind, oder ob für eine Allgemeinheit produziert wird. Zudem findet eine Unterscheidung nach spezialisierten und standardisierten Produkten statt (vgl. Storper und Salais, 1997: 33). Es werden vier Produktionswelten abgeleitet: 1. Die *Marktwelt*, 2. die *interpersonelle Welt*, 3. die *Welt der intellektuellen Ressourcen* und 4. die *industrielle Welt*. Das Modell der Produktionswelten lässt sich gedanklich auf die bereits dargelegten Dilemmata der Hochschulweiterbildung an der Schnittstelle von Praxis-, Wissenschafts- und auch Marktorientierung übertragen. Der Kernbereich Lehre an Hochschulen «produziert», hier bereits als gedankliche Übertragung auf das Modell der Produktionswelten nach Storper und Salais (1997), generische Produkte für eine Allgemeinheit. Dies entspricht der Produktionswelt der intellektuellen Ressourcen (vgl. Abb. 4.2). Durch die Nachfrageorientierung der Hochschulweiterbildung (vgl. Seitter, 2017, 2014; Wolter, 2017) sind deren Produkte an bestimmte Abnehmer:innen gerichtet. Die Marktwelt liefert Standards aus Sicht der Nachfrager:innen in Form von Qualitätserwartungen (vgl. Storper und Salais, 1997: 33). Je stärker sich die Produktentwicklung von Studiengängen zudem an den Bedürfnissen einzelner Nachfrager:innen ausrichtet, ist neben der Marktwelt auch noch die interpersonelle Welt angesprochen. Die Art und Weise, in welcher ein Produkt designed ist, generiert zugleich einen spezifischen Mix an Qualität (vgl. Storper und Salais, 1997: 10). Die Produktionswelten nach Storper und Salais (1997: 32–37) unterscheiden sich durch die Grundlage, auf welcher sich Wettbewerb entfaltet und den dahinterliegenden Evaluationskriterien für Qualität. So sind in der Marktwelt Standards, welche die Nachfrager:innen erwarten, Basis für die Evaluation von Qualität. Aus der interpersonellen Welt kommt der Preis als mögliches Evaluationskriterium hinzu. In der Welt der intellektuellen Ressourcen dienen wissenschaftliche Methoden als Basis für die Beurteilung von Qualität. Die Unterscheidung zwischen generischen und spezifischen Produkten adressiert, überträgt man dieses Modell auf die Hochschulweiterbildung, ein mögliches weiteres Spannungsfeld. Hochschulen dienen einem gesellschaftlichen Bildungsauftrag und mobilisieren durch das, was sie lehren, gegebenenfalls soziale und gesellschaftliche Veränderungen (vgl. Schofer et al., 2021: 3). Je spezifischer Weiterbildungsprodukte auf bestimmte Abnehmer:innen ausgerichtet werden, desto mehr verlieren diese möglicherweise an Bildungsnutzen für die Allgemeinheit, indem nur noch Themen aufgegriffen werden, die aus Sicht der Abnehmer:innen einer unmittelbaren berufspraktischen Verwertungslogik folgen.

Das Dilemma der Hochschulweiterbildung aufgrund unterschiedlicher Systembindungen, wie es die Weiterbildungsforschung kennt (vgl. Kap. 3), lässt sich auf der Grundlage der «Produktionswelten» von Storper und Salais (1997) nun auch konventionenökonomisch einordnen. Mit steigender Nachfrageorientierung werden Weiterbildungsangebote spezifischer auf die Bedürfnisse bestimmter Abnehmer:innen ausgerichtet (vgl. Seitter, 2014: 146). Konventionen, die ihre Argumente aus einer der drei Produktionswelten nach Storper und Salais (1997) beziehen, befinden sich zwischen den beiden Polen generischer und spezifischer Weiterbildungsprodukte. Abb. 4.2 veranschaulicht den Zusammenhang grafisch.

**Abb. 4.2**  «Produktionswelten» der Hochschulweiterbildung in Anlehnung an Storper und Salais 1997; eigene Darstellung

*Zu 2.) Welcher theoretische Zusammenhang kann zwischen Markt- und Qualitäts-*
*konventionen in der Hochschulweiterbildung hergestellt werden?*
Für die Hochschulweiterbildung wird die zunehmende Orientierung an Marktkonventionen als eine Situation gewertet, die mögliche Kategorisierungen und
Relevanzzuschreibungen der Hochschule als Wissenschaftsinstitution auf den
Prüfstand stellt. Eine Weiterbildungsplanung und -entwicklung, welche in erster
Linie den Konventionen marktlicher Koordination folgt, dürfte den Fokus vor-
zugsweise auf die Erfüllung folgender Kriterien setzen: Sicherstellung der Wirt-
schaftlichkeit von Studienangeboten, Erfüllung von Kundenbedürfnissen, Sicherung oder Ausbau von Marktanteilen respektive Wettbewerbsvorteilen usw.. In
diesem Sinne würden die für die Weiterbildungsplanung und -entwicklung verantwortlichen Akteur:innen wohlmöglich rein nachfrageorientiert agieren (vgl. Dick,
2010: 16). Beachtet man die unterstellte Pluralität von Bewertungsmassstäben,
die aus der Sphäre der wissenschaftsbezogenen Handlungslogiken gegebenenfalls
davon abweichende, qualitätsbezogene Konventionen bereithält, resultieren Legi-
timierungszwänge für die handelnden Akteur:innen. Der mögliche Charakter der
Hochschulweiterbildung als wissenschaftlicher Weiterbildung kann wiederum zu
einer Forderung nach einer stärkeren Wissenschafts- und Forschungsorientierung
führen, die es in der Weiterbildungsplanung und -entwicklung zu berücksichtigen gilt. Dies geschieht im Rückgriff auf qualitätsbezogene Konventionen, die

der Hochschulweiterbildung Qualität durch eine ausgewiesene Wissenschaftlichkeit ihrer Angebote zuschreiben. Die Weiterbildungsplanung und -entwicklung würde dann möglicherweise stärker angebotsorientiert agieren, indem sie ausgehend von den Forschungsfeldern und wissenschaftlichen Schwerpunkten der Hochschule Angebote entwickelt (vgl. Tremp, 2020: 133; Reich-Claassen, 2020: 286, 2017; Dick, 2010: 16).

Die Qualitätswahrnehmung als bedeutsame Voraussetzung für ökonomische Koordination ist jedoch aufgrund ihrer mangelnden Objektivierbarkeit nicht unproblematisch. Güter und Produkte erhalten erst in einer konventionenbasierten Betrachtung eine kollektiv wahrgenommene Qualität, die Koordinationswirkung für eine Gruppe von Akteur:innen entfalten kann (vgl. Diaz-Bone, 2018a: 181 f., 2010). In der Hochschulweiterbildung treten Studienangebote an die Stelle von Produkten und Dienstleistungen, die in einer marktförmigen Tauschbeziehung von Angebot und Nachfrage vertrieben werden. Zuschreibungen von Qualität können dabei an den unterschiedlichsten Punkten erfolgen. Es stellt sich die Frage, ob und inwieweit sich Qualitätswahrnehmung und Qualitätszuschreibung aus der Perspektive der Teilnehmenden an hochschulischen Weiterbildungen lediglich auf das das Studienangebots und dessen Inhalte beziehen. Oder, ob im erweiterten Sinne andere Kontextfaktoren einer erfolgreich gestalteten Kundenbeziehung die Qualitätswahrnehmung und -beurteilung ergänzend beeinflussen. Hierzu können beispielsweise Aspekte von Flexibilität in der Ausgestaltung des Studiums sowie innovative Weiterbildungsformate zählen, die Trends und Themen spezifischer Zielgruppen aus der Berufswelt aufgreifen (vgl. Cendon et al., 2020b). Aus Sicht der verantwortlichen Akteur:innen in der Weiterbildungsplanung und -entwicklung stellt sich somit die Herausforderung, einerseits hochschulische Lernangebote bereitzustellen, die sich am wissenschaftlichen Diskurs orientieren. Andererseits kann Qualitätsorientierung aber auch bedeuten, sich entlang möglicher Bedarfe der Teilnehmenden stärker beruflich-handlungsorientiert in der Angebotsgestaltung auszurichten (vgl. Dörner, 2020: 27; Klages et al., 2020; Cendon et al., 2020b; Heufers und El-Mafaalani, 2011). Weitere Bedarfe zahlender Teilnehmer:innen hochschulischer Weiterbildungen, die eher Serviceleistungen entsprechen, sind dabei als Einflussgröße für die Formulierung von Qualitätskonventionen noch nicht berücksicht. Ebenso unberücksichtigt bleiben weitere Anspruchsgruppen des Weiterbildungsmarktes wie Konkurrenzanbieter:innen oder Kooperationsunternehmen. Eine zunehmende Markt- respektive Nachfrage- und Serviceorientierung würde jedoch die Frage nach einem Qualitätsverständnis nahelegen, welches die institutionellen Reichweiten des Systems Hochschule für den Teilbereich der Hochschulweiterbildung um den Weiterbildungsmarkt gedanklich erweitert.

Eine fortschreitende Ökonomisierung von Hochschulweiterbildung führt möglicherweise zu Qualitätskonventionen, die zu einem nicht unerheblichen Anteil auf ökonomische respektive weiterbildungsmarktbezogene Kontexte zurückzuführen sind. Für die Akteur:innen in der Weiterbildungsplanung und -entwicklung ergibt sich nun die Notwendigkeit, Handlungslogiken aus den beiden Referenzsystemen Wissenschaft und Weiterbildungsmarkt aneinander anzugleichen. Wie bereits dargelegt, handelt es sich bei dem Ergebnis solcher Angleichungsbemühungen im Verständnis der Konventionenökonomie um eine Äquivalenzordnung.

Eine Äquivalenzordnung, welche den Akteur:innen den Umgang mit Kritik erleichtert und zudem eine Kompromissfindung zwischen möglichen Konventionen des Weiterbildungsmarktes und der Hochschule als Wissenschaftsinstitution ermöglicht, wird sich nach konventionenökonomischem Verständnis im Handeln der Akteur:innen widerspiegeln. Sowohl Konventionen des Weiterbildungsmarktes als auch Konventionen der Wissenschaftsinstitution adressieren, aus der Perspektive der Hochschulweiterbildung, letztlich die Nachfrager:innen nach hochschulischen Weiterbildungsangeboten, auch wenn sie ihre Argumente aus unterschiedlichen «Produktionswelten» im Sinne des vorgestellten Modells in Anlehnung an Storper und Salais (vgl. Abb. 4.2) beziehen. Wie bereits mehrfach dargelegt wurde, befinden sich Akteur:innen der Hochschulweiterbildung in einem Dilemma der angebots- versus nachfrageorientierten Positionierung hochschulischer Weiterbildungen an der Schnittstelle von Wissenschafts- und Berufs-/Praxisbezogenheit auf (vgl. Dörner, 2021: 27; Cendon et al., 2020c; Klages et al., 2020; Wolter, 2011; Heufer und El-Mafaalani, 2011; Dick, 2010; Wilkesmann, 2007). Dabei wird der Annahme gefolgt, dass die Berufs- und Praxisbezogenheit hochschulischer Lernangebote einem Kundenbedürfnis entspricht, welches Planungsverantwortliche in der Hochschulweiterbildung im Rückgriff auf Marktkonventionen antizipieren. Die dahinterliegenden Rechtfertigungsordnungen folgen entweder mehr solchen Konventionen, die dem Anspruch hochschulischer Weiterbildungen an deren Wissenschaftlichkeit entlehnt sind, oder eben weiterbildungsmarktbezogenen Konventionen. Qualitätsansprüche können auf den gegensätzlichen Polen eines Verständnisses von Hochschulweiterbildung als primär wissenschaftliche Weiterbildung («academic») oder als primär berufs- und praxisbezogene Weiterbildung («practitioner») formuliert werden, wobei die strikte berufspraktische Orientierung sich stärker an den potenziellen Bedarfen ihrer Nachfrager:innen orientiert (vgl. Seitter, 2017, 2014; Wolter, 2017). Eine dritte Variante könnte in der Kombination der beiden Perspektiven als Kompromissfindung, vergleichbar einem Äquivalenzregime im Sinne der Konventionenökonomie, liegen. Eine solche Kompromissfindung wäre ein

Verständnis von Hochschulweiterbildung als wissenschaftlich reflektierte, berufsbezogene Weiterbildung («reflective-practitioner»). Es stehen somit drei mögliche Kategorien für eine allgemeine Qualitätszuschreibung in der Hochschulweiterbildung zur Verfügung, die im Rückgriff auf Konventionen der Hochschule als Wissenschaftsinstitution und des Weiterbildungsmarktes formuliert werden können. Abb. 4.3 fasst diese Überlegungen grafisch zusammen.

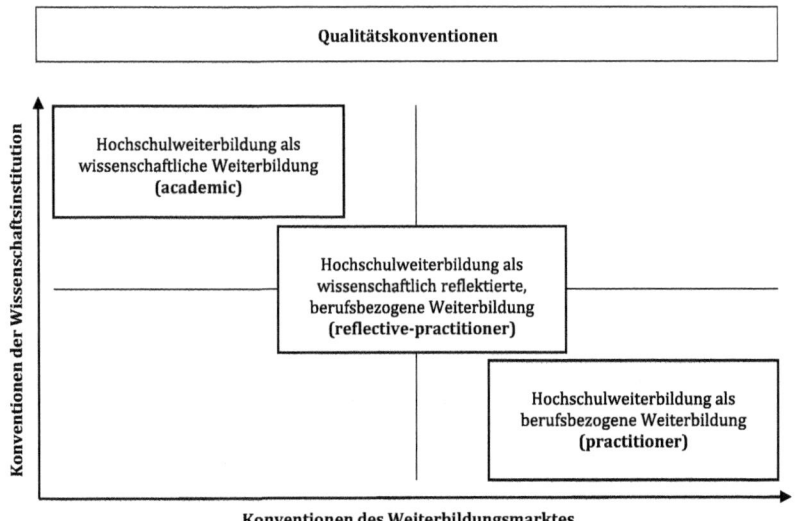

**Abb. 4.3** Kategorisierung allgemeiner Qualitätskonventionen in der Hochschulweiterbildung; eigene Darstellung

Die Zuordnungen «academic» versus «practitioner» beziehen sich vornehmlich auf die Adressat:innen der Hochschulweiterbildung und entsprechen jeweils konventionsbezogenen Zuordnungen. Folgen Akteur:innen in der Weiterbildungsplanung und -entwicklung überwiegend dem Ansatz des «academic» als Adressat:in für hochschulische Weiterbildungsangebote, so sind mehrheitlich wissenschaftsbezogene Konventionen für die Zuschreibung von Qualität zu diesen Angeboten relevant und beeinflussen demzufolge auch das Planungshandeln in Richtung «Wissenschaftlichkeit». Die Marktkonvention spielt ebenfalls eine Rolle, jedoch deutlich weniger ausgeprägt. Folgen Akteur:innen in der Weiterbildungsplanung und -entwicklung überwiegend dem Ansatz des «practitioner»

als Adressat:in für hochschulische Weiterbildungsangebote, so sind mehrheitlich marktbezogene Konventionen für die Zuschreibung von Qualität zu diesen
Angeboten relevant und beeinflussen demzufolge auch das Planungshandeln in
Richtung «Berufs- und Praxisbezogenheit». Die Wissenschaftskonvention ist relevant, jedoch deutlich weniger ausgeprägt. Der «academic practitioner» bildet
in dieser Annahme eine konventionenökonomische Äquivalenzordnung, welche
sich sowohl auf Konventionen des Wissenschaftssystems als auch der Hochschule als Wissenschaftsinstitution stützt. Es wird dabei dem Grundgedanken
einer interaktiven Professionalisierung (vgl. Walber und Jütte, 2015) gefolgt,
welche sich als ein reflexiver Austausch zwischen praktischer Profession und
Wissenschaftsdisziplin versteht. Wissenschaft stellt dabei die spezifischen Inhalte
zur Verfügung, die im Interaktionsraum der Weiterbildung die Bearbeitung von
realen, praktischen Handlungsanforderungen ermöglichen (vgl. Tremp, 2020:
133). Als gültiger Kompromiss für Handlungen und Handlungskoordination in
der Weiterbildungsplanung und -entwicklung kann sich diese Äquivalenzordnung
jedoch nur dann etablieren, wenn sie der Kritik aus beiden Welten standhält
und einen Verallgemeinerungsprozess in Gang setzt (vgl. Boltanski und Thévenot, 2011: 51 ff.). Inwieweit das Akteurshandeln in der Hochschulweiterbildung
bereits mehrheitlich einer solchen Äquivalenzordnung folgt, oder ob sich dieses
in einem fortlaufenden, kritischen Angleichungsprozess zwischen Wissenschafts-
und Marktkonvention bewegt, bedarf im Weiteren der empirischen Analyse.

# Theoretisches Fazit und Konkretisierung der Forschungsfragen

**5**

Für die Erforschung von Handlungskoordination in der Weiterbildungsplanung und -entwicklung werden aus methodologischer Sicht Zugangswege benötigt, die auf der Individualebene eine strukturierte Erfassung von handlungsleitenden Absichten, Interaktion und Handlungskoordination zwischen Akteur:innen ermöglichen. Wie theoretisch nachvollzogen werden konnte, bietet die Konventionenökonomie hierzu einen potenziell geeigneten Zugang.

Eine verstärkte Nachfrageorientierung der Hochschulweiterbildung zieht ein Angleichungshandeln der Akteur:innen an die Erfordernisse institutioneller Umwelten nach sich. Der Markt, hier im Konkreten der Markt als Transaktionsraum für Weiterbildungsangebote und deren Nachfrage, ist ein Teilbereich dieser institutionellen Umwelten. Das Verhältnis von Markt zu Institution lässt sich sowohl aus ökonomischer als auch aus soziologischer Perspektive beschreiben, wobei die methodologischen Gegensätze beider Perspektiven in Bezug auf die Erklärung individueller und kollektiver Verhaltensweisen oft als unüberwindbar wahrgenommen werden (vgl. Boltanski und Thévenot, 2018: 46; 49–58). In marktlich verwobenen Institutionen folgen Einigungsprozesse und Handlungskoordination nicht zwingend ausschließlich rational-ökonomischen Argumenten. Vielmehr unterliegen Entscheidungen und Handlungen individuellen Relativierungen und Zuordnungen zu anderen institutionellen Referenzsystemen, welche ökonomische Erfordernisse allenfalls als äusseren Begleitumstand für Entscheidungen mitführen. Im Kontext der Hochschulweiterbildung zählen zu diesen Referenzsystemen vor allem die beiden Kernleistungsbereiche Wissenschaft und Lehre sowie das System Hochschule selbst mit seinen überinstitutionellen Regeln. Individuen nehmen im Rückgriff auf das, was Ihnen vordergründig gerechtfertigt erscheint, Zuordnungen in Bezug auf die Qualität und Zulässigkeit von

Entscheidungen vor (vgl. Bessy, 2011: 181). Hierbei greifen sie auf Qualitätszuschreibungen kontextuell relevanter Referenzsysteme zurück und suchen nach
einer Angleichung, welche über die gemeinsame Relativierung von Ansichten
ein kollektiv tragbares Äquivalenzverhältnis herstellt. Solche Äquivalenzverhält-
nisse, oder auch Äquivalenzordnungen, spielen in der Konventionenökonomie
eine besondere Rolle. Es handelt sich bei Äquivalenzuordnungen um neue und
verallgemeinerungsfähige Lösungen, die am Ende eines Aushandlungsprozesses
stehen und auf die sich Akteur:innen als legitime Ordnung berufen können.
Auf Basis einer solchen Äquivalenzordnung erfolgt die Koordination menschlichen Handelns (vgl. Boltanski et al., 2011: 45). In der Hochschulweiterbildung
sind, aufgrund ihres hybriden Charakters, neben der wissenschaftsbezogenen
Ausrichtung ihrer Angebote auch marktförmige Leistungsbeziehungen im Sinne
der Nachfrageorientierung zu gestalten (vgl. Seitter, 2014: 148f). Es stellt sich
die Frage, wie diese hybriden Handlungslogiken das Handeln der verantwortlichen Akteur:innen in der Hochschulweiterbildung beeinflussen. Ein besonderes
Gewicht erhalten dabei die konventionenbezogenen Zuordnungen und Handlungsbegründungen im Zusammenhang mit dem Weiterbildungsmarkt als Teil
der institutionellen Umwelt der Hochschulweiterbildung, sowie die konventionenbezogenen Zuordnungen und Handlungsbegründungen der Hochschule
als Wissenschaftsinstitution. Auf dieser Grundlage werden die nachfolgenden
**Forschungsfragen für die anschliessende empirische Analyse** konkretisiert.

1. Welchen **konventionenbezogenen Zuschreibungen** folgen Akteur:innen der
   Hochschulweiterbildung im Spannungsfeld von Wissenschaftsinstitution und
   Weiterbildungsmarkt?
2. Korrespondieren diese konventionenbezogenen Zuschreibungen mit den
   **Handlungen** der Akteur:innen in der Weiterbildungsplanung und -
   entwicklung?
3. Welche konventionenbezogenen **Typologisierungen von Akteur:innen** in der
   Weiterbildungsplanung und -entwicklung lassen sich im Spannungsfeld von
   Wissenschaftsinstitution und Weiterbildungsmarkt vornehmen?

# Methodologische Überleitung 6

Konventionen werden definiert als Handlungslogiken, welche es Akteur:innen situativ ermöglichen, sich zu koordinieren und gemeinsame Handlungsabsichten zu verwirklichen (vgl. Diaz-Bone, 2011a: 23). Dabei besteht eine starke wechselseitige Abhängigkeit zwischen den Akteur:innen sowie Unsicherheit in Bezug auf gegenseitige Erwartungen. Für die Koordination von Handlungen wird als Basis eine Übereinkunft benötigt, was zu tun ist und in welcher Form die Akteur:innen die wechselseitigen Erwartungen erfüllen können (vgl. Storper und Salais, 1997: 15 ff). Akteur:innen beziehen ihre Handlungslogiken zudem aus einem institutionellen Legitimationsgefüge (vgl. Koch, 2022: 152). Die Hochschulweiterbildung folgt einer mehrfachen Systembindung, indem sie sowohl den Funktionslogiken des Hochschul- und Wissenschaftssystems als auch den Wirkungsmechanismen des Weiterbildungsmarktes unterliegt (vgl. Kondratjuk, 2020: 41; Reich-Claassen, 2020: 286, 2016; Tremp, 2020: 131; Zimmermann und Fischer, 2016: 14, 2014; 26; Wolter, 2011: 15; Kloke und Krüken, 2010: 32). In der Folge ist von einem Legitimationsgefüge auszugehen, das unterschiedliche institutionelle Normvorstellungen und Regelungen mitführt (vgl. Kap. 4.3). Eine erfolgreiche, auf Konventionen basierende Handlungskoordination führt wiederum zu Routinen, die in diesem Legitimationsgefüge als Rechtfertigungen dienen können (vgl. Diaz-Bone, 2011b: 30; Storper und Salais, 1997: 16). Mit der Situation als empirischem Bezugspunkt werden durch die Konventionenökonomie Voraussetzungen für die Analyse von Handlungskoordination in einem solchen institutionellen Bedingungsgefüge geschaffen (vgl. Boltanski und Thévenot, 2018: 45 ff; Diaz-Bone, 2011a: 32, 2011b: 49; Knoll, 2015: 24). Dabei wird davon ausgegangen, dass sich in der Handlungssituation (als kleinste Einheit im

B. M. Tokarski, *Hochschulweiterbildung zwischen Wissenschaftsinstitution und Weiterbildungsmarkt*, Higher Education Research and Science Studies, https://doi.org/10.1007/978-3-658-43781-7_6

institutionellen Legitimationskontext) die durch Konventionen normierten Anforderungen der umgebenden institutionellen Kontexte entsprechend verdichten bzw. spiegeln.

Wie die theoretischen Beiträge aus der Weiterbildungsforschung aufzeigen (vgl. Kap. 2), verändert sich infolge einer stärkeren Orientierung am Weiterbildungsmarkt und dessen Nachfrage das institutionelle Legitimationsgefüge. Es rücken stärker Handlungslogiken in den Vordergrund, die sich an dem Erfolg marktlicher Transaktionen orientieren (vgl. Höhne, 2012a). Zugleich führt die Hochschule als Wissenschaftsinstitution wiederum eigene Handlungslogiken mit sich, die Forschungsfeldern und wissenschaftlichen Schwerpunkten der Hochschule in der Weiterbildungsplanung und -entwicklung folgen (vgl. Tremp, 2020: 133; Reich-Claassen, 2020: 286, 2017; Dick, 2010: 16). Konkurrierende Handlungslogiken bestehen zudem möglicherweise zwischen dem gesellschaftlichen Bildungsauftrag der Hochschule (vgl. Schofer et al., 2021: 3) und einer Weiterbildungsplanung und -entwicklung, die primär einer weiterbildungsmarktbezogenen Verwertungslogik aus Sicht der Nachfrager:innen folgt. Wie bereits in Anlehnung an Storper und Salais (1997) dargelegt (vgl. Kap. 4.3), verlieren Weiterbildungsprodukte möglicherweise an Bildungsnutzen für die Allgemeinheit, je intensiver dem Paradigma der Nachfrageorientierung gefolgt wird und Themen aufgegriffen werden, die vor allem einer unmittelbaren berufspraktischen Verwertungslogik der Teilnehmenden hochschulischer Weiterbildungen folgen. Hingegen führen zunehmender Wettbewerb und Finanzierungszwänge gegebenenfalls dazu, dass sich die Weiterbildungsplanung und -entwicklung in Konkurrenz zu anderen Weiterbildungsanbieter:innen immer stärker rein nachfrageorientierten Handlungslogiken zuwendet. Dies in der Annahme, sich dadurch Marktanteile und ökonomischen Erfolg zu sichern. Weiterbildungskooperationen mit nicht-hochschulischen Institutionen sind Ausdruck solcher kompetitiver Handlungslogiken (vgl. Alke, 2022: 257). Sie bieten im Sinne einer Wettbewerbslogik die Möglichkeit zur Gewinnung neuer Weiterbildungskund:innen oder auch zur Verbreiterung und Sicherung von Marktanteilen (vgl. Teusler, 2008: 21f).

Die zunehmende Orientierung an weiterbildungsmarktbezogene Handlungslogiken wird als eine Situation gewertet, die das institutionelle Legitimationsgefüge auf den Prüfstand stellt und möglicherweise im Spannungsfeld von Wissenschaftsinstitution und Weiterbildungsmarkt neu definiert (vgl. Kap. 4.3). Im Sinne der hier hinterlegten Methodologie dienen Konventionen als Rechtfertigungsordnungen, die, wenn sich das Bedingungsgefüge für Handlungen verändert, auch auf gegensätzlichen Polen liegen können. Akteur:innen gelten als kompetent und in der Lage, in Spannungsfeldern mittels Konventionen Konflikte zu mobilisieren und das institutionelle Bedingungsgefüge damit aktiv zu verändern (vgl. Boltanski und Thévenot, 2018: 55; Diaz-Bone, 2011a: 24f; Diaz-Bone und Thévenot, 2010: 5; Eymard-Duvernay, 2011).

Auf der Grundlage aktueller Befunde im Forschungsfeld (vgl. Kap. 2) kann gegenwärtig nicht empirisch gestützt beantwortet werden, inwieweit die Forderung nach einer verstärkten berufspraktischen Orientierung auch tatsächlich einem Bedürfnis aus Sicht der Teilnehmenden hochschulischer Weiterbildungen entspricht, und ob dieses zudem im Widerspruch zu einer an Wissenschaftlichkeit orientierten Weiterbildungsplanung an Hochschulen steht. Zudem ist noch unbeantwortet, ob Planungsverantwortliche der Hochschulweiterbildung in der Folge nur Themen berücksichtigen und in Weiterbildungsangebote überführen, für die es ausreichend zahlungsbereite Interessent:innen gibt. Die theoretischen Ausführungen gelangen zu dem Fazit, dass sich die Handlungslogiken in der Weiterbildungsplanung und -entwicklung zwischen gegenläufigen Polen bewegen und, so die konventionentheoretische Annahme, zwischen diesen Polen neu ausgehandelt werden. Als Ergebnis solcher Aushandlungsprozesse resultieren, im Sinne konventionenökonomischer Äquivalenzordnungen, Re-Kategorisierungen von Qualitätskonventionen (vgl. Kap. 4.3, Abb. 4.3).

Konkurrierende Handlungslogiken im institutionellen Bedingungsgefüge der Hochschulweiterbildung

**Abb. 6.1** Konkurrierende Handlungslogiken im institutionellen Bedingungsgefüge der Hochschulweiterbildung, eigene Darstellung

Aus den theoretischen Ausführungen dieser Arbeit werden Handlungslogiken abgeleitet (vgl. Abb. 6.1), die als konventionenbezogene Rechtfertigungen für Handlungen in der Weiterbildungsplanung und -entwicklung dienen können. Es wird somit einem deduktiven Ansatz gefolgt. Die in der Abb. 6.1 genannten, unterschiedlichen Handlungslogiken im institutionellen Legitimationsgefüge schliessen an den theoretischen Diskurs an und bilden die Grundlage für die nachfolgende konventionenbezogene Analyse der Weiterbildungsplanung und -entwicklung an Schweizer Hochschulen. Damit werden im Grundsatz zwei Dinge geleistet:

a. Die theoretischen Ausführungen zu den Dilemmata der Hochschulweiterbildung im Spannungsfeld von Wissenschaftsinstitution und Weiterbildungsmarkt sowie den damit verbundenen Handlungslogiken, wie beispielsweise eine stärkere Nachfrageorientierung, werden exploriert.
b. Es wird eine Einschätzung ermöglicht, ob die Heuristiken der Konventionenökonomie in Verbindung mit den hier im Weiteren vorgestellten Methoden zur Datenerhebung (vgl. Kap. 7.1 und 7.2) einen Beitrag zur Akteursforschung in der Weiterbildungsplanung und -entwicklung an Hochschulen leisten können.

Auf der Grundlage des zuvor hergestellten konventionentheoretischen Analyserahmens ist nun zu klären, mit welchen modellbasierten Ansätzen unterschiedliche Handlungslogiken aus den Legitimationskontexten Wissenschaftsinstitution und Weiterbildungsmarkt datengestützt erfasst und analysiert werden können (siehe hierzu Kap. 7.1; analytische Vorüberlegungen zur empirischen Analyse).

# Empirische Analyse 7

## 7.1 Analytische Vorüberlegungen

Ausgangspunkt der empirischen Analyse ist die Frage, welchen konventionenbezogenen Handlungslogiken Akteur:innen in der Hochschulweiterbildung in den unterschiedlichen Legitimationskontexten von Wissenschaftsinstitution und Weiterbildungsmarkt folgen (vgl. Kap. 6, Abb. 6.1). Konventionen sind in sozialen und ökonomischen Kontexten veränderbar und argumentativ. Falls es die Umstände erfordern, sind kompetente Akteur:innen bereit, von einer bestehenden Konvention auf eine andere zu wechseln. Es werden in der Folge neue Rechtfertigungen entwickelt und vorgebracht, um die Wertigkeit einer Lösung oder eines Produktes zu legitimieren und die eigenen Handlungen darauf abzustimmen (vgl. Knoll, 2015; Eymard-Duvernay et al., 2010; Storper und Salais, 1997).

Für die Analyse von konventionenbezogenen Handlungen ist nach Storper und Salais (1997) eine parallele Betrachtung von Handlungssituation und Handlungskontext sinnvoll.

> *"[...] at any given moment, the context is evaluated and re-evaluated, reinterpreted, by the individual who must choose to practice or not practice according to a given convention. Common contexts are therefore not the same things as norms or structures, and the points of reference thus do not appear as results of the encompassing social order, but rather through the built-up coordination of situations and the ongoing resolution of differences of interpretation into new or modified common contexts of action"* (Storper und Salais, 1997: 17).

Konventionen sind nach Storper und Salais (1997: 17) von den nachfolgenden drei Dimensionen beeinflusst, die durch ihr gleichzeitiges Auftreten komplexe Bedingungen schaffen: (1.) Regeln für spontanes individuelles Handeln, (2.)

B. M. Tokarski, *Hochschulweiterbildung zwischen Wissenschaftsinstitution und Weiterbildungsmarkt*, Higher Education Research and Science Studies, https://doi.org/10.1007/978-3-658-43781-7_7

Institutionen in Situationen kollektiven Handelns und (3.) die Konstruktion von Vereinbarungen zwischen Personen.

**Dimensionen konventionenbezogener Handlungen nach Storper und Salais (1997)**

|  |  |  |
| --- | --- | --- |
| Regeln für individuelles spontanes Handeln | Institutionen in Situationen kollektiven Handelns  ◄── | Konstruktion von Vereinbarungen zwischen Personen |

**Handlungssituation** (endogen)                    **Handlungskontext** (exogen)

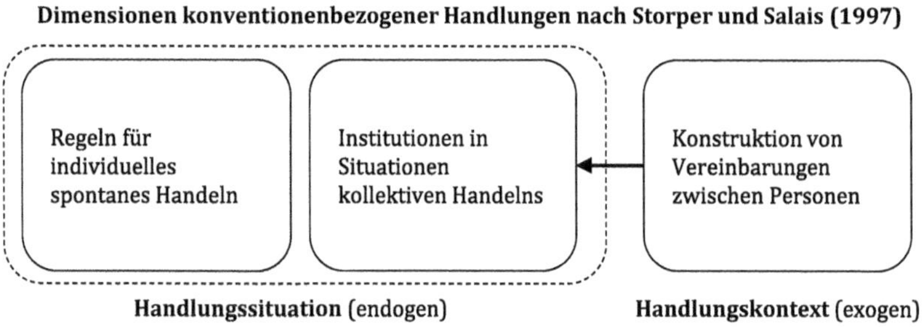

**Abb. 7.1**  Dimensionen konventionenbezogener Handlungen in Anlehnung an Storper und Salais (1997), eigene Darstellung

Konventionen respektive konventionenbezogenes Handeln sind demnach nicht nur rückgebunden an Situationen, sondern auch an das Verhältnis zwischen Akteur:innen, Institution und Organisation. Aus diesem Verhältnis resultieren mögliche Konflikte, vor allem dann, wenn innerhalb einer Organisation verschiedene sub-institutionelle Legitimationskontexte aufeinandertreffen. Hierdurch ergibt sich ein empirisch relevanter Zusammenhang für konventionenbezogenes Handeln. In der Hochschulweiterbildung sind Handlungskontexte für die Weiterbildungsplanung und -entwicklung durch unterschiedliche, institutionelle Legitimationskontexte beeinflusst (vgl. Kap. 6, Abb. 6.1). Es wirken sowohl Einflüsse aus dem Weiterbildungsmarkt als Teil der institutionellen Umwelt auf die Weiterbildungsplanung und -entwicklung ein, als auch die Einflüsse der Hochschule als Wissenschaftsinstitution selbst. Abb. 7.2 fasst diesen Zusammenhang grafisch zusammen.

Für die Messung von konventionenbezogenen Handlungslogiken lassen sich zwei elementare Bestandteile heranziehen: (1.) Die Zustimmung zu einer bestimmten Wertigkeit/Qualität von Personen, Handlungen, Produkten, und (2.) die tatsächliche Handlungspraxis (vgl. Diaz-Bone und de Larquier 2022: 6). Stimmen Zustimmung und Handlungspraxis überein, ergibt sich daraus eine auf Konventionen basierende, situativ-kollektive Handlungspraxis (vgl. Abb. 7.3).

Für die empirische Analyse, welche die Messung und Interpretation von konventionenbezogenen Handlungslogiken in der Weiterbildungsplanung und -entwicklung zum Ziel hat, werden zusammenfassend die nachfolgenden **analytischen Vorüberlegungen** abgeleitet.

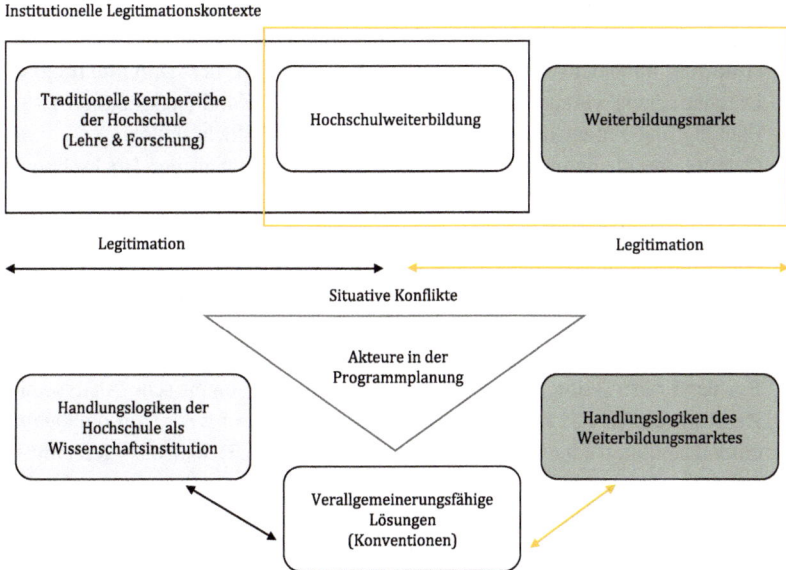

**Abb. 7.2** Empirisch relevanter Zusammmenhang konventionenbezogener Handlungslogiken in der Hochschulweiterbildung, eigene Darstellung

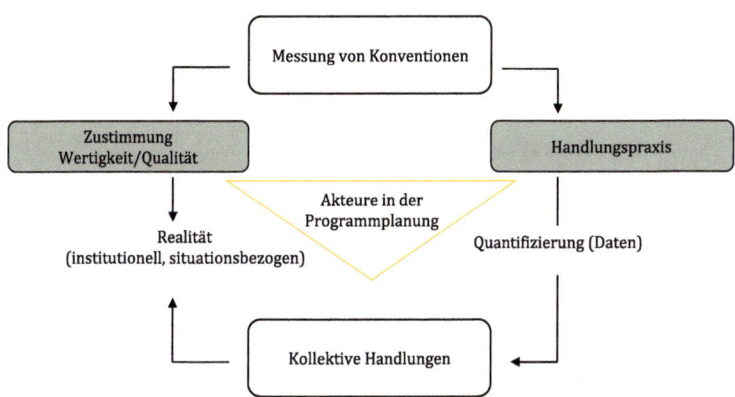

**Abb. 7.3** Messung von Konventionen in Anlehnung an Diaz-Bone und de Larquier 2022: 6; modifizierte Darstellung

1. Konventionenbezogene Handlungen sind rückgebunden an Situationen. Zur Erfassung konventionenbezogener Handlungen ist daher eine **Handlungssituation** mitzudenken und den Proband:innen bei der Durchführung der Datenerhebung vorzustellen. Die hier untersuchte Handlungssituation ist die Planung und Entwicklung von Weiterbildungen an Hochschulen.

2. Geteilte Überzeugungen zu Wertigkeiten und Qualität in der Hochschulweiterbildung sind rückgebunden an die Hochschule als Wissenschaftsinstitution und den Weiterbildungsmarkt als Legitimationskontexte. Diese Legitimationskontexte sind Teil der institutionellen Realität der Proband:innen und zugleich ein argumentativer Pool für die Entwicklung kollektiver Überzeugungen. Kollektive Überzeugungen schaffen Konventionen, auf deren Grundlage Handlungskoordination vollzogen und gerechtfertigt wird.

3. Bei der Konstruktion geeigneter Instrumente für die empirische Analyse sind **Zustimmungen** und **tatsächliche Handlungspraxis** in Bezug auf die Qualität einer Handlung oder eines Produktes (vgl. Abb. 7.3) zunächst **getrennt zu erfassen**, und anschliessend im Rahmen einer geeigneten statistischen Analyse **zusammenhängend zu interpretieren**.

4. Die Konstruktion von Vereinbarungen zwischen Personen (vgl. Storper und Salais, 1997: 17) schafft **besondere Handlungskontexte**, die möglicherweise auf die Entscheidung für oder gegen konventionenbezogene Handlungen einwirken. Solche Handlungskontexte sind bei der Befragung und anschliessenden Datenanalyse zu berücksichtigen (siehe hierzu Kap. 7.2.1, Fragebogenkonstruktion).

## 7.2    Vorgehensweise

In den vorherigen Kapiteln wurde ein theoretischer Analyserahmen zu konventionenbezogenen Handlungslogiken in der Hochschulweiterbildung hergestellt. Auf dieser Grundlage erfolgen nun Itementwicklung und Fragebogenkonstruktion für eine Online-Befragung von Weiterbildungsverantwortlichen an verschiedenen Schweizer Hochschulen (vgl. Sampling und Durchführung der Online-Befragung, Kap. 7.2.2). Die anschliessende empirische Datenanalyse basiert auf drei Bausteinen, die kombiniert zur Interpretation der Ergebnisse und Beantwortung der Forschungsfragen herangezogen werden:

1. Bivariate Korrelationsanalyse
2. Explorative Clusteranalyse
3. Kontingenzanalyse und Chi$^2$- Unabhängigkeitstest

Die **Bivariate Korrelationsanalyse** (vgl. Kap. 7.4) dient der Erfassung der Stärke eines möglichen Zusammenhanges zwischen Variablen, die entweder die Zustimmung zu einer Wertigkeit/Qualität einer Handlung, Person oder eines Produktes zum Gegenstand haben, oder sich auf die tatsächliche Handlungspraxis von Personen beziehen. Mit der Untersuchung eines korrelativen Zusammenhanges zwischen Zustimmung und Handlungspraxis wird gedanklich dem Modell zur Messung von Konventionen nach Diaz-Bone und de Larquier (2022: 6) (vgl. Abb. 7.3) gefolgt. Mit diesem Analyseschritt sollen in der Stichprobe Hinweise auf eine mögliche **kollektive und konventionenbezogene Handlungspraxis** exploriert werden.

Mit der anschliessenden **explorativen Clusteranalyse** (vgl. Kap. 7.5) sollen Strukturen aufgedeckt werden, die dann wiederum Rückschlüsse auf theoretische Zusammenhänge ermöglichen (vgl. Döring und Bortz, 2016: 621). Im vorliegenden Fall dient die explorative Clusteranalyse insbesondere der **deskriptiven Typologisierung von Akteur:innen der Weiterbildungsplanung und -entwicklung.** Die explorative Clusteranalyse setzt immer auch eine theoriegeleitete Hermeneutik voraus. Die ermittelten Cluster benötigen eine theoriebezogene Interpretation (vgl. König und Jäckle, 2017: 51), was im vorliegenden Fall der hier vorgenommenen konventionenökonomischen Interpretation und Reflexion der Clusterlösungen entspricht. Zum anderen wird durch den Einsatz eines explorativen Verfahrens, wie der hier durchgeführten Clusteranalyse, dem angesprochenen Umstand vielfältiger, situativer Konstellationen und Beurteilungsmaßstäbe in der Weiterbildungsplanung und -entwicklung Rechnung getragen.

Die anschliessende **Kontingenzanalyse mittels Chi$^2$-Unabhängigkeitstest** dient der Betrachtung eines **Zusammenhangs zwischen Clustervariablen und kategorialen Kontextvariablen.** Hierbei wird wiederum den Dimensionen konventionenbezogener Handlungskoordination nach Storper und Salais (1997: 17) gefolgt, welche bestehende Konstruktionen von Vereinbarungen zwischen Akteur:innen als exogene Kontextvariablen einbeziehen (vgl. Abb. 7.1). Zu diesen exogenen Kontextvariablen können beispielsweise finanzielle Zielvorgaben gehören, die mit Verantwortlichen in der Weiterbildungsplanung und -entwicklung seitens Hochschule geschlossen werden und somit zu einer tendenziell stärkeren Betonung weiterbildungsmarktbezogener Konventionen führen. Weitere solcher exogenen Kontextvariablen, welche für die hier vorgenommene Untersuchung relevant sind, werden im Zusammenhang mit der Fragebogenkonstruktion in Kap. 7.2.1 erörtert und können dort der Tab. 7.3 entnommen werden.

Abb. 7.4 veranschaulicht den Gesamtaufbau der empirischen Studie.

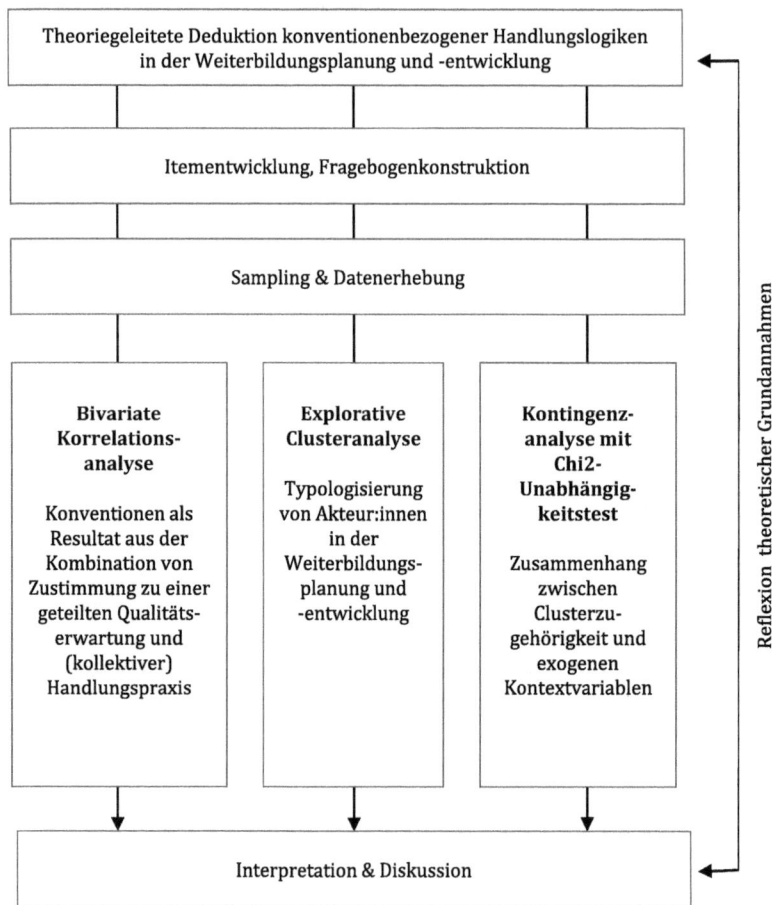

**Abb. 7.4**   Elemente der empirischen Studie, eigene Darstellung

## 7.2.1   Fragebogenkonstruktion

Für die Konstruktion von Fragebögen stehen verschiedene Strategien zur Verfügung, die in der Forschungspraxis zumeist kombiniert angewandt werden (vgl.

Moosbrugger und Kelava, 2012: 36 ff.). Für die Entwicklung des Fragebogens wurde zum einen eine rationale Konstruktionsstrategie gewählt. Diese folgt dem Ansatz der Deduktion einer zuvor elaborierten Theorie über die Differenziertheit von Personen in Bezug auf die interessierenden Merkmale oder Konstrukte, die in einem ersten Schritt spezifiziert werden. Zu jedem dieser Konstrukte werden in einem zweiten Schritt Indikatoren gesammelt und den Proband:innen mittels Fragebogen als Antwortitems vorgelegt. Zum anderen wird einer intuitiven Konstruktionsstrategie bei der Item-Entwicklung gefolgt, die von der Erfahrung und Intuition des Konstrukteurs geleitet ist. Diese Strategie ist, wie im vorliegenden Fall, zumeist dann  sinnvoll, wenn zum Forschungsgegenstand noch wenig ausgereifte Theorien vorliegen (vgl. Moosbrugger und Kelava, 2012: 36).

Es werden je acht Single-Items zu konventionenbezogenen Handlungslogiken in den institutionellen Legitimationskontexten Hochschule und Weiterbildungsmarkt mit verschiedenen Unter-Konstrukten als latente Variablen entwickelt. Die erste Item-Batterie umfasst Items zur Messung weiterbildungsmarktbezogener Konventionen. Die zweite bezieht sich auf Konventionen, welche einen Zusammenhang zu Hochschulen als Wissenschaftsinstitutionen mitführen. Beide Item-Batterien beinhalten zu jedem Unterkonstrukt ein **Item «Z» (Zustimmung in Bezug auf Wertigkeit/Qualität)** und ein **Item «H»** (**Handlungspraxis**) als beobachtbare/manifeste Variable, analog dem hier hinterlegten Modell zur Messung von Konventionen (vgl.  Kap. 7.1, Abb. 7.3). Somit werden je latentem Konstrukt zwei Einzelitems hinterlegt. Nach Döring und Bortz (2016: 265) ist eine Single-Item-Strategie auch bei theoretisch anspruchsvollen latenten Konstrukten in der Lage, die üblichen Testgütekriterien zu erfüllen und somit brauchbar. Nach Bergkvist und Rossiter (2007) sowie Nagy (2002) kann die Testgüte von Einzelitems mit der von Mehr-Item-Testskalen vergleichbar sein.

Auf die Gütekriterien der hier verwendeten Items wird in den Kapiteln zur bivariaten Korrelationsanalyse (vgl.  Kap. 7.4) sowie zu Reliabilität, Validität und Fehlerbetrachtung (vgl.  Kap. 7.7) nochmals gesondert Bezug genommen.

Zudem werden Einzelitems formuliert, um die Ausprägungen eines konventionenbezogenen Qualitätsverständnisses zu erfassen. Als Grundlage dienen die in  Kap. 4.3 (vgl. Abb. 4.3) hergeleiteten Kategorien von Qualitätskonventionen in der Weiterbildungsplanung und -entwicklung an Hochschulen (Tab. 7.2).

Für die Konstruktion des Fragebogens wurden die Items in Statements überführt, die durch die Proband:innen auf einer fünfstufigen Likert-Skala beantwortet werden. Analog zu den hier vollzogenen analytischen Vorüberlegungen (vgl. Kap. 7.1) wird diesen Statements die Weiterbildungsplanung und -entwicklung als konkreter Situationsbezug vorangestellt.

**Tab. 7.1**  Single-Items Weiterbildungsmarkt und Hochschule als Wissenschaftsinstitution

| Weiterbildungsmarkt | Anzahl Single-Items |
|---|---|
| Orientierung an wirtschaftlichen Zielen | 2 |
| Orientierung an Kundenbedürfnissen | 2 |
| Konkurrenz-/Wettbewerbsorientierung | 2 |
| Stellenwert von Kooperationen/Wachstum von Marktanteilen | 2 |
| **Hochschule als Wissenschaftsinstitution** | **Anzahl Single-Items** |
| Orientierung an Wissenschaft und Forschung | 2 |
| Orientierung am gesellschaftlichen Bildungsauftrag | 2 |
| Stellenwert der akademisch-wissenschaftlichen Qualifizierung der Teilnehmer:innen | 2 |
| Stellenwert der berufspraktischen Anwendungsorientierung der Hochschulweiterbildung | 2 |

**Tab. 7.2**  Single-Items zur Messung korrespondierender Qualitätskonventionen

| Kategorisierung korrespondierender Qualitätskonventionen | Anzahl Single-Items |
|---|---|
| Hochschulweiterbildung als wissenschaftliche Weiterbildung | 1 |
| Hochschulweiterbildung als berufspraktisch-anwendungsorientierte Weiterbildung | 1 |
| Hochschulweiterbildung als wissenschaftlich reflektierte, berufspraktisch- anwendungsorientierte Weiterbildung | 1 |

Im Hinblick auf die anschliessende clusteranalytische Auswertung wird ein einheitliches, ordinales Skalenniveau auf einer Likert-Skala gewählt. Es stehen die Antwortoptionen *«stimme überhaupt nicht zu»*, *«stimme eher nicht zu»*, *«neutral»*, *«stimme eher zu»*, *«stimme voll und ganz zu»* zur Auswahl. Eine mögliche Tendenz zur Mitte im Antwortverhalten wurde dabei in Kauf genommen. Hierdurch besteht das grundsätzliche Risiko einer verringerten Itemvarianz (vgl. Moosbrugger und Kelava, 2012: 60). Jedoch ist mitzuführen, dass nicht jede Handlung zwingend auf eine bewusste Zustimmung zu der Qualität eines Objektes, eines Produktes oder einer Handlung zurückgeführt werden kann. Es sollte Proband:innen also möglich sein, sich nicht zu positionieren. Eine solche Nicht-Positionierung ist gegebenenfalls auf exogene Kontextvariablen zurückzuführen, welche in dieser Untersuchung gesondert berücksichtigt werden. Akteur:innen der Weiterbildungsplanung und -entwicklung bewegen sich analog Storper und

Salais (1997: 17) in spezifischen Handlungskontexten, welche Einfluss auf die Entscheidung für oder gegen eine Handlung in bestimmten Situationen haben (vgl. Abb. 7.1). Es wird analog Rösselet (2012) für die empirische Untersuchung von Kontextvariablen ausgegangen, die einen zusätzlichen Einfluss auf den inneren Zusammenhang der Handlungskoordination zwischen Akteur:innen auf der Grundlage von Konventionen haben. Hierzu können, wie bereits angesprochen, verbindliche Ziele in Bezug auf den wirtschaftlichen Erfolg der Hochschulweiterbildung zählen. Das Vorhanden- oder Nichtvorhandensein solcher finanziellen Zielvereinbarungen ist eine relevante Kontextvariable, die möglicherweise die Argumentation einzelner Akteur:innen stärker in Richtung weiterbildungsmarktbezogener Konventionen verschiebt. Eine weitere relevante Kontextvariable ist der Hochschultyp, da die berufspraktische Anwendungsorientierung den Leistungsauftrag der Fachhochschulen stärker repräsentiert als den der Universitäten. Zudem sind die quantitativen Leistungsanteile in Lehre und Forschung zwischen diesen Hochschultypen zumeist unterschiedlich (vgl. Wilkesmann, 2013). Weitere Handlungsrestriktionen ergeben sich aus den Kontexten organisationale Zugehörigkeit innerhalb der Hochschule und den zugewiesenen Funktions- und Aufgabenprofilen in der Hochschulweiterbildung. In die Fragebogenkonstruktion und die anschließende explorative Analyse werden diese Kontextvariablen einbezogen, die der Tab. 7.3 entnommen werden können.

**Tab. 7.3** Kontextvariablen

| **Kontextvariablen** | Hochschultyp (Universität, Fachhochschule, Pädagogische Hochschule) |
| --- | --- |
| | Qualifikation / höchster akademischer Abschluss (Habilitation, Doktorat, Master, andere) |
| | Forschungstätigkeit (ja, nein) |
| | Verbindliche finanzielle Zielvorgaben (ja, nein) |
| | Organisationale Zugehörigkeit der befragten Personen (Abteilung Weiterbildung, Lehre/Forschung/Rektorate) |

Zusätzlich werden noch Angaben zu Geschlecht, Alter und Berufsjahren der Proband:innen erhoben, um Aufschluss über die sozio-demografische Zusammensetzung der Stichprobe zu erhalten.

Der Fragebogenentwurf wurde für einen **Pretest** acht Personen zur Beantwortung zugestellt. Kriterien für den Pretest waren das Verständnis der Fragen und deren Schwierigkeit, mögliche Kontexteffekte, die Effekte der Fragenanordnung und die Dauer der Befragungsteilnahme (Schnell et al., 1999: 324). Der Pretest hat zu dem Ergebnis geführt, die Zustimmungs- und Handlungs-Items zum gleichen latenten Konstrukt nicht direkt hintereinander, sondern getrennt im Fragebogen abzubilden. Die Handlungsvariablen erfüllen auf diesem Wege eine zusätzliche Kontrollfunktion, sofern sich deren Werte aufgrund sozialer Erwünschtheit in den Antworttendenzen deutlicher von den Zustimmungsvariablen unterscheiden.

## 7.2.2  Sampling und Durchführung der Online-Befragung

Als relevante Proband:innen werden Personen in die Stichprobe einbezogen, die in der Hochschulweiterbildung auf inhaltlicher, koordinierender und/oder ökonomischer Ebene verantwortlich sind für die Weiterbildungsplanung und -entwicklung. Die Art und Weise, wie diese Rolle funktional wahrgenommen wird, variiert potenziell mit der strukturellen Verankerung der Weiterbildung innerhalb der jeweiligen Hochschule. Die Population von planungsverantwortlichen Personen in der Hochschulweiterbildung ist somit nur bedingt einschätzbar. Geeignete statistische Daten liegen in dem Fall nicht vor.[1] Jedoch ist es nicht Ziel dieser Studie, verallgemeinerungsfähige Rückschlüsse auf eine Grundgesamtheit zu ziehen. Vielmehr wird eine explorative Strategie verfolgt, bei der es darum geht, mögliche Strukturen und Zusammenhänge in den erhobenen Daten zu erkennen. Das Sampling beruht auf einer Gelegenheitsstichprobe (convenience sampling)[2], basiert also auf einer Auswahl an Proband:innen, die verfügbar sind (vgl. Döring und Bortz, 2016: 305; Salkind, 2022: 302; McCabe, 2017: 873). Neben der Verfügbarkeit ist auch die thematische Nähe der Proband:innen zum Forschungsvorhaben ein Kriterium, wodurch die Auswahl homogenisiert wird (vgl. Jager et al., 2017: 21; Bornstein et al., 2013: 5). Gelegenheitsstichproben habe den grundsätzlichen Nachteil der fehlenden Generalisierbarkeit von Ergebnissen. Jedoch lässt sich dieser Nachteil durch die Verwendung von möglichst homogenen Gelegenheitsstichproben abmildern. Der Stichprobenrahmen für homogene Gelegenheitsstichproben wird in Bezug auf den soziodemografischen Hintergrund bewusst eingeschränkt. Die mittels Stichprobe ausgewählten Proband:innen sind in Bezug auf einen oder mehrere soziodemografische Faktoren homogen.

Es haben insgesamt vier Universitäten, drei Fachhochschulen und drei Pädagogische Hochschulen eine grundsätzliche Teilnahme an der Befragung zugesagt.

---

[1] Allenfalls wären grobe Schätzungen anhand der Anzahl von im Internet ausgeschriebenen Weiterbildungsstudiengängen möglich, wodurch die Genauigkeit kaum erhöht wird.

[2] In einer Studie von Bornstein et al. (2013) wurden das Sampling in fünf Wissenschaftsjournals während des Zeitraums 2007–2011 untersucht. 92.5 % der dort vertretenen Studien verwendeten ein Convenience Sampling. Demgegenüber verwendeten lediglich 5.5 % ein probalistisches Sampling.

Für die Realisierung der Stichprobe wurden die zentralen Weiterbildungsverantwortlichen (zumeist auf Stufe Vizerektorat) mehrerer Schweizer Hochschulen direkt kontaktiert und die Unterstützung für das Projekt aktiv eingeworben. Von dort aus erfolgte die Weiterleitung des Online-Fragebogens direkt an verantwortliche Personen in der Hochschulweiterbildung, die das Kriterium der inhaltlichen, koordinierenden und/oder ökonomischen Verantwortung für die Planung und Entwicklung von Studienangeboten erfüllen. Zur Information über die Ziele des Forschungsvorhabens wurde vorgängig ein Factsheet zur Studie zur Verfügung gestellt. Die Zustimmung seitens der beteiligten Hochschulen ist in allen Fällen an die Zusicherung der Anonymität der Datenerhebung und Datenanalyse gebunden.

Eine Fachhochschule und eine Pädagogische Hochschule haben sich nach primärer Interessensbekundung aus dem Prozess wieder zurückgezogen. Insgesamt haben N = 723 Personen den Befragungslink erhalten. Davon haben **n = 151 Personen** an der Befragung teilgenommen, was einem **Rücklauf von 21 %** entspricht.

## 7.3 Deskription der Stichprobe

In der realisierten Stichprobe ist der Anteil der Befragungsteilnehmer:innen von Fachhochschulen (n = 90, 59.6 %) doppelt so hoch wie von Universitäten (n = 45, 29.8 %). Sechzehn Proband:innen haben zum Hochschultyp keine Angaben gemacht (n = 16, 10.6 %). Der Rücklauf der Pädagogischen Hochschulen war mit n = 6 gering, und wurde daher für spätere Berechnungen als Fachhochschule umkodiert (Tab. 7.4).

**Tab. 7.4** Häufigkeiten nach Hochschultyp

| Hochschultyp_zus | | Häufigkeit | Prozent |
|---|---|---|---|
| Gültig | Universität | 45 | 29.8 |
| | Fachhochschule | 90 | 59.6 |
| | Gesamt | 135 | 89.4 |
| Fehlend | System | 16 | 10.6 |
| Gesamt | | 151 | 100.0 |

Das Geschlechterverhältnis ist annähernd ausgeglichen. So sind n = 65 (43 %) der Teilnehmenden männlich und n = 60 (39.7 %) weiblich. Die Option einer dritten Geschlechtsangabe wurde nicht genutzt. Zudem haben n = 26 (17.2 %) keine Angaben zum Geschlecht gemacht. Der Häufigkeitsgipfel betreffend Alter liegt in den beiden Altersgruppen 35–45 (n = 37, 24.5 %) und 46–55 Jahre (n = 41, 27.2 %), unmittelbar gefolgt von der Altersgruppe der > 55jährigen (n = 30, 19.9 %). Die Altersgruppe der < 35jährigen ist mit n = 15 respektive 9.9 % am geringsten vertreten. Die Berufserfahrung in Jahren variiert bei den Teilnehmenden wie folgt: < 3 Jahre (n = 25, 16.6 %), 3–5 Jahre (n = 22, 14.6 %), 6–10 Jahre (n = 24, 15.9 %), 11–15 Jahre (n = 23, 15.2 %) und > 15 Jahre (n = 30, 19.9 %).[3]

Bei der Angabe der aktuellen Funktionsbezeichnung waren Mehrfachnennungen möglich. Von den Teilnehmenden haben n = 45 die Funktionsbezeichnung Professor:in angegeben. In der Funktion als Direktor:in oder Leiter:in Weiterbildung sind n = 12 Personen, als Leiter:in eines Forschungsinstituts sind n = 3 Personen in der Weiterbildung tätig. Die Funktionsbezeichnung Studiengangleiter:in der Weiterbildung trifft auf n = 57 Personen zu; n = 42 Personen tragen die Funktionsbezeichnung Weiterbildungskoordinator:in respektive Weiterbildungsmanager:in. Zwar verantwortlich für die Weiterbildungsplanung und -entwicklung, aber ohne Angabe der Funktionsbezeichnung für die Weiterbildung sind n = 19 Teilnehmer:innen.

Die Zugehörigkeit zu den Fachbereichen der beteiligten Hochschulen verteilt sich wie folgt: Wirtschaftswissenschaft (n = 40), Technische Wissenschaften, Ingenieurwesen und Architektur (n = 31), Medizin, Pflege, Gesundheit und Sport (n = 23), Sozialwissenschaften (n = 17), Natur- und Umweltwissenschaften (n = 11), Kunst, Musik und Design (n = 9), Erziehungswissenschaften/Pädagogik (n = 7), Mathematik und Informatik (n = 7), Rechtswissenschaften (n = 7), Sprache, Literatur, Kommunikation und Information (n = 6), Geschichts- und Kulturwissenschaften (n = 3) sowie andere (n = 3).

Bei den Zuständigkeiten für die verschiedenen Studienangebote in der Hochschulweiterbildung waren ebenfalls Mehrfachnennungen möglich. Es haben sich die nachfolgenden Häufigkeitsverteilungen ergeben (vgl. Tab. 7.5).

Bei den Formalqualifikationen (höchster Abschluss) der Teilnehmenden dominieren Masterabschlüsse sowie die sonstigen, äquivalenten Abschlüsse, die hier subsummiert wurden (n = 78). Der Anteil der Personen mit Habilitation ist gering (n = 6). Über ein Doktorat verfügen n = 50 Personen (Tab. 7.6).

Bei den Angaben zum Beschäftigungspensum in der Hochschulweiterbildung überwiegt der Anteil der Personen mit einem Beschäftigungsanteil >50 % (n = 71). Einen Beschäftigungsanteil in der Hochschulweiterbildung von bis

---

[3] Fehlende Prozentwerte ergeben sich aus Fällen ohne entsprechende Angaben.

**Tab. 7.5** Häufigkeiten Programmzuständigkeit

**Zuständigkeit Programm**

| | N | Summe |
|---|---|---|
| MAS, MPA, MPH | 151 | 49 |
| EMBA, MBA | 151 | 10 |
| DAS | 151 | 25 |
| CAS | 151 | 105 |
| Fachkurs, Tageskurs | 151 | 45 |
| WB Programm gesamt | 151 | 24 |
| andere Programme | 151 | 4 |
| Gültige Werte (listenweise) | 151 | |

**Tab. 7.6** Häufigkeiten nach Formalqualifikation (höchster Abschluss)

**höchster Abschluss**

| | Häufigkeit | Prozent |
|---|---|---|
| Habilitation_Doktorat | 56 | 37.1 |
| Master_andere | 78 | 51.7 |
| Gesamt | 134 | 88.7 |
| Fehlend | 17 | 11.3 |
| Gesamt | 151 | 100.0 |

zu 20 % erfüllen n = 33 Personen. Die Häufigkeit von Personen mit einem Beschäftigungsanteil von 20–50 % in der Hochschulweiterbildung beträgt n = 28 (Tab. 7.7).

**Tab. 7.7** Häufigkeiten nach Beschäftigungspensum in der Hochschulweiterbildung

**Pensum HWB**

| | | Häufigkeit | Prozent |
|---|---|---|---|
| Gültig | >50% | | 47.0 |
| | | 71 | 47.0 |
| | 20-50% | 28 | 18.5 |
| | <20% | 33 | 21.9 |
| | Gesamt | 132 | 87.4 |
| Fehlend | System | 19 | 12.6 |
| Gesamt | | 151 | 100.0 |

Tests auf Normalverteilung der Variablen haben ergeben, dass diese nicht-normalverteilt und somit lediglich die Anwendungsvoraussetzungen für nicht-parametrische Analyseverfahren erfüllt sind.

## 7.4 Bivariate Korrelationsanalyse

Im Rahmen der Erhebung wurden Variablen zu konventionenbezogenen Zustim-mungen und die tatsächliche Handlungspraxis in der Weiterbildungsplanung und -entwicklung getrennt voneinander erfasst (vgl. Diaz-Bone und de Larquier, 2022: 6). Für die Beantwortung der Frage, inwieweit konventionenbezogene Zuordnungen mit den Handlungen der beteiligten Akteur:innen bei der Wei-terbildungsplanung und -entwicklung korrespondieren, bietet sich eine einfache Korrelationsanalyse an, welche Auskunft über die Stärke des Zusammenhanges der untersuchten Variablen gibt. Hierdurch ergeben sich zudem Hinweise auf die Konstruktvalidität der zuvor theoretisch begründeten Annahmen (Moosbrugger und Kelava, 2012: 158). Für die Verwendung gängiger Korrelationskoeffizien-ten bestehen spezifische Anwendungsvoraussetzungen. Im vorliegenden Fall sind die Variablen ordinal skaliert[4] und nicht-normalverteilt[5]. Für ordinalskalierte und nicht-parametrische Daten eignet sich der Spearmans Korrelationskoeffizient, welcher die Stärke des monotonen Zusammenhangs misst (Siebertz et al., 2017: 385). Der Spearmans Korrelationskoeffizient $r_{sp}$ ist im Wertebereich -1 bis + 1 definiert für $r_{sp} > 0$ als gleichsinniger monotoner Zusammenhang und für $r_{sp} < 0$ als gegensinniger monotoner Zusammenhang (Fahrmeir et al., 2011: 143 f.). Die Stärke der Korrelationen wird nach Cohen (2013) wie folgt unterteilt: **r = .10 (schwache Korrelation); r = .30 (mittlere Korrelation) und r = .50 (starke Korrelation)**.

Bei der Analyse der korrelativen Zusammenhänge zwischen den Zustim-mungsvariablen *Z* und den Handlungsvariablen *H* zeigt sich ein indifferentes Bild. Die bivariaten Korrelationen der Variablen zum ökonomischen Erfolg (r = 3.95) sowie der Variablen zur Orientierung an Kundenbedürfnissen (r = 308) zeigen jeweils eine mittlere Korrelation, die mit p<.001 zweiseitig signifikant ist (Tab. 7.8 and Tab. 7.9).

---

[4] Likert-Skalen gelten primär als ordinal skaliert. Bei symmetrischen Abständen, die inhalt-lich nachvollziehbar sind und zu ähnlichen Interpretationen führen, werden die Daten gemeinhin als intervallskaliert betrachtet, wodurch andere deskriptiv-statistische Auswer-tung (z. B. Mittelwert, Standardabweichung) ermöglicht werden.

[5] Zur Prüfung der Normalverteilung wurden der Kolmogorov-Smirnov sowie der Shapiro-Wilk Test durchgeführt. Beide ergaben keinen Hinweis auf Normalverteilung.

**Tab. 7.8** Spearmans Korrelationskoeffizient; ökonomischer Erfolg (Zustimmung und Handlungspraxis)

**Bivariate Korrelation**

| Spearman-Rho | Z-M ökonomischer Erfolg[1] | Korrelationskoeffizient | Z-M ökonomischer Erfolg | H-M ökonomischer Erfolg |
|---|---|---|---|---|
| | | | 1.000 | .395** |
| | | Sig. (2-seitig) | . | <.001 |
| | | N | 125 | 123 |
| | H-M ökonomischer Erfolg[2] | Korrelationskoeffizient | .395** | 1.000 |
| | | Sig. (2-seitig) | <.001 | . |
| | | N | 123 | 124 |

** Die Korrelation ist auf dem 0,01 Niveau signifikant (zweiseitig).

1) Weiterbildungsprogramme an Hochschulen sollten wirtschaftlich erfolgreich sein.
2) Bei der Planung und Entwicklung von Weiterbildungsprogrammen orientiere ich mich an der Erreichung wirtschaftlicher Ziele.

Eine schwache, nicht-signifikante Korrelation ($r = 0.147$, $p = 0.103$) ergibt sich für die Variablen zur Wettbewerbsfähigkeit als Orientierungsgrösse für die Weiterbildungsplanung und –entwicklung (Tab. 7.10).

Starke Korrelationen zeigen sich bei den Variablen zu Kooperationen ($r = 0.589$), der Orientierung an Forschungsschwerpunkten ($r = 0.622$), der Berücksichtigung gesellschaftsrelevanter Themen ($r = 0.682$), der Sichtweise auf die Notwendigkeit wissenschaftlichen Arbeitens in der Hochschulweiterbildung ($r = 0.664$) und der berufspraktischen Orientierung ($r = 0.658$) in der Weiterbildungsplanung und -entwicklung, welche mit $p < .001$ zweiseitig signifikant sind (Tab. 7.11, 7.12, 7.13, 7.14 and 7.15).

Insbesondere bei den Variablen mit schwacher bis mittlerer Korrelation stellt sich die Frage nach der internen Konsistenz der verwendeten Items. Mit Cronbachs-Alpha wird ein Maß für die interne Konsistenz der verwendeten Items als ergänzende Reliabilitätsprüfung verwendet. Cronbachs Alpha setzt voraus, dass alle Items dasselbe latente Merkmal erfassen (Eindimensionalität). Zusätzlich wird angenommen, dass alle Items das latente Merkmal im gleichen Ausmaß erfassen (vgl. Moosbrugger und Kelava, 2020: 342). In die Berechnung fliessen die Anzahl der Items, die Summe der Itemvarianzen sowie die Gesamtvarianz der Testwertvariablen ein (vgl. Moosbrugger und Kelava, 2020: 314). Im vorliegenden Fall dienen die Itempaare nicht der Messung desselben Konstrukts, wie beispielsweise der Erfüllung von Kundenbedürfnissen in der Hochschulweiterbildung. Stattdessen geht es um die Interitem-Reliabilität zwischen Zustimmungs-

**Tab. 7.9** Spearmans Korrelationskoeffizient; Kundenbedürfnisse (Zustimmung und Handlungspraxis)

**Bivariate Korrelation**

| Spearman-Rho | | | Z-M Kundenbürfnisse | H-M Kundenbedürfnisse |
|---|---|---|---|---|
| Z-M Kundenbürfnisse[3] | | Korrelationskoeffizient | 1.000 | .308** |
| | | Sig. (2-seitig) | . | <.001 |
| | | N | 126 | 124 |
| H-M Kundenbedürfnisse[4] | | Korrelationskoeffizient | .308** | 1.000 |
| | | Sig. (2-seitig) | <.001 | . |
| | | N | 124 | 124 |

** Die Korrelation ist auf dem 0,01 Niveau signifikant (zweiseitig).

3) Der Erfolg der Hochschulweiterbildung hängt davon ab, wie gut bei der Programmplanung und -entwicklung die potenziellen Bedürfnisse der Weiterbildungskund:innen berücksichtigt werden.

4) Bei der Planung und Entwicklung von Weiterbildungsprogrammen orientiere ich mich an den potenziellen Bedürfnissen der Weiterbildungskund:innen.

**Tab. 7.10** Spearmans Korrelationskoeffizient; Wettbewerbsfähigkeit (Zustimmung und Handlungspraxis)

**Bivariate Korrelation**

| Spearman-Rho | | | Z-M Wettbewerbsfähigkeit | H-M Wettbewerbsfähigkeit |
|---|---|---|---|---|
| Z-M Wettbewerbsfähigkeit[5] | Korrelationskoeffizient | | 1.000 | 0.147 |
| | Sig. (2-seitig) | | . | 0.103 |
| | N | | 126 | 125 |
| H-M Wettbewerbsfähigkeit[6] | Korrelationskoeffizient | | 0.147 | 1.000 |
| | Sig. (2-seitig) | | 0.103 | . |
| | N | | 125 | 125 |

5) Die Wettbewerbsfähigkeit gegenüber Weiterbildungsangeboten anderer Hochschulen ist ein wichtiger Aspekt bei der Planung und Entwicklung von Weiterbildungsprogrammen.

6) Bei der Planung und Entwicklung von Weiterbildungsprogrammen orientiere ich mich an vergleichbaren Weiterbildungsangeboten anderer Hochschulen.

**Tab. 7.11** Spearmans Korrelationskoeffizient; Kooperationen (Zustimmung und Handlungspraxis)

**Bivariate Korrelation**

| Spearman-Rho | Z-M Kooperationen[7] | Korrelationskoeffizient | Z-M Kooperationen | H-M Kooperationen |
|---|---|---|---|---|
| | | | 1.000 | .589** |
| | | Sig. (2-seitig) | . | <.001 |
| | | N | 125 | 125 |
| | H-M Kooperationen[8] | Korrelationskoeffizient | .589** | 1.000 |
| | | Sig. (2-seitig) | <.001 | . |
| | | N | 125 | 125 |

** Die Korrelation ist auf dem 0,01 Niveau signifikant (zweiseitig).

7) Weiterbildungsprogramme in Kooperation mit Wirtschaftsunternehmen sind für Hochschulen eine sinnvolle Möglichkeit zur Gewinnung und Bindung von neuen Weiterbildungskund:innen.
8) Bei der Planung und Entwicklung von Weiterbildungsprogrammen suche ich nach Kooperationen mit Wirtschaftsunternehmen, um neue Weiterbildungskund:innen zu gewinnen.

und Handlungs-Items zu einem gemeinsamen, dahinterliegenden Konstrukt, deren zusammenhängende Analyse der Deskription eines möglichen, konventionenbezogenen Handelns der Akteur:innen in der Weiterbildungsplanung und -entwicklung der Hochschulweiterbildung dient.

Der Wert Cronbachs Alpha für standardisierte Items basiert auf Korrelationen und nicht, wie Cronbachs-Alpha, auf Kovarianzen. Cronbachs Alpha *für standardisierte Items* wird immer dann empfohlen, wenn sich die Itemvarianzen stärker unterscheiden (vgl. Bühner, 2011: 241). Zum Vergleich werden in Tab. 7.16 beide Varianten von Cronbachs Alpha ($\alpha$; $\alpha_{stand.\ Items}$) zusätzlich zum Korrelationskoeffizienten nach Spearman ($r_{sp}$) ausgewiesen.

Die Item-Paare zur Wettbewerbsfähigkeit weisen mit $r = 0.147$ und $\alpha = 1.97$ eine schwache Korrelation und eine geringe Konsistenz nach $\alpha$ bzw. $\alpha_{stand.\ Items}$ auf. Für die Fehlerbetrachtung stellt sich an dieser Stelle die Frage nach der Güte der in der Online-Befragung verwendeten Fragestellungen für die beiden Items zur Wettbewerbsfähigkeit

Nach Bühner (2011: 167) fällt Cronbachs Alpha umso höher aus, je höher die Itemanzahl und deren positive Korrelation ist. Bei einer Reliabilitätsprüfung von lediglich zwei zusammenhängenden Items stellt sich die Frage nach einem akzeptablen Grenzwert für deren anzunehmende interne Konsistenz nach

**Tab. 7.12** Spearmans Korrelationskoeffizient; Forschungsschwerpunkte (Zustimmung und Handlungspraxis)

**Bivariate Korrelation**

| Spearman-Rho | | | Z-W Forschungsschwerpkt. | H-W Forschungsschwerpkt. |
|---|---|---|---|---|
| Z-W Forschungsschwerpkt.[9] | Korrelationskoeffizient | | 1.000 | .622** |
| | Sig. (2-seitig) | | . | <.001 |
| | N | | 125 | 123 |
| H-W Forschungsschwerpkt.[10] | Korrelationskoeffizient | | .622** | 1.000 |
| | Sig. (2-seitig) | | <.001 | . |
| | N | | 123 | 123 |

** Die Korrelation ist auf dem 0,01 Niveau signifikant (zweiseitig).

9) Die Hochschulweiterbildung sollte sich thematisch an den Schwerpunkten der Hochschule in Wissenschaft und Forschung orientieren.

10) Bei der Planung und Entwicklung von Weiterbildungsprogrammen berücksichtige ich die thematischen Schwerpunkte meiner Hochschule (meiner Abteilung) in Wissenschaft und Forschung.

**Tab. 7.13** Spearmans Korrelationskoeffizient; gesellschaftsrelevante Themen (Zustimmung und Handlungspraxis)

**Bivariate Korrelation**

| Spearman-Rho | | | Z-W gesellschaftsrelevante Themen | H-W gesellschaftsrelevante Themen |
|---|---|---|---|---|
| Z-W gesellschaftsrelevante Themen[11] | Korrelationskoeffizient | | 1.000 | .682** |
| | Sig. (2-seitig) | | . | <.001 |
| | N | | 125 | 124 |
| H-W gesellschaftsrelevante Themen[12] | Korrelationskoeffizient | | .682** | 1.000 |
| | Sig. (2-seitig) | | <.001 | . |
| | N | | 124 | 124 |

** Die Korrelation ist auf dem 0,01 Niveau signifikant (zweiseitig).

11) Die Hochschulweiterbildung sollte sich an gesellschaftlich relevanten Themen und Diskursen orientieren.
12) Bei der Planung und Entwicklung von Weiterbildungsprogrammen berücksichtige ich gesellschaftsrelevante Themen und Diskurse.

**Tab. 7.14** Spearmans Korrelationskoeffizient; wissenschaftliches Arbeiten (Zustimmung und Handlungspraxis)

**Bivariate Korrelation**

| Spearman-Rho | | Z-W wissenschaftliches Arbeiten | H-W wissenschaftliches Arbeiten |
|---|---|---|---|
| Z-W wissenschaftliches Arbeiten[13] | Korrelationskoeffizient | 1.000 | .664** |
| | Sig. (2-seitig) | . | <.001 |
| | N | 125 | 123 |
| H-W wissenschaftliches Arbeiten[14] | Korrelationskoeffizient | .664** | 1.000 |
| | Sig. (2-seitig) | <.001 | . |
| | N | 123 | 123 |

** Die Korrelation ist auf dem 0,01 Niveau signifikant (zweiseitig).

13) Die Hochschulweiterbildung sollte eine wissenschaftliche Denk- und Arbeitsweise der Teilnehmer:innen fördern.
14) Bei der Planung und Entwicklung von Weiterbildungsprogrammen achte ich darauf, dass eine wissenschaftliche Denk- und Arbeitsweise durch geeignete Lerninhalte gefördert wird.

**Tab. 7.15** Spearmans Korrelationskoeffizient; berufspraktische Orientierung (Zustimmung und Handlungspraxis)

**Bivariate Korrelation**

| Spearman-Rho | Z-W berufspraktische Orientierung[15] | Korrelationskoeffizient | Z-W berufspraktische Orientierung | H-W berufspraktische Orientierung |
|---|---|---|---|---|
| | | | 1.000 | .658** |
| | | Sig. (2-seitig) | . | <.001 |
| | | N | 125 | 124 |
| | H-W berufspraktische Orientierung[16] | Korrelationskoeffizient | .658** | 1.000 |
| | | Sig. (2-seitig) | <.001 | . |
| | | N | 124 | 124 |

** Die Korrelation ist auf dem 0,01 Niveau signifikant (zweiseitig).

15) Die Hochschulweiterbildung sollte sich anwendungsbezogen an der Berufspraxis der Teilnehmer:innen orientieren.

16) Die berufspraktische Anwendungsorientierung ist für mich ein wichtiger Bestandteil bei der Planung und Entwicklung von Weiterbildungsprogrammen.

**Tab. 7.16** Itemkorrelationen (Spearman) und Cronbachs Alpha

| Item-Paare | $r_{sp}$ | $\alpha$ | $\alpha_{\text{stand. Items}}$ |
|---|---|---|---|
| Z-M/H-M ökonomischer Erfolg | .395* | .538* | .538* |
| Z-M/H-M Kundenbedürfnisse | .308* | .363* | .379* |
| Z-M/H-M Wettbewerbsfähigkeit | .147* | .197* | .197* |
| Z-M/H-M Kooperationen | .589* | .745* | .747* |
| Z-M/H-M Forschungsschwerpunkte | .622* | .758* | .765* |
| Z-M/H-M gesellschaftsrelevante Themen | .682* | .832* | .832* |
| Z-M/H-M wissenschaftliches Arbeiten | .664* | .826* | .828* |
| Z-M/H-M berufspraktische Orientierung | .658* | .760* | .762* |

$\alpha$ bzw. $\alpha_{\text{stand. Items}}$. Nach Streiner (2003) gelten Werte von Cronbachs Alpha ab 0.7 als ausreichender Hinweis auf eine vorhandene Reliabilität. Die $\alpha$-Werte zu Kooperationen, Forschungsschwerpunkten, gesellschaftsrelevanten Themen, wissenschaftlichem Arbeiten und berufspraktischer Orientierung liegen bei $\alpha > 0.7$. Die Item-Paare zu Kundenbedürfnissen und ökonomischem Erfolg ergeben Werte von $\alpha < 0.7$ und in beiden Fällen eine mittlere Korrelation $r_{sp}$. Dabei ist zu beachten, dass Korrelationen zudem durch Antworttendenzen beeinflusst werden (vgl. Moosbrugger und Kelava, 2012: 166). Antworttendenzen könnten insbesondere bei den Z-Items auf Akquieszenz zurückzuführen sein, indem allgemeinen konventionenbezogenen Aussagen tendenziell unkritisch zugestimmt wird. Bei der Frage nach der individuellen Handlungspraxis können trotz vorheriger Zustimmung zu der dahinterliegenden, konventionenbezogenen Aussage Abweichungen entstehen, die ggf. auf individuelle Restriktionen im Handlungskontext zurückzuführen sind. Der hier vorliegende Datensatz zeigt jedoch bei einer Mehrzahl der Variablen gleichgerichtete, monotone Zusammenhänge zwischen situationsbezogener Zustimmung und Handlung.

Diese Studie verfolgt einen explorativen Ansatz, bei dem es darum geht, mögliche Strukturen und Zusammenhänge konventionenbezogener Handlungslogiken in einem situativen Kontext der Weiterbildungsplanung und -entwicklung aufzuzeigen. Aus statistischer Perspektive sind konventionenökonomische Analysen mit der Herausforderung konfrontiert, dass mögliche Zusammenhänge zwischen Handlungen und Konventionen unterschiedlichen Störeinflüssen unterliegen. So kann eine Handlung Ausdruck einer anerkannten Konvention oder auch des situativen Wechsels zwischen Konventionen sein (vgl. Pätzold, 2022: 369). Gleichwohl bietet das Rahmenmodell nach Diaz-Bone und de Larquier (2022: 6) (vgl. Abb. 7.3) einen Ansatzpunkt für die Deskription von Daten in einem multivariaten Setting. Für die nachfolgende Clusteranalyse (vgl. Kap. 7.5) liefert die Korrelationsanalyse wichtige ergänzende Hinweise für die Validität der hinterlegten theoretischen Annahmen, die zugleich der Stabilitätsprüfung der Clusteranalyse dienen (vgl. Bacher et al. 2010: 27 f.).

## 7.5  Explorative Clusteranalyse

Bei der Clusteranalyse handelt es sich um ein multivariates, strukturentdeckendes Verfahren, mit dem sich Individuen einer Population auf Grundlage mehrerer Merkmale in möglichst homogene Gruppen unterteilen lassen. Damit dient die Clusteranalyse explorativen Zwecken zum Auffinden von Typen oder Gruppenstrukturen, die innerhalb eines Clusters spezifische Merkmalskombinationen aufweisen. Ziel ist es, einen breiten Merkmalsraum so zu reduzieren, dass sinnvolle Aussagen überhaupt erst ermöglicht werden (vgl. König und Jäckle, 2017: 52 ff.). Personen oder Objekte innerhalb eines Clusters weisen in Bezug auf ihre Merkmale eine hohe Homogenität auf, zwischen verschiedenen Clustern wiederum besteht eine möglichst hohe Heterogenität im Sinne der Trennschärfe clusterspezifischer Merkmalskombinationen (vgl. Backhaus et al., 2021: 490). Es stehen, je nach Forschungsdesign und zu realisierender Stichprobe, verschiedene (statistisch-algorithmische) Varianten der Clusteranalyse zur Verfügung. Das gewählte Clusterverfahren wird nachfolgend in  Kap. 7.5.1 beschrieben.

## 7.5.1  Clusterverfahren

Für die Auswahl des clusteranalytischen Verfahrens ist zunächst zu überlegen, welche Variablen für die Clusterbildung herangezogen werden sollen. Zum Verständnis wird auf ein Meta-Modell sozialwissenschaftlicher Erhebungen nach Bacher et al. (2010: 468) zurückgegriffen. Dieses unterscheidet unterschiedliche Klassifikationen von Variablen: Objektvariablen (= Klassifikation der Befragten anhand sozialstruktureller Merkmale), sowie Einstellungs-, Situations- und Verhaltensvariablen (vgl. Abb. 7.5).

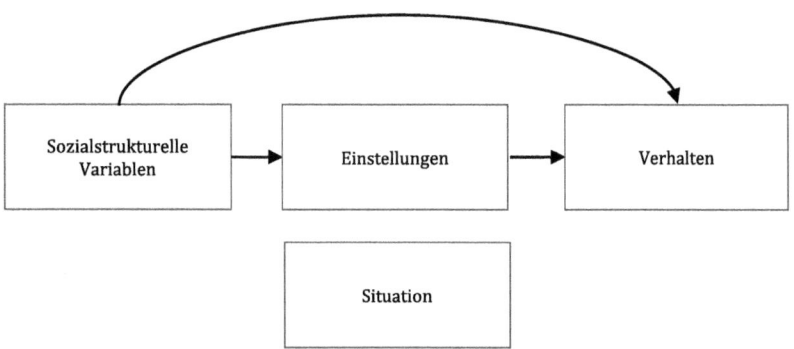

**Abb. 7.5**  Modell sozialwissenschaftlicher Erhebungen; Bacher et al., 2010: 468

Das Modell dient der Hilfe bei der Entscheidung, welche Variablen inhaltlich zusammengehören und demnach in die Clusterbildung einbezogen werden sollen. Nicht einbezogene Variablen dienen wiederum der Deskription und inhaltlichen Validitätsprüfung der gebildeten Cluster (vgl. Bacher et al., 2010: 468). Dieser Ansatz lässt sich auf das hier zugrunde gelegte Modell zur Messung von Konventionen (vgl. Kap. 7.1, Abb. 7.3) übertragen. Der innere Zusammenhang von Konventionen als Ergebnis aus der Übereinkunft von Qualitätsverständnis und Handlungspraxis wird über entsprechende Variablen abgebildet, die eine Haltung zu der Wertigkeit/Qualität hochschulischer Weiterbildungen (= Einstellungsvariablen) sowie eine damit ggf. korrespondierende Handlungspraxis (= Verhaltensvariablen) widerspiegeln. Anstelle von Objektvariablen stehen kategoriale Kontextvariablen zur anschliessenden Deskription und Validitätsprüfung (vgl. Tab. 7.3) zur Verfügung. Das Messmodell in Anlehnung an Diaz-Bone und de Larquier (2022) (vgl. Kap. 7.1, Abb. 7.3) kann also für die vorliegende Studie um clusteranalytische Überlegungen erweitert werden (Abb. 7.6).

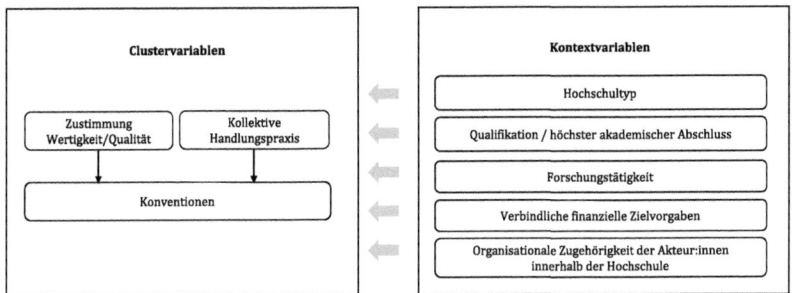

**Abb. 7.6** Cluster- und Kontextvariablen

Als Verfahren wird eine hierarchisch-agglomerative Clusteranalyse gewählt. Clusteranalysen lassen sich allgemein in hierarchisch-agglomerative und partitionierende (divisive) Verfahren unterteilen (vgl. Bacher et al., 2010; König und Jäckle, 2017). Bei den partitionierenden Verfahren, auf die hier nicht weiter eingegangen werden soll, wird eine Clusteranzahl vorgegeben. Die Objekte werden bei partitionierenden Verfahren den Clustern so lange zugeordnet, bis ein vorab bestimmtes Kriterium maximiert bzw. minimiert wird. Bei den hierarchisch-agglomerativen Verfahren hingegen ist die Anzahl der Cluster vorab nicht bekannt. Hier werden aus *n* Objekten zunächst *n* Cluster gebildet und dann im Weiteren schrittweise fusioniert (vgl. Bacher et al., 2010: 19).

Die Durchführung der Clusteranalyse erfolgt in der Reihenfolge der Punkte 1.-5. (vgl. Backhaus et al., 2021: 497):

1. Auswahl der Variablen, die in die Clusteranalyse einbezogen werden sollen,
2. Bestimmung des Proximitätsmaßes,
3. Auswahl des Fusionierungsalgorithmus,
4. Bestimmung der Clusterzahl,
5. Interpretation der Clusterlösung.

Die Variablen für die Clusteranalyse wurden bereits ausgewählt. Diese ergeben sich aus den in Tab. 4 und Tab. 5 aufgeführten Single-Items. In einem nächsten Schritt werden die Elemente einer Datenmatrix auf Ihre (Un-)Ähnlichkeit geprüft, um so ein Proximitätsmaß festzulegen. Hierzu stehen verschiedene Berechnungsmethoden zur Verfügung, mit deren Hilfe geprüft wird, ob zwei Elemente aufgrund ihrer Ähnlichkeit sinnvollerweise in einem Cluster zusammengefasst werden können (vgl. Backhaus et al., 2021: 498; Wentura und Pospeschill, 2015:

165). Aufgrund des metrischen Skalenniveaus[6] wird die quadrierte euklidische
Distanz als Proximitätsmaß verwendet. Distanzmasse sind immer dann geeig-
net, wenn der absolute Abstand zwischen Objekten von Interesse ist. Je weiter
zwei Objekte voneinander entfernt liegen, desto grösser die Unähnlichkeit (vgl.
Backhaus et al., 2021: 506 f.). Zur Veranschaulichung werden zwei Items her-
ausgegriffen, deren Zustimmungswerte auf einer Skala von 1–5 Clustervariablen
bilden (Tab. 7.17).

**Tab. 7.17** Beispiel-Items (M = Marktkonvention, Z = Zustimmung, H = Handeln)

| |
| --- |
| Item *MZ*: Weiterbildungsprogramme in Kooperation mit Wirtschaftsunternehmen sind eine sinnvolle Möglichkeit zur Gewinnung und Bindung von neuen Weiterbildungskund:innen. |
| Item *MH*: Bei der Planung und Entwicklung von Weiterbildungsprogrammen suche ich nach Kooperationen mit Wirtschaftsunternehmen, um neue Weiterbildungskund:innen zu gewinnen. |

Sind im vorliegenden Fall beispielsweise die Zustimmung zu einer Marktkonvention (im Sinne der Übereinkunft zu einer bestimmten Wertigkeit/Qualität)
hoch, der Zustimmungswert in Bezug auf die Handlung aber niedrig, dann beeinflussen im vorliegenden Beispiel weiterbildungsmarktbezogene Wertigkeiten die
Handlungspraxis der Weiterbildungsplanung und -entwicklung scheinbar weniger. Aufgrund des gewählten Proximitätsmaßes wäre die Distanz zwischen diesen
Elementen entsprechend gross.
    Im nächsten Schritt können die Cluster mithilfe eines geeigneten Fusio-
nierungsalgorithmus gebildet werden. Der gewählte Fusionierungsalgorithmus
beeinflusst, wie die Objekte aus der Distanzwertematrix nun zu Clustern zusammengefasst werden. Ziel ist, möglichst homogene Cluster zu erzeugen. Für diesen
Fusionierungsprozess wird die Ward-Methode verwendet. Diese ist zweckdienlich, wenn die Verwendung eines Distanzmaßes ein sinnvolles Proximitätsmaß
darstellt und alle Variablen auf metrischem Skalenniveau gemessen wurden (vgl.
Milligan, 1980; Punj und Stewart, 1983). Beim Ward-Verfahren werden die
Objekte vereinigt, welche die Varianz einer Gruppe möglichst wenig erhöhen
(Minimum-Varianz)(vgl. Backhaus et al., 2021: 513). Bestehende Partitionen wer-
den sukzessive vergrössert, so dass diese durch die Hinzunahme von Objekten

---

[6] Likert-Skalen gelten primär als ordinal skaliert. Bei symmetrischen Abständen, die inhaltlich nachvollziehbar sind und zu ähnlichen Interpretationen führen, werden die Daten
gemeinhin als intervall-skaliert betrachtet, wodurch andere deskriptiv-statistische Auswer-
tung (z. B. Mittelwert, Standardabweichung) ermöglicht werden.

(gemessen an der quadrierten euklidischen Distanz) zu den Clusterzentroiden den geringsten Zuwachs an Heterogenität aufweisen (vgl. König und Jäckle, 2017: 58).

Zusammengefasst wird das folgende **clusteranalytische Verfahren** angewendet: **Hierarchisch-agglomerativ, quadrierte euklidische Distanz, Ward-Methode.**

## 7.5.2 Deskription der Ergebnisse

Die Datenanalyse wurde mittels IBM SPSS Statistics (Version 28.0.1.0) durchgeführt. Insgesamt haben sich 151 Personen an der Umfrage beteiligt. Von diesen konnten 119 als Fälle für die Clusteranalyse (hierarchisch-agglomerativ, quadrierte euklidische Distanz, Ward-Methode) verwendet werden. Unvollständige oder fehlerhafte Datensätze wurden entfernt (Tab. 7.18).

**Tab. 7.18** Zusammenfassung der Fallverarbeitung für die Clusteranalyse

| Zusammenfassung der Fallverarbeitung [a,b] | | | | | |
|---|---|---|---|---|---|
| Fälle | | | | | |
| Gültig | | Fehlend | | Gesamt | |
| N | Prozent | N | Prozent | N | Prozent |
| 119 | 78.8 | 32 | 21.2 | 151 | 100.0 |
| a. Quadriertes euklidisches Distanzmaß verwendet | | | | | |
| b. Ward-Linkage | | | | | |

In die Clusteranalyse einbezogen wurden sämtliche Variablen der konventionenbezogen Items Z» (Zustimmung in Bezug auf Wertigkeit/Qualität) sowie «H» (Handlungspraxis), sowie die Variablen der Items, welche sich auf die Kategorisierung möglicher Qualitätskonventionen beziehen. Die Interpretation des Dendrogramms führt im Ergebnis zu einer Vier-Cluster-Lösung mit annähernd homogener Häufigkeitsverteilung, wobei **Cluster 1** mit 13.9 % den geringsten Häufigkeitsanteil aufweist (vgl. Tab. 7.19).

Innerhalb dieser Cluster lassen sich je Variable Cluster-Mittelwerte und Cluster-Standardabweichungen ermitteln.[7] Im nächsten Schritt werden nun die

---

[7] Skalenwerte: 1 – stimme überhaupt nicht zu; 2 – stimme eher nicht zu; 3 – neutral; 4 – stimme eher zu; 5 – stimme voll und ganz zu.

**Tab. 7.19** Cluster-Häufigkeitsverteilungen

|  |  | Häufigkeit | Prozent | Gültige Prozente | Kumulierte Prozente |
|---|---|---|---|---|---|
| Gültig | Cluster 1 | 21 | 13.9 | 17.6 | 17.6 |
|  | Cluster 2 | 31 | 20.5 | 26.1 | 43.7 |
|  | Cluster 3 | 34 | 22.5 | 28.6 | 72.3 |
|  | Cluster 4 | 33 | 21.9 | 27.7 | 100.0 |
|  | Gesamt | 119 | 78.8 | 100.0 |  |
| Fehlend | System | 32 | 21.2 |  |  |
| Gesamt |  | 151 | 100.0 |  |  |

Cluster 1–4 anhand der Mittelwerte und Standardabweichungen der deskriptiv analysiert. Die erfolgt zur besseren nach Variablengruppen, da die Gesamttabelle zu den Cluster-Mittelwerten und Standardabweichungen mit insgesamt neunzehn Clustervariablen sehr breit und als Ganzes unübersichtlich ist. Die Cluster 1–4 werden also schrittweise nach den folgenden Variablengruppen (siehe a.-e.) deskriptiv ausgewertet.

a. Variablen zur Gewichtung des **ökonomischen Erfolgs** und der **Berücksichtigung von Kundenbedürfnissen** als Planungsgrössen in der Weiterbildungsplanung und -entwicklung.

b. Variablen zur **Orientierung am Wettbewerb** hochschulischer Weiterbildungsanbieter und zur **Bedeutsamkeit von Kooperationen** zwecks Kundengewinnung als Planungsgrössen in der Weiterbildungsplanung und -entwicklung.

c. Variablen zur **Orientierung an Forschungsschwerpunkten** und **gesellschafts-relevanten Themen** als Planungsgrössen in der Weiterbildungsplanung und -entwicklung.

d. Variablen zur **Orientierung an Wissenschaftlichkeit und Berufspraxis** als Planungsgrössen in der Weiterbildungsplanung und -entwicklung.

e. Variablen zur **qualitätsbezogenen Kategorisierung** von Hochschulweiterbildung.

Die nachfolgenden Ausführungen sind ein wichtiger Zwischenschritt. Die Deskription von Mittelwerttabellen ist ein Bestandteil der Clusteranalyse, der zugleich der inhaltlichen Analyse der erzeugten Cluster dient und die Grundlage für die anschliessenden Clustertypologisierungen und Clusterbezeichnungen bildet (Tab. 7.20).

**Tab. 7.20** Cluster-Mittelwerte und Cluster-Standardabweichungen; Orientierung an wirtschaftlichen Zielen und Kundenbedürfnissen

| Cluster | | Z-M ökonomischer Erfolg | H-M ökonomischer Erfolg | Z-M Kunden-bürfnisse | H-M Kunden-bedürfnisse |
|---|---|---|---|---|---|
| 1 | Mittelwert | 3.43 | 2.57 | 4.62 | 4.57 |
| | Std.-Abweichung | 0.870 | 1.121 | 0.498 | 0.598 |
| 2 | Mittelwert | 3.90 | 3.84 | 4.58 | 4.81 |
| | Std.-Abweichung | 1.165 | 0.735 | 0.502 | 0.402 |
| 3 | Mittelwert | 4.12 | 3.91 | 4.71 | 4.82 |
| | Std.-Abweichung | 0.844 | 0.753 | 0.462 | 0.459 |
| 4 | Mittelwert | 2.64 | 2.12 | 4.12 | 4.61 |
| | Std.-Abweichung | 0.859 | 0.696 | 0.927 | 0.496 |
| **Insgesamt** | **Mittelwert** | **3.53** | **3.16** | **4.50** | **4.71** |
| | **Std.-Abweichung** | **1.111** | **1.135** | **0.675** | **0.490** |

1) Weiterbildungsprogramme an Hochschulen sollten wirtschaftlich erfolgreich sein.
2) Bei der Planung und Entwicklung von Weiterbildungsprogrammen orientiere ich mich an der Erreichung wirtschaftlicher Ziele.
3) Der Erfolg der Hochschulweiterbildung hängt davon ab, wie gut bei der Programmplanung und -entwicklung die potenziellen Bedürfnisse der Weiterbildungskund:innen berücksichtigt werden.
4) Bei der Planung und Entwicklung von Weiterbildungsprogrammen orientiere ich mich an den potenziellen Bedürfnissen der Weiterbildungskund:innen.

*Zu a.) Ökonomischer Erfolg und Berücksichtigung von Kundenbedürfnissen als Planungsgrössen in der Weiterbildungsplanung und Entwicklung*
Die Gewichtung des **wirtschaftlichen Erfolgs** der Hochschulweiterbildung weist je Cluster deutliche Unterschiede auf. So werden in **Cluster 4** im Mittelwert eher ablehnende Positionen ($\overline{x} = 2.64$) zu einem klaren wirtschaftlichen Leistungsauftrag der Hochschulweiterbildung vertreten. Diese Ablehnung überträgt sich mit noch etwas deutlich negativerer Ausprägung auf die eigene Handlungspraxis ($\overline{x} = 2.12$). In **Cluster 3** hingegen fällt die Zustimmung zu einer wirtschaftlichen Orientierung ($\overline{x} = 4.12$) mit gleichgerichteter individueller Handlungspraxis deutlich positiver aus. Ein ähnliches Bild ergibt sich für **Cluster 2** ($\overline{x} = 3.90/3.84$). Hingegen zeigt sich in **Cluster 1** die deutlichste Differenz zwischen Zustimmungswert ($\overline{x} = 3.43$) und eigener Handlungspraxis ($\overline{x} = 2.57$). Mit einem Mittelwert hinsichtlich Zustimmung von $\overline{x} = 3.53$ über die gesamte Stichprobe N und einem Mittelwert bezüglich der eigenen Handlungspraxis von $\overline{x} = 3.16$, ist die Tendenz zu einer positiven Akzeptanz ökonomischer Maßstäbe eher verhalten. Die Standardabweichung um diese Mittelwerte beträgt für die gesamte Stichprobe s = 1.111 respektive s = 1.135. Ermittelt man aus dem Verhältnis von Standardabweichung/Mittelwert den Variationskoeffizienten (v), so ergibt sich ein Wert von $v = s/\overline{x} = 0.31$ bzw. $v = s/\overline{x} = 0.36$; d. h. die Standardabweichung in Bezug auf die Variablen zum ökonomischen Erfolg macht bei den befragten Weiterbildungsverantwortlichen 31 % bzw. 35 % aus.

Die Zustimmung in Bezug auf die Notwendigkeit einer klaren **Orientierung an Kundenbedürfnissen** (vgl. Tab. 23) als wichtige Voraussetzung für den Erfolg hochschulischer Weiterbildung nimmt für alle Cluster positive Werte > 4. an. Rein deskriptiv betrachtet ist das Ausmass der Zustimmung in denjenigen Clustern am höchsten, die auch im Bereich der Variable «Z-M ökonomischer Erfolg» die jeweils höheren Werte annehmen. Umgekehrt fällt der Wert in Bezug auf die Bedeutsamkeit der Antizipation von Kundenbedürfnissen mit $\overline{x} = 4.12$ in **Cluster 4** am geringsten aus. Zugleich werden im Mittelwert mit $\overline{x} = 2.64$ ökonomische Orientierungen eher ablehnend beurteilt. Auffällig ist ebenfalls in **Cluster 4**, dass die Zustimmung zu einer Berücksichtigung von Kundenbedürfnissen als Erfolgsvoraussetzung für die Hochschulweiterbildung von der entsprechenden Handlungspraxis mit -0.49 im Mittelwert abweicht. In allen anderen Clustern liegen, in Bezug auf die Berücksichtigung von Kundenbedürfnissen als Erfolgsvoraussetzung, die konventionenbezogenen Zustimmungwerte und die Werte für die individuelle Handlungspraxis deutlich enger beieinander. Die Standardabweichung um die Mittelwerte beträgt für die gesamte Stichprobe s = 0.675 respektive s = 0.490. Ermittelt man aus dem Verhältnis von Standardabweichung/Mittelwert den Variationskoeffizienten (v), so ergibt sich ein Wert von $v = s/\overline{x} = 0.15$ bzw.

$v = s/\bar{x} = 0.104$; d. h. die Standardabweichung in Bezug auf die Variablen zum ökonomischen Erfolg macht bei den befragten Weiterbildungsverantwortlichen 15 % bzw. 10.4 % aus (Tab. 7.21).

*Zu b.) Variablen zur Orientierung am Wettbewerb hochschulischer Weiterbildungsanbieter und zur Bedeutsamkeit von Kooperationen zwecks Kundengewinnung als Planungsgrössen in der Weiterbildungsplanung und -entwicklung*
Die Kriterien der **Wettbewerbsfähigkeit** und **Kundengewinnung mittels Kooperationen** zeigen deskriptiv Differenzen zwischen allgemeiner Zustimmung und individueller Handlungspraxis. Bezogen auf die Orientierung am Wettbewerb zeigen alle Cluster im Mittelwert eine tendenzielle Zustimmung zu der Aussage, dass die Wettbewerbsfähigkeit gegenüber anderen Hochschulen ein wichtiger Aspekt bei der Planung und Entwicklung von Weiterbildungsprogrammen sei. Jedoch wird im Mittelwert tendenziell weniger positiv zugestimmt, wenn es um die eigene Handlungspraxis geht. Ein ähnliches Bild zeigt sich bei der Zustimmung zum Aufbau von Kooperationen als potenziell sinnvolle Möglichkeit zur Kundengewinnung. Die Mittelwerte bewegen sich in allen Clustern auf der Zustimmungsskala im Mittelwert zwischen den Ausprägungen «teils/teils» und «stimme eher zu». Die Werte für die eigene Handlungspraxis sind in Bezug auf Kooperationen mit Wirtschaftsunternehmen im Mittelwert unentschieden (**Cluster 1**) bzw. mit «stimme eher nicht zu» im Mittelwert auf der Ablehnungsseite (**Cluster 2–4**).

Die Standardabweichung der Mittelwerte der Variablen zur **Wettbewerbsfähigkeit** beträgt für die gesamte Stichprobe s = 1.020 respektive s = 1.027. Ermittelt man aus dem Verhältnis von Standardabweichung/Mittelwert den Variationskoeffizienten (v), so ergibt sich ein Wert von $v = s/\bar{x} = 0.25$ bzw. v $= s/\bar{x} = 0.33$; d. h. die Standardabweichung in Bezug auf die Variablen zur Wettbewerbsfähigkeit macht bei den befragten Weiterbildungsverantwortlichen 25 % bzw. 33 % aus. Die Standardabweichung der Mittelwerte der Variablen zur **Bedeutsamkeit von Kooperationen** beträgt für die gesamte Stichprobe s = 0.992 respektive s = 1.089. Ermittelt man aus dem Verhältnis von Standardabweichung/Mittelwert den Variationskoeffizienten (v), so ergibt sich ein Wert von $v = s/\bar{x} = 0.27$ bzw. v $= s/\bar{x} = 0.38$; d. h. die Standardabweichung in Bezug auf die Variablen zur Bedeutsamkeit von Kooperationen macht bei den befragten Weiterbildungsverantwortlichen 27 % bzw. 38 % aus (Tab. 7.22).

**Tab. 7.21** Cluster-Mittelwerte und Cluster-Standardabweichungen; Orientierung an Wettbewerb und Kooperationsmöglichkeiten

| Cluster | | Z-M Wettbewerbs-fähigkeit | H-M Wettbewerbs-fähigkeit | Z-M Kooperationen | H-M Kooperationen |
|---|---|---|---|---|---|
| 1 | Mittelwert | 3.90 | 1.86 | 3.10 | 2.43 |
| | Std.-Abweichung | 1.136 | 0.727 | 1.221 | 1.207 |
| 2 | Mittelwert | 4.32 | 3.52 | 3.74 | 3.03 |
| | Std.-Abweichung | 0.832 | 0.962 | 1.094 | 1.110 |
| 3 | Mittelwert | 4.44 | 3.35 | 3.94 | 3.03 |
| | Std.-Abweichung | 0.660 | 0.734 | 0.694 | 1.000 |
| 4 | Mittelwert | 3.45 | 3.30 | 3.48 | 2.82 |
| | Std.-Abweichung | 1.148 | 0.918 | 0.870 | 1.044 |
| **Insgesamt** | **Mittelwert** | **4.04** | **3.12** | **3.61** | **2.87** |
| | **Std.-Abweichung** | **1.020** | **1.027** | **0.992** | **1.089** |

5) Die Wettbewerbsfähigkeit gegenüber Weiterbildungsangeboten anderer Hochschulen ist ein wichtiger Aspekt bei der Planung und Entwicklung von Weiterbildungsprogrammen.

6) Bei der Planung und Entwicklung von Weiterbildungsprogrammen orientiere ich mich an vergleichbaren Weiterbildungsangeboten anderer Hochschulen.

7) Weiterbildungsprogramme in Kooperation mit Wirtschaftsunternehmen sind für Hochschulen eine sinnvolle Möglichkeit zur Gewinnung und Bindung von neuen Weiterbildungskund:innen.

8) Bei der Planung und Entwicklung von Weiterbildungsprogrammen suche ich nach Kooperationen mit Wirtschaftsunternehmen, um neue Weiterbildungskund:innen zu gewinnen.

**Tab. 7.22** Cluster-Mittelwerte und Cluster-Standardabweichungen; Orientierung an Forschungsschwerpunkten und gesellschaftsrelevanten Themen

| Cluster | | Z-W Forschungs-schwerpunkte | H-W Forschungs-schwerpunkte | Z-W gesellschafts-relevante Themen | H-W gesellschafts-relevante Themen |
|---|---|---|---|---|---|
| 1 | Mittelwert | 4.62 | 4.52 | 4.24 | 4.24 |
|   | Std.-Abweichung | 0.590 | 0.680 | 0.944 | 0.944 |
| 2 | Mittelwert | 4.23 | 4.39 | 4.74 | 4.55 |
|   | Std.-Abweichung | 0.762 | 0.667 | 0.514 | 0.675 |
| 3 | Mittelwert | 2.62 | 3.06 | 3.62 | 3.94 |
|   | Std.-Abweichung | 0.922 | 0.919 | 0.888 | 0.952 |
| 4 | Mittelwert | 3.33 | 3.76 | 4.06 | 4.12 |
|   | Std.-Abweichung | 0.990 | 0.751 | 0.827 | 0.740 |
| **Insgesamt** | **Mittelwert** | **3.59** | **3.86** | **4.14** | **4.20** |
|   | **Std.-Abweichung** | **1.138** | **0.959** | **0.895** | **0.850** |

9) Die Hochschulweiterbildung sollte sich thematisch an den Schwerpunkten der Hochschule in Wissenschaft und Forschung orientieren.
10) Bei der Planung und Entwicklung von Weiterbildungsprogrammen berücksichtige ich die thematischen Schwerpunkte meiner Hochschule (meiner Abteilung) in Wissenschaft und Forschung.
11) Die Hochschulweiterbildung sollte sich an gesellschaftlich relevanten Themen und Diskursen orientieren.
12) Bei der Planung und Entwicklung von Weiterbildungsprogrammen berücksichtige ich gesellschaftsrelevante Themen und Diskurse.

*Zu c.) Variablen zur Orientierung an Forschungsschwerpunkten und gesell-schaftsrelevanten Themen als Planungsgrössen in der Weiterbildungsplanung und -entwicklung:*

In Bezug auf die Frage, inwieweit eine thematische Rückgebundenheit an die **Schwerpunkte der Hochschule in Wissenschaft und Forschung** durch die Hochschulweiterbildung gewährleistet werden sollte, zeigen sich in den Cluster-Mittelwerten deutlichere Differenzen. So ist in **Cluster 3** im Mittelwert mit $\overline{x} = 2.62$ eher Ablehnung zu verzeichnen. Die korrespondierenden Variablenwerte, welche die Handlungspraxis wiedergeben, liegen mit $\overline{x} = 3.06$ leicht höher im Bereich von geteilter Zustimmung/Ablehnung (teils/teils). Zum Vergleich: In **Cluster 3** fallen die Cluster-Mittelwerte für die Variablen «ökonomischer Erfolg» und «Wettbewerbsfähigkeit» auf der Zustimmungsskala von allen vier Clustern am stärksten positiv aus. In den **Clustern 1** und **2** liegen sowohl die Zustimmungswerte ($\overline{x} = 4.62$ bzw. 4.23) als auch die Werte zur eigenen Handlungspraxis ($\overline{x} = 4.52$ bzw. 4.39) in Bezug auf die thematische Berücksichtigung von Forschungsschwerpunkten im oberen positiven Zustimmungsbereich. **Cluster 4** liegt in Bezug auf Zustimmung ($\overline{x} = 3.33$) und Handlungspraxis ($\overline{x} = 3.76$) im unentschiedenen bzw. leicht positiven Wertebereich. Die Standardabweichung der Mittelwerte der Variablen zur thematischen Berücksichtigung von Schwerpunkten aus Wissenschaft und Forschung beträgt für die gesamte Stichprobe $s = 1.138$ respektive $s = 0.959$. Ermittelt man aus dem Verhältnis von Standardabweichung/Mittelwert den Variationskoeffizienten (v), so ergibt sich ein Wert von $v = s/\overline{x} = 0.31$ bzw. $v = s/\overline{x} = 0.248$; d. h. die Standardabweichung in Bezug auf die Variablen zur Bedeutsamkeit von Kooperationen macht bei den befragten Weiterbildungsverantwortlichen 31 % bzw. 24.8 % aus.

In Bezug auf die Berücksichtigung gesellschaftsrelevanter Themen in der Weiterbildungsplanung und -entwicklung zeigen sich in den **Clustern 1, 2** und **4** im Mittelwert jeweils positive Zustimmungen mit ähnlichen hohen Werten bei der individuellen Handlungspraxis. Auch hier weist **Cluster 3** die geringsten Werte auf, die lediglich im leicht positiven Wertebereich liegen. Der Mittelwert, welcher die individuelle Handlungspraxis betrifft, ist in **Cluster 3** zudem um + 0.32 höher als der Mittelwert zur allgemeinen Zustimmung zur Bedeutsamkeit gesellschafts-relevanter Themen in der Hochschul-weiterbildung. Die Standardabweichung der Mittelwerte der Variablen zur Berücksichtigung gesellschaftsrelevanter Themen beträgt für die gesamte Stichprobe $s = 0.895$ respektive $s = 0.850$. Ermittelt man aus dem Verhältnis von Standardabweichung/Mittelwert den Variationskoeffizienten (v), so ergibt sich ein Wert von $v = s/\overline{x} = 0.216$ bzw. $v = s/\overline{x} = 0.20$; d. h. die Standardabweichung in Bezug auf die Variablen zur Bedeutsamkeit von

Kooperationen macht bei den befragten Weiterbildungsverantwortlichen 21.6 % bzw. 20 % aus (Tab. 7.23).

*Zu d.) Variablen zur Orientierung an Wissenschaftlichkeit und Berufspraxis als Planungsgrössen in der Weiterbildungsplanung und -entwicklung*

Die Variablen zur **Förderung einer wissenschaftlichen Denk- und Arbeitsweise** der Teilnehmenden hochschulischer Weiterbildungen weisen eine positive Zustimmungstendenz aus. Wobei auch hier **Cluster 3** mit $\bar{x} = 3.47$ und $\bar{x} = 3.65$ die geringsten Werte in puncto allgemeiner Zustimmung und individueller Handlungspraxis aufweist. Mit einem Mittelwert von $\bar{x} = 4.55$ über alle Cluster ist die Zustimmung in Bezug auf die Notwendigkeit berufspraktischer Orientierung im Rahmen der Weiterbildungsplanung und -entwicklung in allen Clustern deutlich positiv. Hier hebt sich **Cluster 3** mit der höchsten positiven Zustimmung und Handlungspraxis von den übrigen Clustern ab. Cluster, welche eine niedrigere Zustimmung in der Kategorie «wissenschaftliches Arbeiten» zeigen, weisen dafür eine höhere Zustimmung in der Kategorie «berufspraktische Orientierung» auf und umgekehrt. Die Standardabweichungen der Mittelwerte der Variablen zur Förderung einer wissenschaftlichen Denk- und Arbeitsweise der Teilnehmenden hochschulischer Weiterbildungen betragen für die gesamte Stichprobe $s = 0.939$ respektive $s = 0.866$. Ermittelt man aus dem Verhältnis von Standardabweichung/ Mittelwert den Variationskoeffizienten (v), so ergibt sich ein Wert von $v = s/\bar{x} = 0.234$ bzw. $v = s/\bar{x} = 0.209$; d. h. die Standardabweichung in Bezug auf die Variablen zur Förderung einer wissenschaftlichen Denk- und Arbeitsweise macht bei den befragten Weiterbildungsverantwortlichen 23.4 % bzw. 20.9 % aus.

Die Standardabweichungen der Mittelwerte der Variablen zur Notwendigkeit **berufspraktischer Orientierung** im Rahmen der Weiterbildungsplanung und -entwicklung beträgt für die gesamte Stichprobe $s = 0.660$ respektive $s = 0.614$. Ermittelt man aus dem Verhältnis von Standardabweichung/Mittelwert den Variationskoeffizienten (v), so ergibt sich ein Wert von $v = s/\bar{x} = 0.145$ bzw. $v = s/\bar{x} = 0.133$; d. h. die Standardabweichung in Bezug auf die Variablen zur Förderung einer wissenschaftlichen Denk- und Arbeitsweise macht bei den befragten Weiterbildungsverantwortlichen 14.5 % bzw. 13.3 % aus. Damit zeigt sich bei den Variablen zur Notwendigkeit berufspraktischer Orientierung im Rahmen der Weiterbildungsplanung und -entwicklung die höchste Homogenität in den Zustimmungswerten über alle Cluster (Tab. 7.24).

**Tab. 7.23** Cluster-Mittelwerte und Cluster-Standardabweichungen; Bedeutsamkeit Wissenschafts- versus berufspraktischer Orientierung

| Cluster | | Z-W wissenschaftl. Arbeiten | H-W wissenschaft. Arbeiten | Z-W berufs-praktische Orientierung | H-W berufs-praktische Orientierung |
|---|---|---|---|---|---|
| 1 | Mittelwert | 4.62 | 4.48 | 4.05 | 4.00 |
| | Std.-Abweichung | 0.590 | 0.750 | 1.024 | 0.894 |
| 2 | Mittelwert | 4.26 | 4.35 | 4.77 | 4.87 |
| | Std.-Abweichung | 0.729 | 0.709 | 0.425 | 0.341 |
| 3 | Mittelwert | 3.47 | 3.65 | 4.74 | 4.76 |
| | Std.-Abweichung | 1.134 | 1.012 | 0.511 | 0.431 |
| 4 | Mittelwert | 3.91 | 4.24 | 4.48 | 4.58 |
| | Std.-Abweichung | 0.765 | 0.708 | 0.508 | 0.502 |
| **Insgesamt** | **Mittelwert** | **4.00** | **4.14** | **4.55** | **4.61** |
| | **Std.-Abweichung** | **0.939** | **0.866** | **0.660** | **0.614** |

13) Die Hochschulweiterbildung sollte eine wissenschaftliche Denk- und Arbeitsweise der Teilnehmer:innen fördern.

14) Bei der Planung und Entwicklung von Weiterbildungsprogrammen achte ich darauf, dass eine wissenschaftliche Denk- und Arbeitsweise durch geeignete Lerninhalte gefördert wird.

15) Die Hochschulweiterbildung sollte sich anwendungsbezogen an der Berufspraxis der Teilnehmer:innen orientieren.

16) Die berufspraktische Anwendungsorientierung ist für mich ein wichtiger Bestandteil bei der Planung und Entwicklung von Weiterbildungsprogrammen.

*Zu e.) Variablen zur qualitätsbezogenen Kategorisierung von Hochschulweiterbildung:*

**Tab. 7.24**  Qualitätsbezogene Kategorisierung von Hochschulweiterbildung

| Cluster | | Q academic | Q practitioner | Q reflective-practitioner |
|---|---|---|---|---|
| **1** | Mittelwert | 3.38 | 3.57 | 4.52 |
| | Std.-Abweichung | 0.921 | 1.028 | 0.814 |
| **2** | Mittelwert | 2.45 | 3.48 | 4.81 |
| | Std.-Abweichung | 1.028 | 0.926 | 0.477 |
| **3** | Mittelwert | 2.47 | 4.09 | 4.35 |
| | Std.-Abweichung | 1.134 | 0.830 | 0.849 |
| **4** | Mittelwert | 2.67 | 3.67 | 4.70 |
| | Std.-Abweichung | 0.816 | 0.854 | 0.467 |
| Insgesamt | Mittelwert | 2.68 | 3.72 | 4.60 |
| | Std.-Abweichung | 1.033 | 0.920 | 0.680 |

17) Weiterbildung an Hochschulen ist vor allem wissenschaftliche Weiterbildung.
18) Weiterbildung an Hochschulen ist vor allem berufspraktisch-anwendungsorientierte Weiterbildung.
19) Weiterbildung an Hochschulen ist wissenschaftlich reflektierte, berufspraktisch-anwendungsorientierte Weiterbildung.

Eine einseitige Betonung der Wissenschaftlichkeit hochschulischer Weiterbildung (Q academic) als geteilte Grundannahme wird durch die befragten Weiterbildungsverantwortlichen mit einem Mittelwert (über alle Cluster) von $\bar{x} = 2.68$ abgelehnt. Alleinig Cluster 1 weist hier eine leicht positive Zustimmungstendenz mit $\bar{x} = 3.38$ auf. Über alle Cluster steigt die Zustimmungstendenz bei den Variablen der berufspraktisch orientierten Weiterbildung (Q practitioner) an, nimmt jedoch bei den Variablen zur wissenschaftlich reflektierten, berufspraktisch anwendungsorientierten Weiterbildung mit $\bar{x} = 4.60$ die höchsten Mittelwerte an.

## 7.5.3  Interpretation

Die ermittelten Cluster sind hinsichtlich ihrer Differenzierungsmerkmale gut voneinander unterscheidbar, zeigen jedoch auch in Bezug auf einzelne Variablenausprägungen Gemeinsamkeiten auf. Zudem sind Indifferenzen bei einzelnen Item-Paare auffällig.

Allen Clustern **gemeinsam** sind die hohen Ausprägungen der Clustervariablen zur Berücksichtigung von Kundenbedürfnissen ($\bar{x} > 4.5$) in der Weiterbildungsplanung und -entwicklung, sowohl auf der Zustimmungs- als auch auf der individuellen Handlungsebene. Zwar zeigen diese Items eine geringe Korrelation (vgl. Kap. 7.4). Somit kann keine Annahme getroffen werden, dass zwischen den Zustimmungs- und Handlungswerten ein konsistenter und (im Sinne der theoriegeleiteten Interpretation) konventionenbezogener Zusammenhang zwischen Qualitätszuschreibung und Handlungskoordination besteht. Jedoch ist auffällig, dass zumindest der Grundgedanke einer an Kundenbedürfnissen orientierten Weiterbildungsplanung und -entwicklung über alle Cluster hinweg einen hohen Stellenwert erhält. Eine Indifferenz zeigt sich in Cluster 4. Hier liegt der Zustimmungswert zu einer an Kundenbedürfnissen orientierten Weiterbildungsplanung und -entwicklung unterhalb des Wertes eines an Kundenbedürfnissen orientierten Handelns. Eine rein datengestützte Interpretation liefert zum jetzigen Zeitpunkt nur begrenzt Aufschluss. Ein Einbezug der Kontextvariablen liefert ggf. zusätzliche Möglichkeiten der Interpretation.

Ergänzend zu den Fragen nach konventionenbezogenen Zustimmungen und Handlungen wurden die Proband:innen zu einer Bewertung **korrespondierender Qualitätskonventionen** in Bezug auf die Hochschulweiterbildung befragt. Erhoben wurden die Zustimmungswerte zu den drei Alternativen «academic»[8], «practitioner»[9] und «reflective practitioner»[10]. Die Ausprägung «reflective practitioner» im Sinne eines qualitätszuschreibenden Leitmotivs nimmt in allen Clustern die höchsten Zustimmungswerte an. Die Ausprägungen der anderen beiden Qualitätszuschreibungen verteilen sich unterschiedlich. So rangieren in **Cluster 1** die Zustimmungewerte zu den Qualitätszuschreibungen «practitioner» und «academic» auf mittlerem Niveau. In den **Clustern 2, 3** und **4** erhält die Ausprägung «practitioner» mittlere Zustimmungswerte, wohingegen die Sichtweise von Hochschulweiterbilung als rein wissenschaftlicher Weiterbildung in diesen drei Clustern im Mittelwert abgelehnt wird.

Die **Berücksichtigung von Kundenbedürfnissen** als weiterbildungsmarktnaher Aspekt in der Weiterbildungsplanung und -entwicklung erfährt in allen

---

[8] Weiterbildung an Hochschulen ist vor allem wissenschaftliche Weiterbildung.

[9] Weiterbildung an Hochschulen ist vor allem berufspraktisch-anwendungsorientierte Weiterbildung.

[10] Weiterbildung an Hochschulen ist wissenschaftlich reflektierte, berufspraktisch-anwendungsorientierte Weiterbildung.

Clustern eine hohe Zustimmung, unabhängig davon, ob darüber hinaus weiter-bildungsmarktnahe Kriterien oder Kriterien der Hochschule als Wissenschaftsin-stitution eine höhere Zustimmung finden. Auf den Umstand, dass in Bezug auf die Kundenbedürfnisse die Variablen des Z-Items (Zustimmung) und des H-Items (Handlung) nur schwach signifikant korrelieren (r = 0.308; p <0.001), wurde im Rahmen der bivariaten Korrelationsanalyse (vgl. Kap. 7.4) bereits hingewiesen. Dies betrifft aber in erster Linie die Interpretation eines konventionenbezogenen Zusammenhangs, der die Zustimmung zu einer Qualitätszuschreibung und eine korrespondierende Handlung miteinander verknüpft (vgl. Kap. 7.1, Abb. 7.3). Für die clusteranalytische Gruppierung von Objekten ist die Stärke des Zusam-menhangs zwischen diesen beiden Single-Items statistisch nicht relevant. Für die theoriegeleitete Interpretation ist jedoch bedeutsam, dass die Weiterbildungs-marktbezogenen Items zu den Kundenbedürfnissen zwar die Aussage zulassen, dass diese in der Weiterbildungsplanung und -entwicklung einen hohen Stel-lenwert haben, und dies übergreifend für die Proband:innen unterschiedlicher Hochschultypen sowie Rollen und Verantwortungsbereichen der Akteur:innen in der Hochschulweiterbildung. Unter Beachtung des theoretischen Modells zur Messung von Konventionen ließe sich die Annahme eines konventionenbezoge-nen Handelns aufgrund des schwachen korrelativen Zusammenhangs jedoch nur schwer argumentieren.

Für die Charakterisierung und Interpretation der einzelnen Cluster werden die Clustervariablen nochmals **neu visualisiert, um Zustimmungen und Ablehnun-gen zu konventionenbezogenen Zuschreibungen und Handlungen räumlich darzustellen.** Dabei interessieren im Weiteren vor allem die **Differenzierungs-merkmale**, anhand derer sich die Cluster unterscheiden und somit typologisieren lassen.

In **Cluster 1** nehmen die Clustervariablen zu der Berücksichtigung von Forschungsschwerpunkten und einer Wissenschaftsorientierung in der Weiter-bildungsplanung und -entwicklung die höchsten Werte (>4.5) an, womit sich dieser Cluster deutlich von den anderen unterscheidet. Ebenfalls hohe Ausprägun-gen zeigen die Clustervariablen zur Berücksichtigung von gesellschaftsrelevanten Themen ($\bar{x}$ = 4.24/4.24). Die berufspraktische Orientierung spielt mit positi-ven Werten ($\bar{x}$ = 4.05/4.00) eine Rolle, ist jedoch im Vergleich zu anderen Clustern den Domänen Forschung und Wissenschaft als Bezugsgrössen in der Weiterbildungsplanung und -entwicklung nachgeordnet. Eine Zustimmung zu der Wichtigkeit des ökonomischen Erfolges fällt schwach positiv ($\bar{x}$ = 3.43) aus, ein Handeln im Abgleich mit ökonomischen Zielvorgaben wird jedoch abgelehnt ($\bar{x}$ = 2.57). Hier zeigt sich eine Indifferenz, da die allgemeine Zuschreibung der Notwendigkeit des wirtschaftlichen Erfolges der Hochschulweiterbildung tendenziell positiver bewertet wird als die Bereitschaft, danach zu handeln. Diese Indifferenz zeigt sich auch bei der Betrachtung des Korrelationskoeffizienten für diese beiden Items (vgl. Kap. 7.4). Beide Items sind signifikant schwach korreliert (r = 0.305; p<0.001). Die Annahme eines konventionenbezogenen Handelns kann aufgrund des schwachen korrelativen Zusammenhangs nicht argumentiert werden. Gleichwohl zeigt die Gruppierung dieser Variablen in **Cluster 1**, dass die Notwendigkeit eines wirtschaftlichen Erfolgs hochschulischer Weiterbildung zwar nicht gänzlich infrage gestellt wird, jedoch das Handeln in der Weiterbildungsplanung und -entwicklung davon scheinbar wenig beeinflusst. Ein ähnliches Bild ergibt sich bei der Betrachtung der Items zu Kooperationen der Hochschulweiterbildung mit externen Unternehmen als Möglichkeit der Kundengewinnung. Kooperationen erhalten mit einem Wert der Clustervariable von $\bar{x} = 3.10$ zwar keine deutliche Zustimmung, aber auch keine Ablehnung. Das Akteurshandeln in der Weiterbildungsplanung und -entwicklung wird jedoch auch hier scheinbar wenig beeinflusst ($\bar{x} = 2.43$). Anderes als bei den Items zum ökonomischen Erfolg besteht bei den Items zu Kooperationen eine signifikante mittlere Korrelation (r = 0.589; p = 0.001), so dass ein systematischer Zusammenhang zwischen Zustimmung und Handlung angenommen werden kann. Zur weiterführenden Interpretation braucht es den Einbezug der Kontextvariablen (vgl. Kap. 7.6). Ebenfalls signifikant im mittleren Bereich korreliert sind die Variablen zur Berücksichtigung gesellschaftlich relevanter Themen (r = 0.682; p<0.001), zur berufspraktischen Orientierung (r = 0.658; p<0.001), zur Förderung einer wissenschaftlichen Arbeitsweise (r = 0.664; p<0.001) und zur Orientierung an den Forschungsschwerpunkten der Hochschule (r = 0.622; p<0.001). Neben den hohen Werten der Clustervariablen kann somit ein systematischer Zusammenhang zwischen Konventionenbezogener Zustimmung und Handlung zumindest angenommen werden. Ein indifferentes Bild zeigt sich bei den Clustervariablen zur Wettbewerbsfähigkeit. Grundsätzlich wird die Wettbewerbsfähigkeit gegenüber anderen Hochschulen im Mittel als verhältnismäßig wichtig bewertet ($\bar{x} = 3.90$). Hingegen wird ein Handeln in der Weiterbildungsplanung und -entwicklung auf der Grundlage der Wettbewerbsorientierung abgelehnt. Auf die Notwendigkeit einer Fehlerbetrachtung für diese beiden Items wurde bereits in Kap. 7.4 hingewiesen.

In der Gesamtbetrachtung lassen sich für die Charakterisierung von **Cluster 1** die hohen Ausprägungen der Variablen zur **Forschungs- und Wissenschaftsorientierung** heranziehen, gefolgt von der Orientierung an gesellschaftsrelevanten Themen (Abb. 7.7).

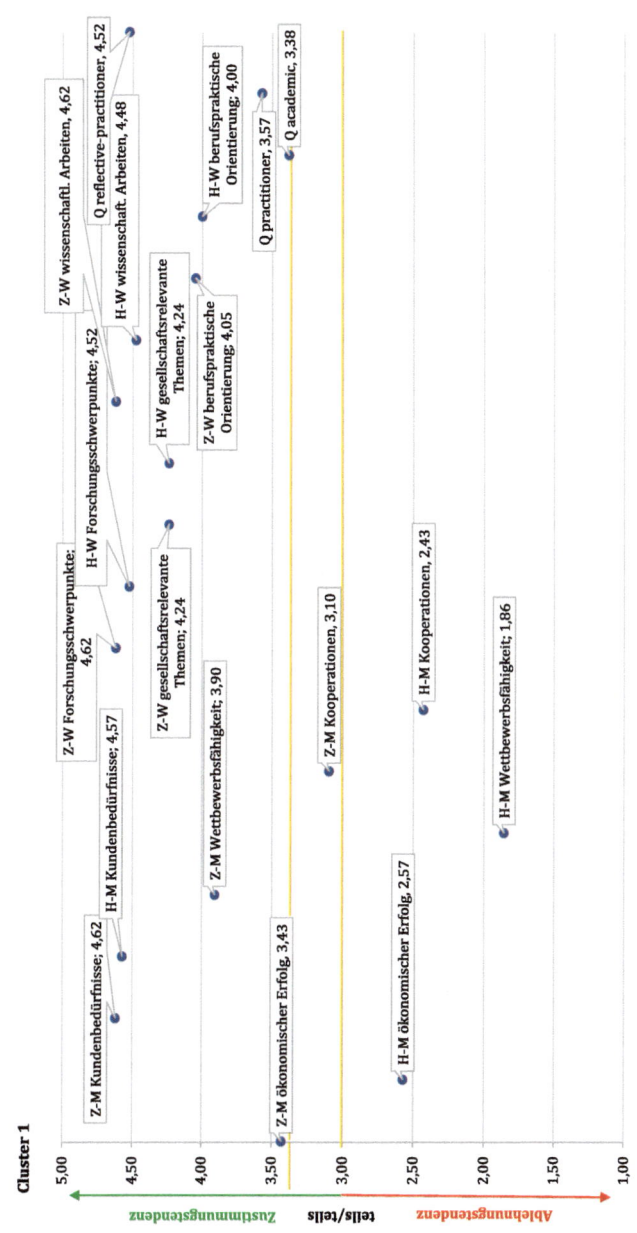

**Abb. 7.7**   Cluster 1; Forschungs- und Wissenschaftsorientierung

In **Cluster 2** erhalten die Variablen zur berufspraktischen Orientierung ($\bar{x}$ = 4.77/4.87) und zur Berücksichtigung gesellschaftsrelevanter Themen ($\bar{x}$ = 4.74/ 4.55) in der Weiterbildungsplanung und -entwicklung die höchsten Zustimmungs-werte. Die Orientierung an Forschung ($\bar{x}$ = 4.23/4.39) und Wissenschaft ($\bar{x}$ = 4.26/4.35) fällt ebenfalls hoch aus, wenn auch geringer als in Cluster 1. Dafür erhalten die Variablen zum ökonomischen Erfolg in **Cluster 2** einen höheren Stellenwert als in Cluster 1, sowohl hinsichtlich Zustimmung als auch in Bezug auf Handlungen ($\bar{x}$ = 3.90/3.84). In der Gesamtbetrachtung lassen sich für die Charakterisierung von **Cluster 2** vor allem die hohen Ausprägungen der Varia-blen zur **Berufspraxis und Gesellschaftsorientierung** heranziehen, gefolgt auch hier (analog Cluster 1) von der Orientierung an gesellschaftsrelevanten Themen (Abb. 7.8).

In **Cluster 3** erhalten (analog Cluster 2) die Variablen zur berufspraktischen Orientierung ($\bar{x}$ = 4.74/4.76) in der Weiterbildungsplanung und -entwicklung ebenfalls die höchsten Zustimmungswerte. Deutlich höher als in den übrigen drei Clustern fallen jedoch die Werte hinsichtlich der Relevanz des ökonomischen Erfolgs für die Weiterbildungsplanung und -entwicklung aus, sowohl hinsichtlich Zustimmung als auch in Bezug auf Handlungen ($\bar{x}$ = 4.12/3.91). Anders als in den übrigen Clustern, fallen die Werte in Bezug auf eine Orientierung an den For-schungsschwerpunkten und zur Förderung einer wissenschaftlichen Arbeitsweise am niedrigsten aus. Die Orientierung an Forschungsschwerpunkten wird mit $\bar{x}$ = 2.62 im Mittelwert gar abgelehnt. In der Gesamtbetrachtung lassen sich für die Charakterisierung von **Cluster 3** vor allem die hohen Ausprägungen der Varia-blen zur **Berufspraxis und Finanzorientierung** heranziehen, gefolgt auch hier (analog Cluster 1 und 2, jedoch in geringerer Ausprägung) von der Orientierung an gesellschaftsrelevanten Themen (Abb. 7.9).

In **Cluster 4** erhalten erneut (analog Cluster 2 und 3) die Variablen zur berufspraktischen Orientierung ($\bar{x}$ = 4.48/4.58) in der Weiterbildungsplanung und -entwicklung die höchsten Zustimmungswerte. Die Relevanz des ökonomischen Erfolgs für die Weiterbildungsplanung und -entwicklung erhält jedoch in Cluster 4 mit $\bar{x}$ = 2.64/2.12 die eindeutigsten Ablehnungswerte. Eine Orientierung an gesellschaftsrelevanten Themen wird höher gewichtet als die Berücksichtigung der Forschungsschwerpunkte der Hochschule. Der Förderung einer wissenschaft-lichen Arbeitsweise in der Hochschulweiterbildung nimmt hingegen positive Werte an. In der Gesamtbetrachtung lassen sich für die Charakterisierung von **Cluster 4** vor allem die hohen Ausprägungen der Variablen zur berufspraktischen Orientierung in Kombination mit den hohen Ausprägungen bei der Förde-rung einer wissenschaftlichen Arbeitsweise und dem Qualitätsverständnis von

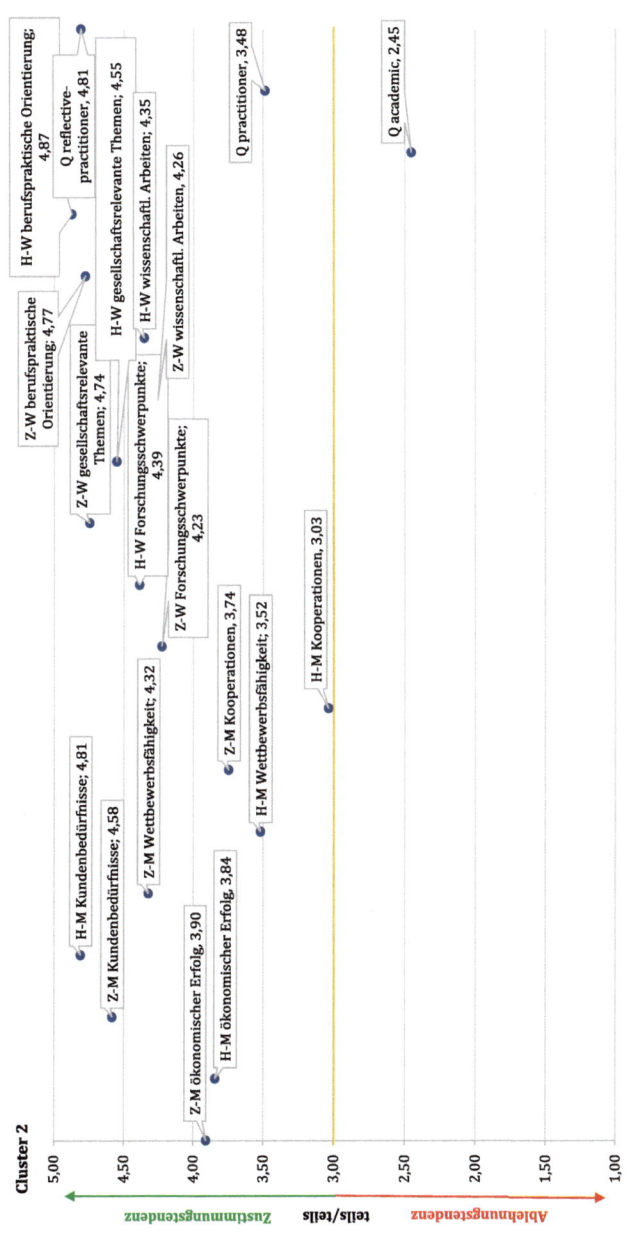

**Abb. 7.8** Cluster 2; Berufspraxis und Gesellschaftsorientierung

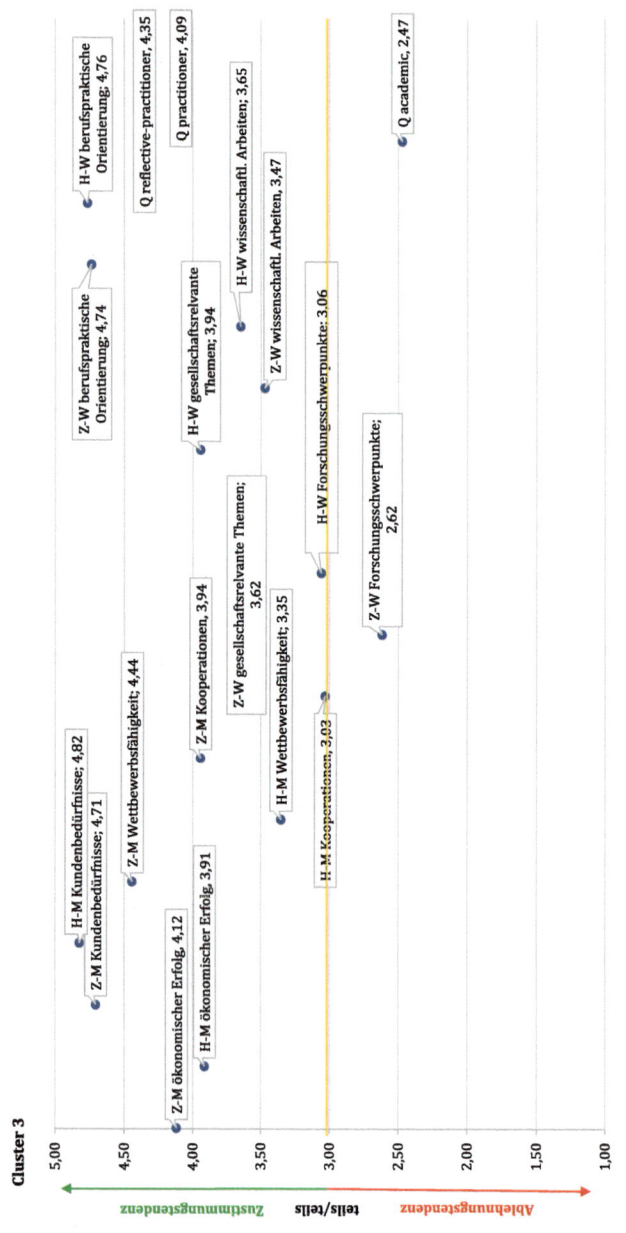

**Abb. 7.9**  Cluster 3; Berufspraxis und Finanzorientierung

Hochschulweiterbildung als wissenschaftlich reflektierte Praxis heranziehen, weshalb **Cluster 4** mit der Bezeichnung **wissenschaftlich reflektierte Berufspraxis** umschrieben wird (Abb. 7.10).

Die Interpretation der Clusterlösungen führt zu den in Abb. 7.11 zusammengefassten **Clusterbezeichnungen**.

## 7.6 Kontingenzanalyse und Chi²- Unabhängigkeitstest

Für die Überprüfung einer möglichen Abhängigkeit und Stärke des Zusammenhangs zwischen der Clusterzugehörigkeit und kategorialen Kontextvariablen ergeben sich Anwendungsvoraussetzungen, die aus der Struktur der gewonnen Daten resultieren. So sind die Variablen nicht normalverteilt[11] oder in den absoluten Häufigkeiten für einzelne Variablen sehr gering. Als nicht-parametrisches Verfahren zur Prüfung eines Zusammenhangs zwischen kategorialen Variablen kann der Chi²-Unabhängigkeitstest eingesetzt werden. Jedoch ist die Anwendung des Chi²-Unabhängigkeitstests für einige der hier untersuchten Variablen eingeschränkt, da der Anteil von Variablen mit weniger als fünf Beobachtungen 20 % nicht überschreiten sollte (vgl. Backhaus et al., 2021b: 409). Sofern ohne Interpretationsverzerrungen möglich, wurden daher Ausprägungen von Variablen zusammengefasst, was zum Nachvollzug bei den nachfolgenden Analyseschritten jeweils vermerkt wird. Variablen mit unzureichender Häufigkeit wurden nicht in die Kontingenzanalyse miteinbezogen. Als Maß für einen möglichen Zusammenhang zwischen kategorialen Variablen wird der Chi²-Unabhängigkeitstest, zur Messung der Effektstärke Cramer's V als Assoziationsmaß verwendet. Für die Interpretation der Effektstärken nach Cramer gilt $v = 0.1$ als schwacher Zusammenhang, $v = 0.3$ als moderater Zusammenhang und $v = 0.5$ als starker Zusammenhang (vgl. Cohen, 2013). Für den Chi²-Unabhängigkeitstest wird von einer Irrtumswahrscheinlichkeit von 5 Prozent ausgegangen und $p < 0.05$ als signifikant angenommen.

---

[11] Zur Prüfung der Normalverteilung wurden der Kolmogorov-Smirnov und der Shapiro-Wilk Test durchgeführt. Beide ergaben keinen Hinweis auf Normalverteilung.

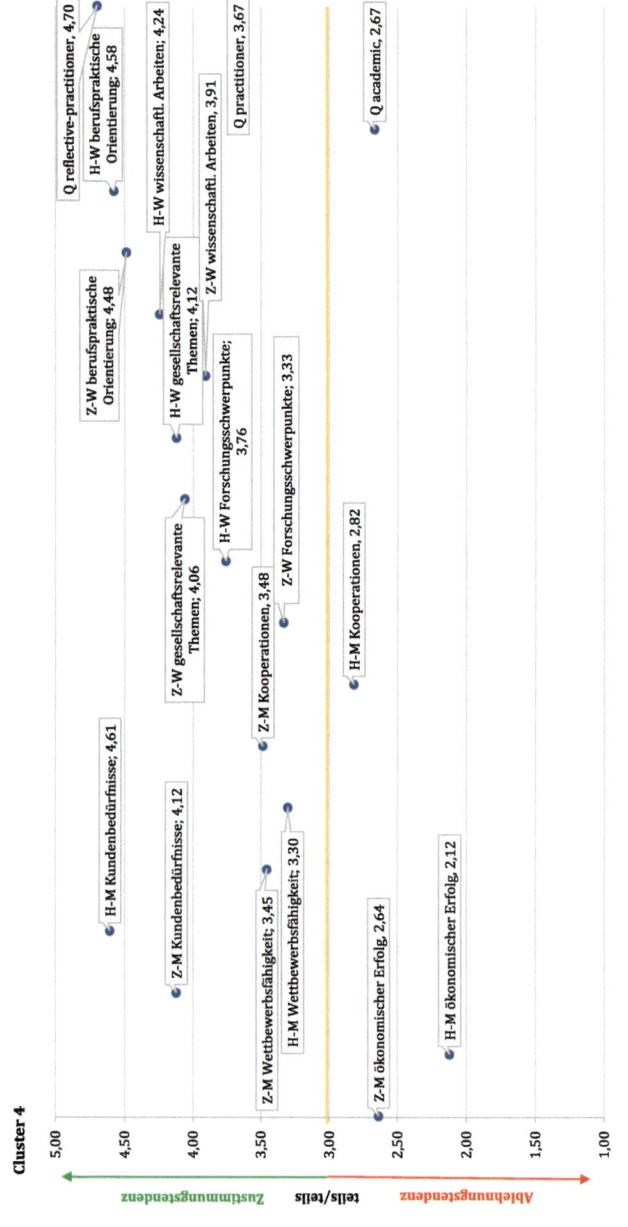

**Abb. 7.10** Cluster 4; wissenschaftlich reflektierte Berufspraxis

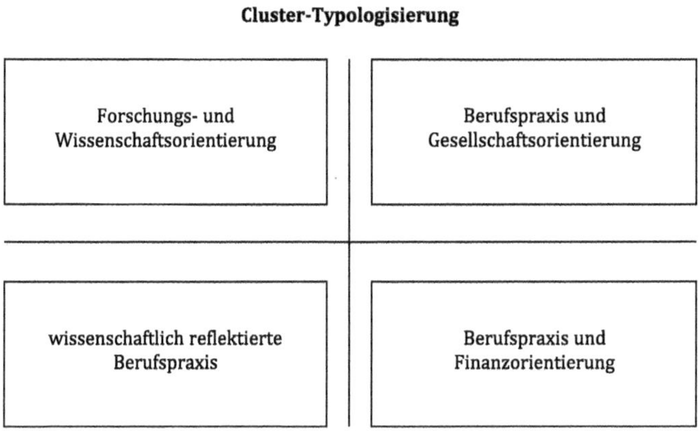

**Cluster-Typologisierung**

| | |
|---|---|
| Forschungs- und Wissenschaftsorientierung | Berufspraxis und Gesellschaftsorientierung |
| wissenschaftlich reflektierte Berufspraxis | Berufspraxis und Finanzorientierung |

**Abb. 7.11** Cluster-Typologisierung der Weiterbildungsplanung und -entwicklung in der Hochschulweiterbildung

## 7.6.1 Deskription der Ergebnisse

Aufgrund der geringen Häufigkeiten (n < 5) der Pädagogischen Hochschulen als Ausprägung der Variable Hochschultyp wurden diese mit den Fachhochschulen zusammengefasst. Der **Hochschultyp** und die Clusterzugehörigkeit stehen in keinem signifikanten Zusammenhang ($\chi^2(3)$ = 7.716, $p$ = .052, $n$ = 119). Allerdings ist die Signifikanzschwelle nur geringfügig überschritten. Die Effektstärke beträgt v = 0.255, was auf einen schwachen bis moderaten Zusammenhang hindeutet. Die Universitäten sind im relativen Vergleich mit den Fachhochschulen häufiger im Cluster «Forschungs- und Wissenschaftsorientierung» vertreten. Gleichzeitig nehmen aber auch die Zugehörigkeiten in den Clustern «Berufspraxis und Finanzorientierung» sowie «wissenschaftlich reflektierte Berufspraxis» bei den Universitäten einen annähernd gleich hohen Anteil ein. Prozentual deutlich höher sind bei den Fachhochschulen die Zugehörigkeiten im Cluster «Berufspraxis und Gesellschaftsorientierung» (Tab. 7.25), (Abb. 7.12).

Ebenfalls kein signifikanter Zusammenhang zeigt sich bei der Clusterzugehörigkeit und der Tiefe der **akademischen Qualifikation** (hier erfasst als höchster Abschluss der Weiterbildungsverantwortlichen); $\chi^2$ (3) = 1.642, $p$ = .650, $n$ = 119. So finden sich in der Gruppe der Teilnehmenden mit Habilitation und/oder Doktorat keine höheren Anteile im Cluster «Forschungs- und Wissenschaftsorientierung» (im Verhältnis zu den übrigen drei Clustern). Bei der Gruppe der

**Tab. 7.25** Kontingenztabelle Hochschultyp und Clusterzugehörigkeit

**Hochschultyp_zus * Ward Method**

| Hochschultyp_zus | | Forschungs- und Wissenschaftsorientierung | Berufspraxis und Gesellschaftsorientierung | Berufspraxis und Finanzorientierung | Wissenschaftlich reflektierte Berufspraxis | Gesamt |
|---|---|---|---|---|---|---|
| Universität | Anzahl | 11 | 5 | 12 | 12 | 40 |
| | % von Hochschultyp_zus | 27.50% | 12.50% | 30.00% | 30.00% | 100.00% |
| Fachhochschule | Anzahl | 10 | 26 | 22 | 21 | 79 |
| | % von Hochschultyp_zus | 12.70% | 32.90% | 27.80% | 26.60% | 100.00% |
| Gesamt | Anzahl | 21 | 31 | 34 | 33 | 119 |
| | % von Hochschultyp_zus | 17.60% | 26.10% | 28.60% | 27.70% | 100.00% |

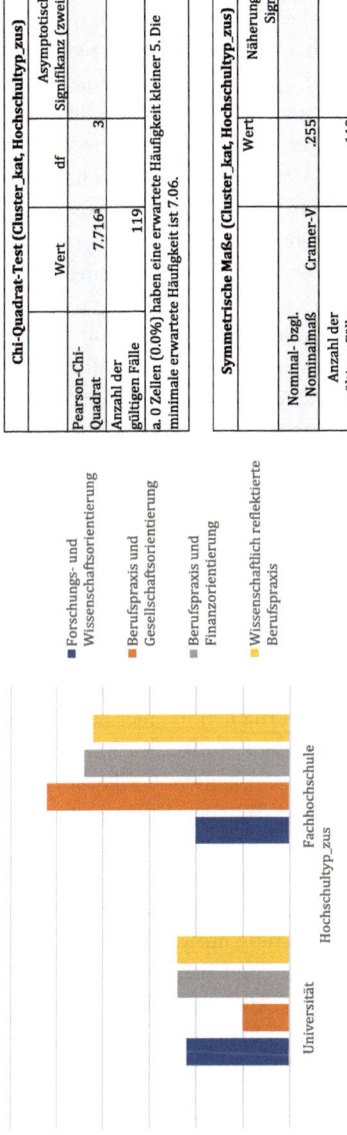

**Abb. 7.12** Chi²-Test und Effektstärke zwischen Clusterzugehörigkeit und Hochschultyp

Teilnehmenden mit Masterabschluss (sowie andere) dominiert leicht die Zugehörigkeit zum Cluster «Berufspraxis und Finanzorientierung». Die Stärke des
Zusammenhangs ist mit v = .117 gering (Tab. 7.26), (Abb. 7.13).

Ein Chi-Quadrat Test zwischen der Clusterzugehörigkeit und der **Forschungstätigkeit** ergab ebenfalls keinen signifikanten Zusammenhang. $\chi^2$ *(3)* = 4.790, *p*
= .188, *n* = 118. Forschende sind im Cluster «Forschungs- und Wissenschaftsorientierung» mit 22.8 % geringer vertreten als in den Clustern «Berufspraxis und
Gesellschaftsorientierung» (28.1 %) sowie «Wissenschaftlich reflektierte Berufspraxis» (29.8 %). Der Anteil am Cluster «Berufspraxis und Finanzorientierung»
liegt mit 19.3 % dahinter. Bei den Nicht-Forschern überwiegt hingegen der Anteil
in diesem Cluster (36.1 %). Die Stärke des Zusammenhangs ist mit v = .201
gering (Tab. 7.27), (Abb. 7.14).

Werden **verbindliche Finanzziele** vorgegeben, was bei 61 % der
Weiterbildungs-verantwortlichen der Fall ist, sind diese deutlich weniger häufig im Cluster «Forschungs- und Wissenschaftsorientierung» vertreten als in den
drei übrigen Clustern. Die Zugehörigkeit zum Cluster «Berufspraxis und Gesellschaftsorientierung» ist mit 34.7 % am höchsten. Gefolgt von «Berufspraxis
und Finanzorientierung» (31.9 %) und dem Cluster «Wissenschaftlich reflektierte
Berufspraxis» (22.2 %). Der $\text{Chi}^2$-Unabhängigkeitstest zwischen der Clusterzugehörigkeit und der Vorgabe verbindlicher Finanzziele ergibt einen signifikanten
Zusammenhang mit $\chi^2$ *(3)* = 12.884, *p* = .005, *n* = 118. Die Stärke des
Zusammenhangs ist mit v = .330 moderat (Tab. 7.28), (Abb. 7.15).

Die **organisationale Zugehörigkeit** der Weiterbildungsverantwortlichen und
die Clusterzugehörigkeit stehen in keinem systematischen Zusammenhang. Der
Anteil der Weiterbildungsverantwortlichen in einer hauptamtlichen Abteilung für
Hochschul-weiterbildung beträgt 34.4 %. In dieser Gruppe sind die Zugehörigkeiten zu den an der Berufspraxis orientierten Clustern im Verhältnis häufiger
als im Cluster «Forschungs- und Wissenschaftsorientierung». Die Zugehörigkeit zum Cluster «Berufspraxis und Finanzorientierung» ist dabei mit 36.6 %
am höchsten. Allerdings sind Vertreter:innen aus Lehre, Forschung und aus
den Rektoraten im Verhältnis ähnlich häufig in den Clustern vertreten, welche eine berufspraktische Orientierung aufweisen. Der $\text{Chi}^2$-Unabhängigkeitstest
zwischen der Clusterzugehörigkeit und der organisationalen Zugehörigkeit der
Weiterbildungsverantwortlichen innerhalb der Hochschule ergibt keinen signifikanten Zusammenhang mit $\chi^2$ *(3)* 2.916, *p* = .404, *n* = 119. Die Stärke des
Zusammenhangs ist mit v = .157 gering (Tab. 7.29), (Abb. 7.16).

**Tab. 7.26** Kontingenztabelle höchster Abschluss und Clusterzugehörigkeit

**höchster Abschluss_2 Kat * Ward Method Kreuztabelle**

| höchster Abschluss_zus | | Forschungs- und Wissenschaftsorientierung | Berufspraxis und Gesellschaftsorientierung | Berufspraxis und Finanzorientierung | Wissenschaftlich reflektierte Berufspraxis | Gesamt |
|---|---|---|---|---|---|---|
| Habilitation_Doktorat | Anzahl | 11 | 14 | 12 | 14 | 51 |
| | % von höchster Abschluss | 21.60% | 27.50% | 23.50% | 27.50% | 100.00% |
| Master_andere | Anzahl | 10 | 17 | 22 | 19 | 68 |
| | % von höchster Abschluss | 14.70% | 25.00% | 32.40% | 27.90% | 100.00% |
| Gesamt | Anzahl | 21 | 31 | 34 | 33 | 119 |
| | % von höchster Abschluss | 17.60% | 26.10% | 28.60% | 27.70% | 100.00% |

**Chi-Quadrat-Tests (Cluster_kat, höchster Abschluss_zus)**

| | Wert | df | Asymptotische Signifikanz (zweiseitig) |
|---|---|---|---|
| Pearson-Chi-Quadrat | 1.642a | 3 | .650 |
| Anzahl der gültigen Fälle | 119 | | |

a. 0 Zellen (0.0%) haben eine erwartete Häufigkeit kleiner 5. Die minimale erwartete Häufigkeit ist 9.00.

**Symmetrische Maße (Cluster_kat, höchster Abschluss_zus)**

| | | Wert | Näherungsweise Signifikanz |
|---|---|---|---|
| Nominal- bzgl. Nominalmaß | Cramer-V | .117 | .650 |
| Anzahl der gültigen Fälle | | 119 | |

Legende:
- Forschungs- und Wissenschaftsorientierung
- Berufspraxis und Gesellschaftsorientierung
- Berufspraxis und Finanzorientierung
- Wissenschaftlich reflektierte Berufspraxis

Habilitation_Doktorat    Master_andere

Q5_höchster Abschluss_2 Kat

**Abb. 7.13** Chi$^2$-Test und Effektstärke zwischen Clusterzugehörigkeit und höchstem Abschluss

**Tab. 7.27** Kontingenztabelle Forschungstätigkeit und Clusterzugehörigkeit

**Forschungstätigkeit_ja-nein * Ward Method**

| Forschungstätigkeit | | Forschungs- und Wissenschaftsorientierung | Berufspraxis und Gesellschaftsorientierung | Berufspraxis und Finanzorientierung | Wissenschaftlich reflektierte Berufspraxis | Gesamt |
|---|---|---|---|---|---|---|
| nein | Anzahl | 8 | 15 | 22 | 16 | 61 |
| | % von Forschungstätigkeit_ ja-nein | 13.10% | 24.60% | 36.10% | 26.20% | 100.00% |
| ja | Anzahl | 13 | 16 | 11 | 17 | 57 |
| | % von Forschungstätigkeit_ ja-nein | 22.80% | 28.10% | 19.30% | 29.80% | 100.00% |
| Gesamt | Anzahl | 21 | 31 | 33 | 33 | 118 |
| | % von Forschungstätigkeit_ ja-nein | 17.80% | 26.30% | 28.00% | 28.00% | 100.00% |

**Chi-Quadrat-Tests (Cluster_kat, Forschungstätigkeit)**

| | Wert | df | Asymptotische Signifikanz (zweiseitig) |
|---|---|---|---|
| Pearson-Chi-Quadrat | 4.790a | 3 | .188 |
| Anzahl der gültigen Fälle | 118 | | |

a. 0 Zellen (0,0%) haben eine erwartete Häufigkeit kleiner 5. Die minimale erwartete Häufigkeit ist 10.14.

**Symmetrische Maße (Cluster_kat, Forschungstätigkeit)**

| | | Wert | Näherungsweise Signifikanz |
|---|---|---|---|
| Nominal- bzgl. Nominalmaß | Cramer-V | .201 | .188 |
| Anzahl der gültigen Fälle | | 118 | |

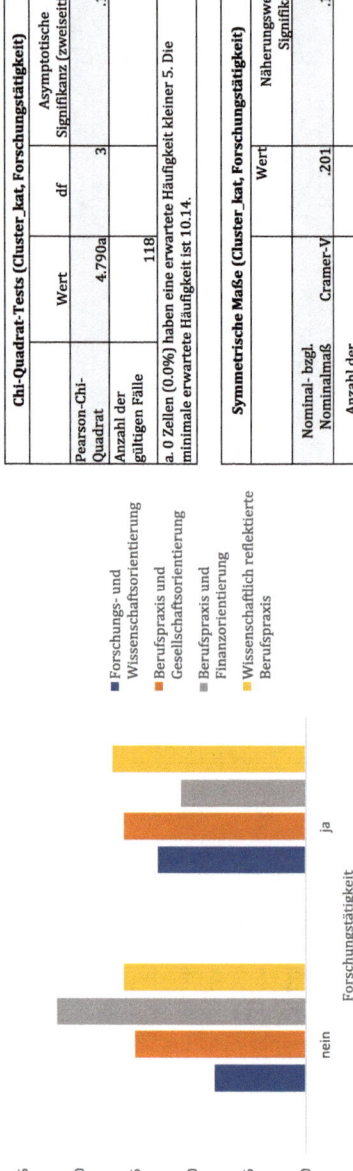

■ Forschungs- und Wissenschaftsorientierung

■ Berufspraxis und Gesellschaftsorientierung

■ Berufspraxis und Finanzorientierung

■ Wissenschaftlich reflektierte Berufspraxis

**Abb. 7.14**  Chi²-Test und Effektstärke zwischen Clusterzugehörigkeit und Forschungstätigkeit

**Tab. 7.28** Kontingenztabelle verbindliche Finanzziele und Clusterzugehörigkeit

**verbindliche Finanzziele * Ward Method**

| verbindliche Finanzziele | | Forschungs- und Wissenschaftsorientierung | Berufspraxis und Gesellschaftsorientierung | Berufspraxis und Finanzorientierung | Wissenschaftlich reflektierte Berufspraxis | Gesamt |
|---|---|---|---|---|---|---|
| ja | Anzahl | 8 | 25 | 23 | 16 | 72 |
| | % von verbindliche Finanzziele | 11.10% | 34.70% | 31.90% | 22.20% | 100.00% |
| nein | Anzahl | 13 | 6 | 10 | 17 | 46 |
| | % von verbindliche Finanzziele | 28.30% | 13.00% | 21.70% | 37.00% | 100.00% |
| Gesamt | Anzahl | 21 | 31 | 33 | 33 | 118 |
| | % von verbindliche Finanzziele | 17.80% | 26.30% | 28.00% | 28.00% | 100.00% |

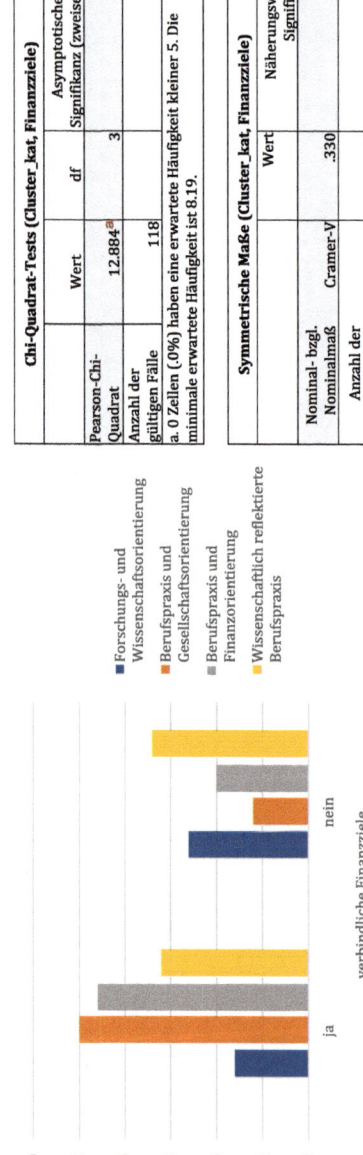

**Abb. 7.15**  Chi²-Test und Effektstärke zwischen Clusterzugehörigkeit und Vorgabe verbindlicher Finanzziele

**Tab. 7.29** Kontingenztabelle organisationale Anbindung der Akteur:innen innerhalb der Hochschule und Clusterzugehörigkeit

**Organisationseinheit_zus * Ward Method Kreuztabelle**

| Organisationale Zugehörigkeit | | Forschungs- und Wissenschaftsorientierung | Berufspraxis und Gesellschaftsorientierung | Berufspraxis und Finanzorientierung | Wissenschaftlich reflektierte Berufspraxis | Gesamt |
|---|---|---|---|---|---|---|
| Abteilung Weiterbildung | Anzahl | 5 | 9 | 15 | 12 | 41 |
| | % von Organisationseinheit_zus | 12.20% | 21.95% | 36.59% | 29.27% | 100.00% |
| Lehre, Forschung, Rektorate | Anzahl | 16 | 22 | 19 | 21 | 78 |
| | % von Organisationseinheit_zus | 20.51% | 28.21% | 24.36% | 26.92% | 100.00% |
| Gesamt | Anzahl | 21 | 31 | 34 | 33 | 119 |
| | % von Organisationseinheit_zus | 17.65% | 26.05% | 28.57% | 27.73% | 100.00% |

**Chi-Quadrat-Tests (Cluster_kat, Organisationseinheit)**

| | Wert | df | Asymptotische Signifikanz (zweiseitig) |
|---|---|---|---|
| Pearson-Chi-Quadrat | 2.916[a] | 3 | .404 |
| Anzahl der gültigen Fälle | 119 | | |

a. 0 Zellen (0.0%) haben eine erwartete Häufigkeit kleiner 5. Die minimale erwartete Häufigkeit ist 7.24.

**Symmetrische Maße (Cluster_kat, Organisationseinheit)**

| | | Wert | Näherungsweise Signifikanz |
|---|---|---|---|
| Nominal- bzgl. Nominalmaß | Cramer-V | .157 | .404 |
| Anzahl der gültigen Fälle | | 119 | |

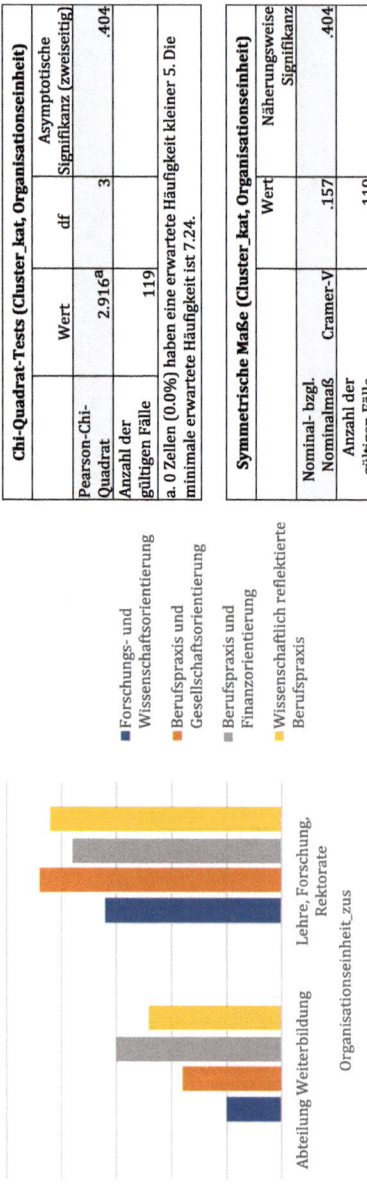

**Abb. 7.16** Chi-Quadrat Test und Effektstärke zwischen Clusterzugehörigkeiten und organisationaler Anbindung der Akteur:innen innerhalb der Hochschule

## 7.6.2 Interpretation

Akteur:innen in der Hochschulweiterbildung greifen auf Qualitätsstandards unterschiedlicher Legitimationskontexte zurück, die in bestimmten Situationen Gültigkeit haben bzw. die Möglichkeit zur Rechtfertigung von Handlungen bieten. Nach Storper und Salais (1997) werden zudem durch die Konstruktion von Vereinbarungen besondere Kontextbedingungen geschaffen, die gegebenenfalls auf Entscheidungen für oder gegen konventionenbezogenes Handeln einwirken (vgl. Kap. 7.1). Als Repräsentationen für solche Kontextbedingungen wurden die folgenden Variablen untersucht:

- Der Hochschultyp,
- die Formalqualifikation (höchster Abschluss) der Weiterbildungsverantwortlichen,
- die aktive Rolle der Weiterbildungsverantwortlichen in der Forschung,
- das Vorhandensein verbindlicher Finanzziele für die Weiterbildungsverantwortlichen,
- die organisationale Zugehörigkeit der Weiterbildungsverantwortlichen innerhalb der Hochschule.

Der Hochschultyp nimmt in der Stichprobe wenig Einfluss auf die Clusterzugehörigkeit. Die zuvor gebildeten Cluster (vgl. Kap. 7.5.3) bringen Qualitätszuschreibungen und Handlungspraktiken zum Ausdruck, die entweder stärker einer nach aussen gerichteten, auf den Weiterbildungsmarkt bezogenen Orientierung entsprechen, oder mehr einer Orientierung an der Kernuniversität als Wissenschafts- und Forschungsinstitution. Entlang der hier vorliegenden Daten kann nicht argumentiert werden, dass möglicherweise Universitäten, als Traditionseinrichtungen in Wissenschaft und Forschung, auch in der Weiterbildungsplanung und -entwicklung eine Fokussierung auf den Wissenschaftsbetrieb vornehmen. Zwar sind, wie zuvor bereits angesprochen, Weiterbildungsverantwortliche der Universitäten im prozentualen Verhältnis häufiger im Cluster «Forschungs- und Wissenschaftsorientierung» anzutreffen. Jedoch ist der Anteil von Vertreter:innen der Hochschulweiterbildung an Universitäten im Cluster «Berufspraxis und Finanzorientierung» sogar noch 2.5 Prozent höher, ebenso wie im Cluster «Wissenschaftlich reflektierte Berufspraxis» (vgl. Tab. 7.25). Einzig der Cluster «Berufspraxis und Gesellschaftsorientierung» weist eine geringere Zugehörigkeit von Vertreter:innen der Hochschulweiterbildung an Universitäten auf. Die Universitäten weisen also, ebenso wie die Fachhochschulen, in der hier untersuchten Stichprobe in ihren Weiterbildungen eine stärkere Präsenz in Clustern mit weiterbildungsmarktbezogenen Items auf. Die Zugehörigkeit zu dem hybriden Cluster «Wissenschaftlich reflektierte Berufspraxis» ist in der prozentualen Häufigkeit ähnlich hoch ausgeprägt – sowohl an Universitäten als auch an Fachhochschulen. Der hybride Charakter des Clusters «Wissenschaftlich reflektierte Berufspraxis» ergibt sich aus der Ausgewogenheit der Variablen mit Bezugnahme auf den Weiterbildungsmarkt oder die Hochschule als Wissenschaftsinstitution. Die in der Stichprobe vorhandene Datenstruktur legt die Annahme nahe, dass beide Hochschultypen (Universitäten und Fachhochschulen) zu einer hybriden Weiterbildungsplanung und -entwicklung an der Nahtstelle von Berufspraxis und Wissenschaftlichkeit tendieren. Im Sinne der Konventionenökonomie würde dies theoretisch einer Äquivalenzordnung entsprechen (vgl. Kap. 4.3).

Der Cluster «Berufspraxis und Gesellschaftsorientierung» weist zudem die höchste Häufigkeit von Weiterbildungsverantwortlichen an Fachhochschulen auf. Hier werden die Fachhochschulen ihrer hochschultypischen Anwendungsorientierung und Zugänglichkeit für Studierende mit Abschlüssen der höheren Berufsbildung gerecht (vgl. Kap. 1.1).

Ein ebenfalls nicht signifikanter Zusammenhang besteht in der Stichprobe zwischen der Clusterzugehörigkeit und der höchsten akademischen Formalqualifikation sowie einer aktiven Forschungstätigkeit der planungsverantwortlichen Akteur:innen. In Bezug auf den höchsten Abschluss ist die Häufigkeit von Personen mit Habilitation/Doktorat (42.9 % der Stichprobe) und Masterabschluss/andere (57.1 %) annähernd ausgeglichen. Ein wenig überraschend finden sich Personen mit Habilitation/Doktorat und eigener Forschungstätigkeit in Bezug auf ihre Tätigkeit in der Weiterbildung nicht mit einem prozentual höheren Anteil im Cluster «Forschungs- und Wissenschaftsorientierung» wieder. Hingegen lassen sich aus den Häufigkeiten der Clusterzugehörigkeiten bei den Forschenden, ebenso wie bei den Weiterbildungsverantwortlichen mit Habilitation/Doktorat, höhere Präferenzen für die Variablen der Cluster «Berufspraxis und Gesellschaftsorientierung» sowie «Wissenschaftlich reflektierte Berufspraxis» erkennen. Zwar ist der prozentuale Anteil der Fälle mit Habilitation/Doktorat sowie eigener Forschungsaktivität im Cluster «Forschungs- und Wissenschaftsorientierung» höher als bei jenen Fällen mit Masterabschluss oder ohne aktive Forschungstätigkeit. Jedoch sind für alle akademischen Qualifikationen der Proband:innen (Habilitation/Doktorat, Master/andere) die an der Berufspraxis orientierten Clusterzugehörigkeiten deutlich stärker ausgeprägt. Einzig bei der Finanzorientierung sind die Forschenden in Bezug auf die Weiterbildung zurückhaltender. **Vereinfacht zusammengefasst**: In der Stichprobe wird, zumindest rein deskriptiv, bei Personen mit zu erwartender höherer Rückbindung an die Wissenschaftsinstitution (Forschende; Habilitation/Doktorat) keine Präferenz für Handlungen in der

Weiterbildungsplanung und -entwicklung sichtbar, welche die Hochschule als Wissenschaftsinstitution in den Vordergrund stellen.

Die stärkste Zuwendung zu einer nach aussen gerichteten, auf den Weiterbildungsmarkt bezogenen Orientierung zeigt sich, wenn man die Clusterzugehörigkeit mit der Vorgabe verbindlicher Finanzziele an die Planungsverantwortlichen in der Weiterbildung in einen Zusammenhang stellt. Hier kann aufgrund der ermittelten Signifikanz ein systematischer Zusammenhang angenommen werden. Allerdings ist die Zugehörigkeit zum Cluster «Berufspraxis und Finanzorientierung» bei den Fällen mit Vorgabe verbindlicher Finanzziele nur die zweithäufigste (31.9 %). Die höheren Werte erhalten die Variablen im Cluster «Berufspraxis und Gesellschaftsorientierung» (34.7 %), was gegebenenfalls als verstärkte Nachfrageorientierung interpretiert werden kann, wodurch wiederum potenziell der wirtschaftliche Erfolg gefördert wird. Nicht ganz auszuschliessen sind bei der Frage nach der vordergründigen Relevanz wirtschaftlicher Ziele für die Weiterbildungsplanung und -entwicklung Bias infolge von sozialer Erwünschtheit im Antwortverhalten. Bei den Fällen ohne Vorgabe verbindlicher Finanzziele ist die Häufigkeitsverteilung genau gegenläufig: Hier finden sich die höchsten Zugehörigkeiten in den Clustern «Wissenschaftlich reflektierte Berufspraxis» (37 %) und «Forschungs- und Wissenschaftsorientierung» (28.3 %).

Die organisationale Zugehörigkeit der Proband:innen innerhalb der Hochschule und die Clusterzugehörigkeit weisen keinen signifikanten Zusammenhang auf. Dies erstaunt weniger, da Aufgaben in der Weiterbildungsplanung und -entwicklung aus unterschiedlichen Abteilungen innerhalb der Hochschule heraus wahrgenommen werden und organisationale Anreizstrukturen für ein Engagement in der Hochschulweiterbildung oftmals fehlen (vgl. Kahl und Schmitt, 2014: 156). Die Annahme, dass sich durch die hauptamtliche Zugehörigkeit zu einer Abteilung für Hochschulweiterbildung Sichtweisen ergeben, die den marktlichen Leistungsauftrag und die Gestaltung von Leistungsbeziehungen im Sinne der Nachfrageorientierung (vgl. Seitter, 2014: 148 f.) stärker mitführen, zeigt sich in der Stichprobe allenfalls durch den hohen Anteil dieser Fälle (36.59 %) im Cluster «Berufspraxis und Finanzorientierung» bestätigt.

## 7.7  Reliabilität und Validität, Fehlerbetrachtung

Mit der Clusteranalyse wurde ein exploratives, strukturentdeckendes Verfahren eingesetzt. Ein optionaler Schwachpunkt dieses Verfahrens liegt in der Festlegung der Clusteranzahl, welche sich zu einem späteren Zeitpunkt nur schwer

korrigieren lässt, sollten sich Fehlklassifikationen bei der inhaltlichen Vailiditäts-
prüfung herausstellen (vgl. König und Jäckle, 2017; Xu und Wunsch, 2009).
Eine inhaltliche oder kriterienbezogene Validitätsprüfung beruht zum einen auf
der Homogenität und zugleich auf der merkmalsbezogenen Unterscheidbarkeit
der erzeugten Cluster. Zum anderen muss die Clusterstruktur die Daten erklären können. Hierzu können ergänzend nicht in die Clusteranalyse einbezogene
Variablen dienen, welche die inhaltlichen Annahmen über die Clusterstruktur
unterstützen (vgl. Bacher et al., 2010: 27). In der hier vorliegenden Arbeit hat
sich die Clusterlösung als interpretierbar herausgestellt. Durch den Einbezug
der Kontextvariablen mit ergänzender Kontingenzanalyse konnten Plausibilisie-
rungen hergestellt werden, welche die inhaltliche Validität der Cluster stützen.
Die bivariate Korrelationsanalyse der konventionenbezogenen Zustimmungs- und
Handlungsvariablen dient zudem der ergänzenden Validitätsprüfung der Clusteranalyse. Die Stärke der korrelativen Zusammenhänge zwischen diesen Variablen
ließ sich in die inhaltliche Interpretation der Cluster einbeziehen. Insofern ist die
Validität der Clusterlösung aber auch beeinflusst durch die Reliabilität der verwendeten konventionenbezogenen Items im Befragungsinstrument. Wie bereits
dargelegt, folgen Befragung und empirische Analyse der vorliegenden Arbeit
einer Single-Item-Strategie (vgl.  Kap.7.2.1). Eine Skalenentwicklung ist primär nicht vorgesehen. Somit ist eine vorgängige, empirische Testüberprüfung,
wie sie beispielsweise für psychometrische Tests gilt, hier nur bedingt erforderlich. Jedoch dient die Stärke des korrelativen Zusammenhangs zwischen den
konventionenbezogenen Zustimmungs- und Handlungsvariablen indirekt auch
der Clusterinterpretation. Im Befragungsinstrument werden Item-Batterien eingesetzt, die mit jeweils zwei Single-Items an mögliche Konventionen als latente
Konstrukte rückgebunden sind, jedoch unterschiedliche Merkmale (Zustimmung
und Handlung) erfassen. Für die Bestimmung der internen Konsistenz mehrerer Items wird zumeist Cronbachs Alpha als Reliabilitätsmaß herangezogen,
wobei jedoch vorausgesetzt wird, dass alle Items dasselbe latente Merkmal erfassen. Zusätzlich wird angenommen, dass alle Items das latente Merkmal im
gleichen Ausmaß erfassen (vgl. Moosbrugger und Kelava, 2020: 342). Daher
sollte ergänzend die Konstruktvalidität der in eine Beziehung gesetzten Items
betrachtet werden. Dazu eignet sich wiederum die hier durchgeführte Korrelationsanalyse, welche Auskunft über die Stärke des bivariaten Zusammenhanges
der untersuchten Variablen gibt. Dadurch ergeben sich Hinweise auf die Konstruktvalidität der zuvor theoretisch begründeten Annahmen (Moosbrugger und
Kelava, 2012: 158). Für die Reliabilitätsprüfung der hier verwendeten konventionenbezogenen Items dienen die bivariate Korrelationsanalyse und Cronbachs
Alpha als ergänzendes Reliabilitätsmaß. Die inhaltliche Validitätsbeurteilung der

Clusterlösungen wiederum beruht auf einer kombinierten Anwendung mehrerer Analyseverfahren, die, wie hier durchgeführt, gegenseitige Plausibilitätsprüfungen bei der Interpretation ermöglichen. Zum einen der zusammenhängenden Betrachtung von bivariater Korrelationsanalyse und Clusteranalyse. Zum anderen der kombinierten Betrachtung von externen Kontextvariablen und Clustervariablen mittels Kontingenzanalyseanalyse und Chi$^2$- Unabhängigkeitstest.

Im Sinne der Fehlerbetrachtung wird nochmals auf eine einzelne Indifferenz bei der bivariaten Korrelationsanalyse aufmerksam gemacht, welche ein Hinweis auf mögliche Defizite bei der Itemkonstruktion sein könnte. Hiervon betroffen sind die Items zur Wettbewerbsfähigkeit, welche eine schwache Korrelation und eine geringe Konsistenz nach Cronbachs Alpha aufweisen. Möglicherweise fördert die Art der Fragestellungen eine positive Antworttendenz bei dem Zustimmungsitem. Dies führt dazu, dass allgemeine konventionenbezogene Aussagen zwar zustimmend bewertet werden. Bei der Frage nach der individuellen Handlungspraxis im gleichen Zusammenhang entstehen jedoch trotz vorheriger Zustimmung deutliche Abweichungen. Diese mögliche Einschränkung wurde bei der Interpretation der Clusterlösungen bereits berücksichtigt.

# Zusammenfassung und Beantwortung der Forschungsfragen

**8**

Mit dieser Arbeit wurde das Ziel einer akteurszentrierten und konventionen-ökonomischen Analyse der Weiterbildungsplanung und -entwicklung im Feld der Schweizer Hochschulweiterbildung verfolgt. Dabei lag ein theoretisch-empirisches Erkenntnisinteresse vor. Forschungen in marktlich verwobenen Weiterbildungsinstitutionen, welche zugleich das Akteurshandeln als Forschungsgegenstand einbeziehen, sind an unterschiedliche theoretische Diskurse anschlussfähig. Theoretische Bezüge finden sich in der Neuen Institutionenökonomie, dem soziologischen Neo-Institutionalismus und, vor allem mit Beiträgen jüngeren Datums (2019–2022), in der Konventionenökonomie (vgl. Kap. 2). Für die hier zugrundeliegenden Fragestellungen wurde nach einem theoretischen Zugang gesucht, der (methodologisch gesehen) sowohl einer mehrfachen Systembindung der Hochschulweiterbildung, als auch einer komplexen Mehrebenenorganisation (Makro-, Meso, Mikro-Ebene) des Akteurshandelns in der Weiterbildungsplanung und -entwicklung Rechnung tragen kann. Die Konventionenökonomie folgt einem Konzept situativer Reichweiten, welches aus einer organisationalen Perspektive eine eng gefasst Unterteilung in Mikro-, Meso- und Makroebene vermeidet (vgl. Knoll, 2015: 23f; Dodier, 2011, 1993; Bessy, 2011). Makro- und Mesoebene spiegeln sich auf der Mikroebene im situativen Handeln der Akteur:innen. Situationen gelten als nicht per se durch Strukturen festgelegt. Konventionen dienen als Rechtfertigung für Handlungen und sind zugleich veränderbar, wenn Institutionen neue Impulse aus ihrer Umwelt erhalten, die wiederum angepasste Beurteilungsmassstäbe für die Qualität von Handlungen hervorbringen. Wie dargelegt werden konnte, durchläuft die Hochschulweiterbildung einen dynamischen Angleichungsprozess zwischen ihrer Rolle als Teilbereich einer wissenschaftliche Bildungsinstitution und der Orientierung am Weiterbildungsmarkt und dessen Nachfrager:innen. Die vorliegende Arbeit kommt zu dem Schluss, dass die

B. M. Tokarski, *Hochschulweiterbildung zwischen Wissenschaftsinstitution und Weiterbildungsmarkt*, Higher Education Research and Science Studies, https://doi.org/10.1007/978-3-658-43781-7_8

Konventionenökonomie für die Erforschung des Akteurshandelns in der Hochschulweiterbildung besondere Vorteile bietet, da sie durch einen konsequenten Bezug auf situative Handlungskoordination zwischen Akteur:innen folgende Voraussetzungen schafft: Komplexe institutionelle Ausgangsbedingungen lassen sich zum einen, einer nachvollziehbaren Methodologie folgend, auf Situationen reduzieren. Zum anderen sind wiederum Konventionen und die damit einhergehende Koordination von Handlungen Spiegel der Komplexität institutioneller Umwelten, die somit einer Analyse zugänglich werden. Gleichwohl stellen sich bei der Messung von Konventionen aufgrund ihrer grundsätzlich angenommenen Volatilität in dynamischen, professionellen Kontexten besondere Herausforderungen. Nach Diaz-Bone und de Larquier (2022) steht jedoch ein Basismodell zur Verfügung, konventionenbezogene Zustimmungen und Handlungen in ein Messkonzept für empirische Forschungsvorhaben zu übersetzen (vgl. Kap. 7.1).

Der Stand einer empirischen und zugleich konventionenökonomischen Forschung in Weiterbildungsinstitutionen ist verhältnismäßig überschaubar (vgl. Kap. 2). Eine explorative Studie wie die hier vorliegende bietet die Möglichkeit, theoretische Basisannahmen zu Weiterbildungsplanung und -entwicklung sowie Konventionen in der Hochschulweiterbildung datengestützt zu diskutieren, ohne dass vorab Festlegungen für die Überprüfung der Abhängigkeit zwischen Variablen getroffen werden müssen. Mit Bezugnahme auf eine Situation, die das Handeln in der Weiterbildungsplanung und -entwicklung beschreibt, wurden Zustimmungswerte zu Konventionen und Handlungen in einer Stichprobe aus Weiterbildungsverantwortlichen von neun verschiedenen Hochschulweiterbildungen untersucht.

Es erscheint sinnvoll, die Forschungsfragen 1 und 2 zusammenhängend zu beantworten. Deren theoretische Herleitung geht von der modellhaften Annahme aus, dass die Zustimmung zu der Wertigkeit/Qualität eines Objektes und eine gleichgerichtete Handlungspraxis Qualitätskonventionen zum Ausdruck bringen, die handlungskoordinierend wirken. Es geht bei der Beantwortung der ersten beiden Forschungsfragen also insbesondere um die Klärung, ob die erhobenen Daten auf eine konventionenbezogene Handlungspraxis hindeuten. Für die Beantwortung der **Forschungsfragen 1 und 2** werden demnach insbesondere die Ergebnisse der bivariaten Korrelationsanalyse der Variablen «Z» (Zustimmung in Bezug auf Wertigkeit/Qualität) und «H» (Handlungspraxis) des Datensatzes herangezogen. Für die Beantwortung der **Forschungsfrage 3** zu einer möglichen Typologisierung der befragten Akteur:innen dienen die Erkenntnisse aus der Cluster- und anschliessenden Kontingenzanalyse.

# 8.1 Konventionenbezogene Zuschreibungen und Handlungspraxis

Die nachfolgenden Ausführungen fassen die Erkenntnisse zu den **Forschungs-fragen 1 und 2** zusammen. Diese wurden eingangs wie folgt formuliert:

1. Welchen konventionenbezogenen Zuschreibungen folgen Akteur:innen der Hochschulweiterbildung im Spannungsfeld von Wissenschaftsinstitution und Weiterbildungsmarkt?
2. Korrespondieren diese konventionenbezogenen Zuschreibungen mit den Handlungen der Akteur:innen in der Weiterbildungsplanung und -entwicklung?

In der Stichprobe zeigen sich bei einer Mehrzahl der Variablen gleichgerichtete Zusammenhänge zwischen situations- und konventionenbezogener Zustimmung sowie Handlung (vgl. Kap. 7.4).

Starke, zweiseitig signifikante Korrelationen weisen jeweils die «Z»- und «H»-Items zu Kooperationen, der Orientierung an Forschungsschwerpunkten, der Berücksichtigung gesellschaftsrelevanter Themen, der Beurteilung der Notwendigkeit wissenschaftlichen Arbeitens und die berufspraktische Orientierung in der Weiterbildungsplanung und -entwicklung auf. Damit besteht die Wahrscheinlichkeit eines systematischen Zusammenhangs zwischen Zustimmungswerten und tatsächlicher Handlungspraxis.

Etwas schwächere, zweiseitig signifikante Korrelationen weisen die «Z»- und «H»-Items zur Bedeutsamkeit des ökonomischen Erfolgs sowie zur Berücksichtigung von Kundenbedürfnissen als Kriterien für die Weiterbildungsplanung und -entwicklung auf. Ein systematischer Zusammenhang ist damit nur angedeutet. Bei den Variablen zum ökonomischen Erfolg erscheint dies deskriptiv-statistisch plausibel. Die Zustimmungswerte der Variablen «Z-ökonomischer Erfolg» und «H-ökonomischer Erfolg» liegen im Mittel bei $\bar{x} = 3.53$ bzw. bei $\bar{x} = 3.16$, also eher verhaltend zustimmend. Die Streuung um diese Mittelwerte ist mit einer Standardabweichung $s = 1.111$ respektive $s = 1.135$ im Vergleich zu den übrigen Items verhältnismäßig hoch. Eine Ermittlung des Variationskoeffizienten (v) ergab, dass die Standardabweichung in Bezug auf die Variablen zum ökonomischen Erfolg bei den befragten Weiterbildungsverantwortlichen 31 % bzw. 35 % ausmacht. Wie zudem in der Clusteranalyse gezeigt werden konnte, ist auch in den Clustern mit einer deutlicheren Aussenorientierung in Bezug auf Nachfrage und berufspraktische Orientierung nicht automatisch eine stärkere Betonung ökonomischer Zielerreichungen zu verzeichnen. Bezieht man jedoch als kategoriale

Kontextvariable mit ein, ob verbindliche Finanzziele vorgegeben wurden, so weisen in der Kontingenzanalyse (vgl. Kap. 7.6) die Proband:innen mit Erhalt von finanziellen Zielvorgaben auch höhere Zustimmungswerte zu der Bedeutsamkeit des ökonomischen Erfolgs der Hochschulweiterbildung auf. Dies führt zu der Ergebnisinterpretation, dass der ökonomische Erfolg als mögliche Rechtfertigung sich nur für einen Teil der Weiterbildungsverantwortlichen, nämlich denen mit einem gewissen finanziellem Erfolgsdruck, handlungskoordinierend auswirkt. Diese Rechtfertigung zeigt sich jedoch nicht über die gesamte Stichprobe. Ein kollektives Verständnis (über die gesamte Stichprobe) zum ökonomischen Erfolg der Hochschulweiterbildung als Konvention ist somit nicht sichtbar. Dies erklärt möglicherweise die schwächere, jedoch signifikante zweiseitige Korrelation der Items zum ökonomischen Erfolg. Die Itemkonsistenz ist mit $\alpha$ stand. Items $= .538$ annähernd akzeptabel, berücksichtigt man, dass hier nur zwei Items auf ihre Konsistenz geprüft wurden und Conbachs-Alpha als Reliabilitätskoeffizient mit zunehmender Itemanzahl steigt (vgl. Abschn. 7.4, Tab. 19).

Die Variablen zu einer Orientierung an Kundenbedürfnissen weisen im Mittelwert ($\overline{x} = 4.50/4.71$) hohe Zustimmungswerte mit einer im Verhältnis geringeren Standardabweichung ($s = 0.675/0.490$) auf. Eine Ermittlung des Variationskoeffizienten (v) ergab zudem, dass die Standardabweichung in Bezug auf die Variablen zur Berücksichtigung von Kundenbedürfnissen bei den befragten Weiterbildungsverantwortlichen lediglich 15 % bzw. 10.4 % ausmacht. Zwar ist mit einer mittleren, zweiseitig signifikanten Korrelation ein systematischer Zusammenhang zwischen Zustimmung und Handlungspraxis immer noch angedeutet. Auch wird rein deskriptiv-statistisch aufgrund der im Mittel hohen Zustimmungswerte die Bedeutsamkeit einer Orientierung an Kundenbedürfnissen für die Weiterbildungsplanung und -entwicklung sichtbar. Ein konventionenbezogenes Handeln lässt sich jedoch nur bedingt interpretieren. Cronbachs Alpha deutet mit $\alpha$ stand. Items $= .379$ auf eine geringe Itemkonsistenz hin, was möglicherweise die schwächere bivariate Itemkorrelation erklärt.

Eine unmittelbare Orientierung am Wettbewerb respektive an den Weiterbildungsangeboten der Konkurrenz zeigt bivariat eine sehr geringe Korrelation der «Z»- und «H»-Items. Hier lassen sich keine konventionenbezogenen Zusammenhänge interpretativ ableiten.

**Zusammenfassend** deuten die Daten in der Stichprobe darauf hin, dass die Planungsverantwortlichen der Hochschulweiterbildung in einem gewissen Umfang konventionenbezogenen Zuschreibungen folgen und diese Zuschreibungen zudem mit der eigenen Handlungspraxis korrespondieren. Dieser Zusammenhang ist in der Stichprobe stark ausgeprägt in den Kategorien *Kooperationen*, der

*Orientierung an Forschungsschwerpunkten,* der *Berücksichtigung gesellschafts-relevanter Themen,* der *Notwendigkeit wissenschaftlichen Arbeitens* sowie der *berufspraktischen Orientierung.* Folgt man der modellhaften Annahme, dass die Zustimmung zu der Wertigkeit/Qualität eines Objektes und eine gleich-gerichtete Handlungspraxis Qualitätskonventionen zum Ausdruck bringen (vgl. Diaz-Bone und de Larquier 2022), so zeigt sich bei den Proband:innen ein starker gleichgerichteter Zusammenhang in diesen genannten Kategorien. Bei den Items «ökonomischer Erfolg» und «Orientierung an Kundenbedürfnissen» konnte ein mittlerer, gleichgerichteter Zusammenhang aufgezeigt werden. Eine konventionenbezogene und handlungskoordinierende Wirksamkeit von Konkur-renzangeboten auf die Weiterbildungsplanung und -entwicklung konnte auf Basis der hier durchgeführten bivariaten Korrelationsanalyse nicht festgestellt werden.

## 8.2  Deskriptive Typologisierung von Akteur:innen der Weiterbildungsplanung und -entwicklung

Für die Beantwortung von **Forschungsfrage 3** dienen die Erkenntnisse aus Cluster- und Kontingenzanalyse, die zusammenhängend interpretiert werden. Die Forschungsfrage 3 lautet wie folgt:

3. Welche konventionenbezogenen Typologisierungen von Akteur:innen in der Weiterbildungsplanung und -entwicklung lassen sich im Spannungsfeld von Wissenschaftsinstitution und Weiterbildungsmarkt vornehmen?

Im Ergebnis lassen sich statistisch **vier Cluster (C1-C4)** unterschei-den: **C1-Forschungs- und Wissenschaftsorientierung; C2-Berufspraxis und Gesellschaftsorientierung; C3-Berufspraxis und Finanzorientierung** sowie **C4-Wissenschaftlich reflektierte Berufspraxis.** Eine Typologisierung von Akteur:innen innerhalb dieser Cluster benötigt den Einbezug der Kontextva-riablen. Tab. 8.1 verdeutlicht die unterschiedlichen Häufigkeitsverteilungen der Proband:innen auf die jeweiligen Cluster bei gleichzeitiger Berücksichtigung der Kontextvariablen Hochschultyp, höchster Abschluss, verbindliche Finanzziele sowie organisationale Zugehörigkeit.

Die Matrix lässt sich sowohl zeilen- als auch spaltenweise interpretieren. Eine **Typologisierung der Akteur:innen** nach Clustern ergibt sich zunächst aus der Interpretation der Matrix **nach Zeilen.**

**Tab. 8.1** Verteilungsmatrix Clusterzugehörigkeit nach Kontextvariablen

| | Hochschultyp_zus | höchster Abschluss_zus | Forschungstätigkeit | verbindl. Finanzziele | Org. Zugehörigkeit |
|---|---|---|---|---|---|
| C1: Forschungs- und Wissenschaftsorientierung | Uni | 27.50% Habil._Dokt. | 21.60% nein | 13.10% nein | 28.30% HWB | 12.20% |
| | FH | 12.70% Master_and. | 14.70% ja | 22.80% ja | 11.10% F\|L\|R | 20.51% |
| C2: Berufspraxis und Gesellschaftsorientierung | Uni | 12.50% Habil._Dokt. | 27.50% nein | 24.60% nein | 13.00% HWB | 21.95% |
| | FH | 32.90% Master_and. | 25.00% ja | 28.10% ja | 34.70% F\|L\|R | 28.21% |
| C3: Berufspraxis und Finanzorientierung | Uni | 30.00% Habil._Dokt. | 23.50% nein | 36.10% nein | 21.70% HWB | 36.59% |
| | FH | 27.80% Master_and. | 32.40% ja | 19.30% ja | 31.90% F\|L\|R | 24.36% |
| C4: Wissenschaftlich reflektierte Berufspraxis | Uni | 30.00% Habil._Dokt. | 27.50% nein | 26.20% nein | 37.00% HWB | 29.27% |
| | FH | 26.60% Master_and. | 27.90% ja | 29.80% ja | 22.20% F\|L\|R | 26.92% |

Verantwortliche für die Weiterbildungsplanung und -entwicklung des Clusters **C1-Forschungs- und Wissenschaftsorientierung** sind mehrheitlich an einer Universität in der Hochschulweiterbildung beschäftigt, verfügen über eine Habilitation und/oder ein Doktorat, sind zugleich auch in der Forschung tätig und als Beschäftigte der Hochschule organisatorisch weniger häufig unmittelbar an die Hochschulweiterbildung angebunden.

Im Cluster **C2-Berufspraxis und Gesellschaftsorientierung** sind die für die Weiter-bildungsplanung und -entwicklung verantwortlichen Akteur:innen mehrheitlich an einer Fachhochschule tätig, verfügen entweder über eine Habilitation/ ein Doktorat oder einen Masterabschluss, sind durchaus auch in der Forschung tätig (hier ist das Verhältnis zwischen Forschenden und Nicht-Forschenden annähernd ausgeglichen) und erhalten zumeist eine Vorgabe finanzieller Erfolgsziele. Akteur:innen dieses Clusters sind organisatorisch etwas häufiger an einen der hochschulischen Kernbereiche (Lehre und Forschung, Rektorat) angebunden, teils aber auch unmittelbar einer Abteilung für Weiterbildung der Hochschule zugehörig.

Planungsverantwortliche Akteur:innen im Cluster **C3-Berufspraxis und Finanzorientierung** erhalten überwiegend finanzielle Zielvorgaben für die Weiterbildung, sind zumeist organisatorisch in der Hochschulweiterbildung angebunden und verfügen eher über einen Masterabschluss (oder Äquivalent). Akteur:innen im Cluster C3 sind entweder an einer Universität oder an einer Fachhochschule tätig (hier ist das Verhältnis annähernd ausgeglichen).

Angehörige des Clusters **C4-Wissenschaftlich reflektierte Berufspraxis** weisen eine gemeinsame (konventionenbezogene) Handlungspraxis auf, die scheinbar nicht an den Hochschultyp, die akademische Qualifikation und Forschungsaktivität der Akteur:innen oder die organisationale Zugehörigkeit innerhalb der Hochschule rückgebunden ist. Zugleich erhalten die Akteur:innen dieses Clusters in geringerem Umfang finanzielle Zielvorgaben als in den Clustern 2 und 3. Bezieht man ergänzend die **Matrix-Spalten** in die Betrachtung mit ein, so lässt sich nicht feststellen, dass Universitäten oder Fachhochschulen als Hochschultyp in einem der vier Cluster besonders deutlich repräsentiert sind. Akteur:innen der Hochschulweiterbildung an Universitäten sind in einem relativ ausgeglichenen Verhältnis in den Clustern C3-Berufspraxis und Finanzorientierung (30 %), C4-Wissenschaftlich reflektierte Berufspraxis (30 %) und C1-Forschungs- und Wissenschaftsorientierung (27.5 %) vertreten. Der Anteil der Universitäten im Cluster C2–Berufspraxis und Gesellschaftsorientierung fällt mit 12.5 % am geringsten aus. Bei den Fachhochschulen sind die Cluster C2-Berufspraxis und Gesellschaftsorientierung (32.9 %), C3-Berufspraxis und

Finanzorientierung (27.8 %) und C4-Wissenschaftlich reflektierte Berufspraxis (26.6 %) ebenfalls verhältnismäßig ausgeglichen repräsentiert. Akteur:innen
der Hochschulweiterbildung von Fachhochschulen finden sich mit 12.7 % in
geringerer Häufigkeit im Cluster C1-Forschungs- und Wissenschaftsorientierung.
Insgesamt wird sichtbar, dass in der Weiterbildungsplanung und -entwicklung
eine Aussenorientierung in Bezug auf weiterbildungsmarktbezogene Anforderungen, Berufspraxis und gesellschaftsrelevante Themen in drei von vier Clustern
deutlich stärker ausgeprägt ist als der inhaltliche Rückgriff auf Wissenschaftlichkeit und Forschungsbezüge. Dabei spielt in der untersuchten Stichprobe
der Hochschultyp eine untergeordnete Rolle. Die Weiterbildungsverantwortlichen an Universitäten weisen, ebenso wie diejenigen an Fachhochschulen, höhere
Häufigkeiten in Clustern mit weiterbildungsmarktbezogenen Items auf. Ein ähnliches Bild ergibt sich bei der Berücksichtigung der akademischen Qualifikation
der planungsverantwortlichen Akteur:innen. So sind Personen mit Habilitation
und/oder Doktorat und eigener Forschungstätigkeit in Bezug auf ihre Aktivitäten in der Weiterbildung nicht häufiger im Cluster C1-Forschungs- und
Wissenschaftsorientierung vertreten. Stattdessen zeigen sich für diese Gruppe
höhere Präferenzen für die Cluster C2-Berufspraxis und Gesellschaftsorientierung
sowie C4-Wissenschaftlich reflektierte Berufspraxis. Eine stärkere Zugehörigkeit
zum Cluster C3-Berufspraxis und Finanzorientierung zeigt sich bei Personen,
denen auf Produktebene finanzielle Erfolgsziele durch die Hochschule vorgegeben werden. Allerdings ist für diesen Personenkreis auch eine ähnlich hohe
Zugehörigkeit zu dem stark nachfrageorientierten Cluster C2-Berufspraxis und
Gesellschaftsorientierung zu verzeichnen. Die organisationale Anbindung der
Weiterbildung innerhalb der Hochschule spielt in Bezug auf die Clusterzugehörigkeit hingegen scheinbar nur eine Rolle im Cluster C3-Berufspraxis und
Finanzorientierung. Hier überwiegt der Häufigkeitsanteil der Akteur:innen, die
organisatorisch einer Abteilung oder einem Zentrum für Weiterbildung innerhalb
der Hochschule angehören. Im Rahmen der deskriptiv-statistischen Interpretation entsteht zudem der Eindruck, dass mit einem Bewusstsein für finanziellen
Erfolgsdruck die Aussenorientierung in Richtung Berufspraxis und Gesellschaft
steigt. Ist dieser Erfolgsdruck geringer, sind die Akteur:innen häufiger in den
vermehrt wissenschaftlich orientierten Clustern zu finden.

# Reflexion und Diskussion

9

Die Interpretation der Ergebnisse führt zu der Schlussfolgerung, dass die Weiterbildung an den befragten Hochschulen einer eigenen Identitätsbildung folgt, welche die institutionellen Bezüge aus Wissenschaft und Forschung zwar mitführt, aber nicht als vordergründige Handlungslogik priorisiert. Deutliche Unterschiede zwischen Universitäten und Fachhochschulen lassen sich dabei nicht aufzeigen. Die in der Studie befragten Weiterbildungsverantwortlichen nehmen ihre Funktion verstärkt im Rückgriff auf Konventionen wahr, die mit dem Weiterbildungsmarkt und dessen Nachfrage korrespondieren. Im Fokus der Weiterbildungsplanung und -entwicklung stehen aktuelle Themen aus Berufspraxis und Gesellschaft. Dabei treffen die verantwortlichen Akteur:innen Planungsentscheide in der Weiterbildung teils unabhängig von den Schwerpunktsetzungen ihrer jeweiligen Hochschule respektive Fachbereiche in Wissenschaft und Forschung. Es wird mehrheitlich einem Qualitätsverständnis von wissenschaftlich reflektierter, jedoch prioritär berufspraktisch-anwendungsorientierter Weiterbildung gefolgt.

Für die Schweizer Hochschulweiterbildung werden Entwicklungsperspektiven aufgezeigt, welche von einer stärkeren Verschränkung von Handlungslogiken der Hochschule als Wissenschaftsinstitution und des Weiterbildungsmarktes ausgehen. Dabei zeigt sich eine zunehmende Professionalisierung von Planungsverantwortlichen im Umgang mit unternehmerischen Herausforderungen der Hochschulweiterbildung (vgl. Zimmermann und Fischer, 2016; Fischer, 2014; Fischer und Zimmermann, 2016). Hieraus ergeben sich wiederum Hinweise auf eine zunehmende Autonomie der Hochschulweiterbildung (vgl. Weber, 2014), die möglicherweise deren Identitätsbildung im «System Hochschule» unterstützt. Die hier gewonnen Daten zeigen eine deutliche Aussenorientierung der Weiterbildungsplanung und -entwicklung auf, welche sich von dem Verständnis der Hochschulen als prototypisch angebotsorientierten Einrichtungen

© Der/die Autor(en) 2023
B. M. Tokarski, *Hochschulweiterbildung zwischen Wissenschaftsinstitution und Weiterbildungsmarkt*, Higher Education Research and Science Studies,
https://doi.org/10.1007/978-3-658-43781-7_9

(vgl. Wolter, 2011) unterscheidet. Hochschulweiterbildungen würden in diesem Sinne ihre Angebote an den Referenzsystemen Wissenschaft und Forschung ausrichten. In der hier vorliegenden Studie zeigt sich jedoch, dass auch Planungsverantwortliche, die aufgrund ihrer Binnenfunktion innerhalb der Hochschule eine Rückbindung an wissenschaftliche Lehre und Forschung aufweisen, in der Hochschulweiterbildung für die Planung und -entwicklung von Weiterbildungsangeboten eine stärker an Nachfrage und Berufspraxis orientierte Haltung einnehmen. Interpretativ lassen sich hier gegebenenfalls Ökonomisierungseffekte vermuten, wenn man der Definition folgt, dass Ökonomisierung zu einer Überformung vormals nicht ökonomischer Bereiche durch betriebswirtschaftliche Handlungslogiken führt (vgl. Schmid und Wilkesmann, 2020; Schimank und Volkmann, 2017; Zastrow, 2013; Bellmann, 2001). Wie dieser Rollenwechsel jedoch auf der Ebene der planungsverantwortlichen Akteur:innen gelingt, welche strukturellen Voraussetzungen solch einen Rollenwechsel unterstützen oder welche Konflikte hierbei für die Weiterbildungsverantwortlichen entstehen, kann an dieser Stelle nicht beantwortet werden. Eine qualitative Folgestudie könnte hier weitere Erkenntnisse bieten. Welche Gewichtung das Argument der Wissenschaftlichkeit in der Weiterbildungsplanung und -entwicklung an Hochschulen künftig erhalten wird, scheint einem dynamischen Entwicklungsprozess unterworfen. Insbesondere stellt sich die Frage, ob Wissenschaftlichkeit als Paradigma eine gewisse Unabhängigkeit beibehält, womit auch ein gesellschaftlicher Auftrag von Bildung angesprochen wäre, der nicht primär marktlich-ökonomischen Abwägungen unterliegt. Oder, ob die Betonung von Wissenschaftlichkeit in den Angebotsstrukturen der Hochschulweiterbildung nicht letztlich auch dem Markt als vordergründiger Steuerungsinstanz dient, indem hierdurch eine akademisch-wissenschaftlich affine Zielgruppe angesprochen werden soll. Die Rektorenkonferenz der Schweizer Hochschulen hat mit ihrem Eckwertepapier (swissuniversities, 2020) ihre Vorstellungen zur Rolle und zum Auftrag der Hochschulweiterbildung bereits dargelegt: *«Mit ihren Weiterbildungsangeboten unterstützen die Hochschulen Personen, die bereits in der Berufspraxis stehen, sich laufend weiter zu qualifizieren. Damit bewegen sich die Hochschulen mit ihren Weiterbildungsangeboten nahe an Berufswelt und Gesellschaft. Gegenüber anderen Angeboten im Weiterbildungsmarkt unterscheidet sich die Hochschulweiterbildung durch ihre Nähe zu Studium und Forschung der Hochschulen. Es gehört zu ihrem Selbstverständnis, ein Teil der Hochschulbildung und im Wissenschaftssystem verortet zu sein und sich gleichzeitig am Praxisfeld zu orientieren.»* In den Hochschulen scheint dieser Vorsatz bereits angekommen, bezieht man die Datenanalyse der hier realisierten Stichprobe an neun Schweizer Hochschulen in die Betrachtung mit ein.

Wie sich der geforderte Ausgleich zwischen Berufswelt- und Gesellschaftsorientierung und Nähe zu Studium und Forschung der Hochschulen in den nächsten Jahren ausbalancieren wird, bleibt abzuwarten und kann gegebenenfalls durch eine vergleichende Längsschnittsanalyse zu einem späteren Zeitpunkt beantwortet werden.

Trotz Priorisierung der Konventionenökonomie als Zugang für die hier durchgeführte theoretisch-empirische Analyse, ergeben sich auch aus der theoretischen Diskussion des soziologischen Neo-Institutionalismus Diskursanregungen auf der Grundlage der hier gewonnen Daten. Im soziologischen Neo-Institutionalismus folgen Institutionen umweltbezogenen Herausforderungen, indem sie vor allem nach legitimen (und weniger effizienzgetriebenen) Lösungen suchen (vgl. Meyer und Rowan, 2009; DiMaggio und Powell, 2009). Es geht in diesem Sinne also um Angleichungsbemühungen zwischen Umwelt und Institution, welche zugleich auch charakteristisch sind für das Handeln von Planungsverantwortlichen im Sinne der erwachsenenbildnerisch orientierten Programmplanungsforschung. Derartige Angleichungsbemühungen werden in der hier durchgeführten Untersuchung ebenfalls sichtbar, wenn auch auf der Basis von Konventionen und situativer Handlungskoordination. Gleichzeitig drückt die verstärkte Aussenorientierung der Akteur:innen in Richtung Berufsfeld und Weiterbildungsmarkt eine fortschreitende Professionalisierung aus, die Kenntnisse der Programmplanung sowie allgemeine betriebsökonomische Kenntnisse miteinschliesst (vgl. Lehmann und Vierzigmann, 2022:13). Scheinbar unterscheiden die Planungsverantwortlichen in der Hochschulweiterbildung ihre jeweilige Rolle, je nachdem, ob sie in den Kernleistungsbereichen der Hochschule (hier vor allem in der Forschung) oder in der Hochschulweiterbildung agieren. Zumindest deuten die Daten der hier analysierten Stichprobe darauf hin, da auch Akteur:innen mit höherer Rückbindung an die Kernuniversität in der Hochschulweiterbildung einer verstärkten Orientierung an Nachfrage und Berufsfeld zustimmen. Aus neo-institutionalistischer Sicht ist hier eine Angleichung durch normativen Druck (vgl. Ansätze eines umweltbezogenen Isomorphismus; DiMaggio und Powell, 2009) ein möglicher Erklärungsansatz, indem professionelle Standards unter den jeweiligen Umweltbedingungen neu legitimiert werden. Allerdings vollziehen sich solche Angleichungen im soziologischen Neo-Institutionalismus entlang der Struktur des organisationalen Feldes, welches nach DiMaggio und Powell (2009) als Aggregat von Organisationen und deren wechselseitigen Abhängigkeitsbeziehungen verstanden wird, die wiederum institutionelles Handeln formen. Die Konventionenökonomie folgt hingegen einer akteurszentrierten Sichtweise, die Situationen als empirische Bezugsgrösse heranzieht und nicht primär die Struktur des organisationalen Feldes. In der Konventionenökonomie gelten Akteur:innen als kompetent, Zusammenhänge unter Verweis auf äussere Umstände zu relativieren. Institutionen sind insofern immer auch unvollständig und unterliegen einer situativen, aktiven Steuerbarkeit durch ihre Akteur:innen (vgl. Diaz-Bone, 2011a: 28, 2009; Diaz-Bone und Thévenot, 2010: 5; Bessy, 2011: 168). Gleichwohl zeigen sich aufgrund spezifischer Vereinbarungen innerhalb von Organisationen gewisse Restriktionen, wie die vorliegenden Daten insbesondere für die Vereinbarung finanzieller Erfolgsziele zeigen. Die Ausführungen in *Worlds of Production* von Storper und Salais (1997) bieten für die konventionenökonomische Analyse eine wertvolle Ergänzung, da diese die Konstruktion von Vereinbarungen zwischen Personen und Regeln für spontanes individuelles Handeln als Einflussgrössen für Konventionen einbeziehen.

In der Konventionenökonomie finden Akteur:innen auf der Grundlage von Qualitätskonventionen zu neuen, verallgemeinerungsfähigen Lösungen, die im weiteren als legitimierende Referenz für Handlungskoordination dienen. In der hier durchgeführten Studie wurden Weiterbildungsverantwortliche nach ihrer Zustimmung zu drei Kategorien von Qualitätskonventionen befragt (vgl. Abb. 4.3, Kap. 4.3). Die höchste Zustimmung durch die Proband:innen erhielt die «hybride» Kategorie, welche der Hochschulweiterbildung die Eigenschaft einer wissenschaftlich-reflektierten, berufsbezogenen Weiterbildung zuschreibt. Ob hier zu einer neuen, verallgemeinerungsfähigen Qualitätskonvention gefunden wurde, lässt sich im Rahmen dieser Studie nicht abschliessend beantworten. Für die Beurteilung von Veränderungen, die einen Neuigkeitsgrad beinhalten, bräuchte es eine Längsschnittbetrachtung für den «vorher-nachher»-Vergleich. Jedoch lässt sich auf der Grundlage der hier durchgeführten explorativen Datenanalyse zumindest festhalten, dass die befragten Planungsverantwortlichen einer Synthese von Wissenschaftsbezogenheit und berufspraktischer Ausrichtung im Vergleich zu den anderen beiden Qualitätskategorien den höchsten Stellenwert für die Weiterbildungsplanung und -entwicklung zuschreiben. Die gleichberechtige Bezugnahme auf Markt- und Qualitätskonventionen führt nach Boltanski und Thévenot (2018) zu einer Auflösung der Grenzen zwischen Markt und Organisation. Institutionen gelten als endogen bzw. als Teil marktlicher Transaktionen (vgl. Bessy, 2011; Bessy und Favereau, 2003; Salais, 2007). In der hier durchgeführten Untersuchung wird sichtbar, dass eine Betrachtung weiterbildungsmarktbezogener Anforderungen als ausschliesslich exogene Grössen, für welche die Organisation gesamtheitlich Steuerungsantworten findet, nicht den in der Stichprobe analysierten Gegebenheiten entspricht. Vielmehr scheinen die planungsverantwortlichen Akteur:innen der Hochschulweiterbildung weiterbildungsmarktbezogene Anforderungen und Nachfrageorientierung als einen Teil ihrer Rolle zu internalisieren, und dies möglicherweise unabhängig von ihrer Rolle im Wissenschafts- und

Forschungsbetrieb der Hochschule. Der Ansatz institutioneller Reichweiten der Konventionenökonomie schafft hier einen theoretischen Zugang, der zum einen die Institution Hochschule gedanklich um den Weiterbildungsmarkt erweitert, und zudem situationsbezogen die Wirksamkeit unterschiedlicher institutioneller Logiken im Innen- und Aussenverhältnis der Organisation für Analysen zugänglich macht.

# Desiderate und Ausblick 10

Zusammenhänge, für die eine tiefere Klärung wünschenswert wäre, zeigen sich sowohl auf theoretischer als auch auf methodisch-empirischer Ebene.

Auch wenn im methodologischen Sinn Argumente für eine akteurszentrierte Forschung im Feld der Hochschulweiterbildung auf der Grundlage von Konventionen vorliegen, bestehen für empirische Forschungsarbeiten weiterhin methodische Herausforderungen. Durch die vorliegende Arbeit konnte gezeigt werden, dass sich mit der Erfassung korrelativer Zusammenhänge zwischen der Zustimmung zu Qualitätszuschreibungen und den damit verbundenen Handlungspraktiken situative Handlungsüberzeugungen für eine Gruppe von Akteur:innen abbilden lassen. Mit der Situation als Bezugsrahmen für empirische Analysen können so Momentaufnahmen erzeugt werden. Wie bei Pätzold (2022) angemerkt, sind Annahmen über die Abhängigkeit zwischen Variablen im Zusammenspiel von Situation, Konvention und Handlung nicht eindeutig zu treffen. Eine Handlung kann sowohl Ausdruck einer anerkannten Konvention oder auch des situativen Wechsels zwischen Konventionen sein. Inwieweit diese konventionenbezogenen Momentaufnahmen für einen gewissen Zeitraum Verstetigung erfahren, und somit für eine Gruppe von Akteur:innen handlungskoordinierend wirken können, kann gegebenenfalls durch Längsschnittanalysen sowie eine Kombination quantitativ-multivariater und qualitativer Analyseverfahren beantwortet werden. Strukturentdeckende, multivariate Analyseverfahren, wie die hier durchgeführte Clusteranalyse, liefern einen datengestützten Eindruck zu Mustern und latenten Zusammenhängen im Forschungsfeld. Qualitative Analyseverfahren bieten die Möglichkeit der vertieften Interpretation dieser Muster. Ein solches Mixed-Method-Design wäre zweckdienlich, um die hier einbezogenen strukturellen Restriktionen für konventionenbezogenes Handeln tiefergehend aufzuklären. Eine qualitative Interviewstudie im Anschluss an die vorliegende

© Der/die Autor(en) 2023 157
B. M. Tokarski, *Hochschulweiterbildung zwischen Wissenschaftsinstitution und Weiterbildungsmarkt*, Higher Education Research and Science Studies, https://doi.org/10.1007/978-3-658-43781-7_10

Arbeit würde zudem die Möglichkeit bieten, den Hinweisen auf eine abweichende Rollenwahrnehmung der Akteur:innen aus Wissenschaft und Forschung in der Hochschulweiterbildung nachzugehen. Wie bereits angesprochen (vgl. Kap. 9), ist beispielsweise offen, unter welchen Bedingungen Akteur:innen im Spannungsfeld zwischen Wissenschaftsbetrieb und einer an der Berufspraxis orientierten Weiterbildung agieren. Spannungsfelder erzeugen potenziell Konflikte. Das Vorliegen eines Spannungsfeldes ist auch für diese Arbeit eine theoretisch begründbare und wichtige Basisannahme, für welche die hier durchgeführte explorative Clusteranalyse empirische Befunde bereitstellt. Inwieweit jedoch die weiterbildungsverantwortlichen Akteur:innen, die zugleich in Wissenschaft und Forschung tätig sind, hier einen alltäglichen Konflikt erleben, oder ob vielleicht sogar die angestrebte Aussenorientierung an Nachfrage und Berufsfeld (vgl. swissuniversities, 2020) einem eher harmonischen Übergang folgt, kann aktuell zu wenig empirisch gestützt beantwortet werden. Hier besteht eine epistemologische Lücke für die Weiterbildungsforschung, welche die Bedingungen für begründbares Wissen stärker in den Vordergrund rückt. Dies bedingt vor allem auch weiterführende empirische Forschungsvorhaben. Stehen Akteur:innen und deren Handlungsbedingungen sowie Rollenkonflikte in der Weiterbildungsplanung und -entwicklung im Betrachtungsfokus, so impliziert dies zudem den Bedarf nach Problemlösungen im Sinne eines anwendungsorientierten Forschungsnutzens.

Für Schweizer Hochschulen zeigt sich auf der Grundlage der hier gewonnenen Daten eine Verwässerung zwischen den Hochschultypen im Bereich der Weiterbildung. So kann auf der Akteursebene nicht nachgezeichnet werden, dass Universitäten in der Weiterbildungsplanung und -entwicklung einer ausgeprägteren Wissenschafts- und Forschungsorientierung folgen als die vordergründig anwendungsorientierteren Fachhochschulen. Planungsverantwortliche beider Hochschultypen präferieren für ihr Handeln in der Hochschulweiterbildung die Berufspraxis als Orientierungsgrösse sehr viel häufiger. Damit sprechen vor allem beide Hochschultypen die Adressat:innen hochschulischer Weiterbildungen in potenziell ähnlicher Art und Weise an. Es fehlen Daten, wie sich das wiederum auf Marktanteile am Weiterbildungsmarkt auswirkt. Aufgrund des unzureichenden Monitorings von Weiterbildungsabschlüssen in der Schweiz (vgl. Kap. 1.1), lassen sich dazu keine Aussagen treffen. Gleichwohl werden diese benötigt, um mögliche Effekte am Weiterbildungsmarkt nachzuzeichnen, die sich aufgrund einer stärker ökonomisch und nachfrageorientierten Weiterbildungsplanung ergeben. In diesem Zusammenhang fehlen auch tiefergehende Erkenntnisse zu Kooperationen zwischen Hochschulen und privaten Unternehmen sowie deren potenziellem Beitrag zu einer Konsolidierung von Marktanteilen.

Ebenso interessieren hier die konkreten Auswirkungen des Kooperationsverhältnisses auf die inhaltliche und didaktische Gestaltung von Angebotsformaten. In
der Zukunft werden Hochschulen wohlmöglich stärker nach Differenzierungsmerkmalen suchen, um spezifische Zielgruppen für ihre Weiterbildungsangebote
zu erreichen und als Kund:innen an die Hochschule zu binden. Mit der politischen
Motion der Höheren Fachschulen der Schweiz, deren Abschlüsse umzuwidmen in
einen *professional* Bachelor oder *professional Master* (FH Schweiz, 2023)[1], sind
Veränderungen im organisationalen Feld nicht auszuschliessen. Diese betreffen
primär die akademischen Erstausbildungen an Fachhochschulen und Universitäten insofern, als dass sich die Frage nach den Differenzierungsmerkmalen
von Bachelor- und Masterabschlüssen der drei verschiedenen Typen von Bildungsanbieterinnen stellt, bezieht man zukünftig die Höheren Fachschulen mit
ein. Jedoch sind die Höheren Fachhochschulen auch Anbieter von Weiterbildungen. Die Anzahl von Bildungsinstitutionen mit dem Vergaberecht akademischer
Titel, zu deren Leistungsauftrag auch die Weiterbildung gehört, würde sich
somit ebenfalls vergrössern. Eine zunehmende Diversifizierung von Weiterbildungsangeboten auch in der Hochschulweiterbildung zur Sicherung der eigenen
Wettbewerbsposition kann in der Folge nicht ausgeschlossen werden. Die Rahmenbedingungen für die Weiterbildungsplanung und-entwicklung bleiben auch
für die Zukunft eher dynamisch.

---

[1] Siehe online unter https://www.fhschweiz.ch/professional-bachelor (Stand: 10–2023).

# Literaturverzeichnis

Alke, M., 2022. Kooperation als Koordinationsform im Spannungsfeld pluraler Handlungs- und Beziehungslogiken. Zum Analysepotenzial der Soziologie der Konventionen für die erziehungswissenschaftliche Organisations- und Steuerungsforschung., in: Alke, M., C. Feld, T. (Eds.), Steuerung von Bildungseinrichtungen, Theorie und Empirie Lebenslangen Lernens. Springer Fachmedien Wiesbaden, Wiesbaden, pp. 251–278. https://doi.org/10.1007/978-3-658-35825-9_11

Alke, M., 2019. Rechtfertigungsstrategien in der Programmgestaltung in Volkshochschulen im Zuge veränderter Governance-Strukturen aus einer konventionentheoretischen Perspektive, in: Imdorf, C., Leemann, R.J., Gonon, P. (Eds.), Bildung und Konventionen. Springer Fachmedien Wiesbaden, Wiesbaden, pp. 461–482. https://doi.org/10.1007/978-3-658-23301-3_16

Bacher, J., Pöge, A., Wenzig, K., 2010. Clusteranalyse: Anwendungsorientierte Einführung in Klassifikationsverfahren, 3. Auflage, Oldenbourg, München.

Backhaus, K., Erichson, B., Gensler, S., Weiber, R., Weiber, T., 2021. Clusteranalyse, in: Multivariate Analysemethoden. Springer Fachmedien Wiesbaden, pp. 489–575. https://doi.org/10.1007/978-3-658-32425-4_8

Baird, J., 2008. Whose Quality Conventions? The Application of Convention Theory in Higher Education. Tertiary Education and Management 14(1), pp. 67–79. https://doi.org/10.1080/13583880701844162

Banscherus, U., 2020. Lebenslanges Lernen an Hochschulen. Eine institutionentheoretische Analyse internationaler Reformdiskussionen., in: Jütte, W., Kondratjuk, M., Schulze, M. (Eds.), Hochschulweiterbildung als Forschungsfeld: Kritische Bestandsaufnahmen und Perspektiven, Hochschulweiterbildung in Theorie und Praxis. wbv Media GmbH & Co. KG, Bielefeld, pp. 113–134.

Barthe, Y., de Blic, D., Heurtin, J.-P., Lagneau, É., Lemieux, C., Linhardt, D., de Bellaing, C.M., Rémy, C., Trom, D., 2016. Pragmatische Soziologie: Eine Anleitung. Soziale Welt 67(2), pp. 205–231.

Baumann, S., Keimer, I., 2018. Bildungsnutzen in der Weiterbildung. Eine Untersuchung des individuellen Nutzens von Weiterbildungen an der Hochschule Luzern – Wirtschaft. IBR Arbeitsbericht 001/2018.

Bellmann, J., 2001. Zur Selektivität des pädagogischen Blicks auf Ökonomie. Vierteljahrsschrift für wissenschaftliche Pädagogik 77(4), pp. 386–408. https://doi.org/10.30965/258 90581-07704003

Bergkvist, L., Rossiter, J.R., 2007. The Predictive Validity of Multiple-Item versus Single-Item Measures of the Same Constructs. Journal of Marketing Research 44(2), pp. 175–184. https://doi.org/10.1509/jmkr.44.2.175

Bessy, C., 2011. Repräsentation, Konvention und Institution. Orientierungspunkte für die Économie des conventions, in: Diaz Bone, R. (Ed.), Soziologie der Konventionen. Grundlagen einer pragmatischen Anthropologie. Campus, Frankfurt, pp. 167–202.

Bessy, C., Favereau, O., 2003. Institutions et Économie des conventions. Cahiers d'économie politique/Papers in Political Economy, pp. 119–164.

Biggart, N.W., Beamish, T.D., 2003. The Economic Sociology of Conventions: Habit, Custom, Practice and Routine in Market Order. Annual Review of Sociology 29(1), pp. 443–464. https://doi.org/10.1146/annurev.soc.29.010202.100051

Boltanski, L., Thévenot, L., 2018. Über die Rechtfertigung: Eine Soziologie der kritischen Urteilskraft, 2. Auflage. ed. Hamburger Edition, Hamburg.

Boltanski, L., Thévenot, L., 1991. De la justification : les économies de la grandeur.

Boltanski, L., Thévenot, L., 2011. Die Soziologie der kritischen Kompetenzen, in: Diaz Bone, R. (Ed.), Soziologie der Konventionen. Grundlagen einer pragmatischen Anthropologie. Campus, Frankfurt pp. 43–68.

Bornstein, M.H., Jager, J., Putnick, D.L., 2013. Sampling in developmental science: situations, shortcomings, solutions, and standards. Developmental Review 33(4), pp. 357–370. https://doi.org/10.1016/j.dr.2013.08.003

Brückner, Y., Tarazona, M., 2010. Finanzierungsformen, Zielvereinbarung, New Public Management, Globalbudgets, in: Altrichter, H., Maag Merki, K. (Eds.), Handbuch Neue Steuerung im Schulsystem. VS Verlag für Sozialwissenschaften, Wiesbaden, pp. 81–109. https://doi.org/10.1007/978-3-531-92245-4_4

Büchter, K., Höhne, T., 2021. Einführung: Berufs- und Weiterbildung unter Druck: Ökonomisierungsprozesse in Arbeit, Beruf und Qualifizierung, in: Büchter, K., Höhne, T. (Eds.), Berufs- und Weiterbildung unter Druck: Ökonomisierungsprozesse in Arbeit, Beruf und Qualifizierung, Neue Politische Ökonomie der Bildung. Beltz Juventa, Weinheim Basel, pp. 7–16.

Bühner, M., 2011. Einführung in die Test- und Fragebogenkonstruktion, 3., aktualisierte und erw. Auflage, Pearson Studium – Psychologie. Pearson Studium, München.

Bundesamt für Statistik (BfS), 2022. Studierende und Abschlüsse an Hochschulen, Tertiärstufe, 2005–2021, URL https://www.bfs.admin.ch/bfs/de/home/statistiken/bildung-wis senschaft/bildungsabschluesse/tertiaerstufe-hochschulen.html

Bundesrat, 2013. Botschaft zum Bundesgesetz über die Weiterbildung; BBl 2013 3729. adm in.ch

Caffarella, R.S., Daffron, S.R., 2013. Planning programs for adult learners: a practical guide, Third edition. ed. Jossey-Bass, a Wiley Imprint, San Francisco.

Callon, M., Latour, B., 1981. Unscrewing the Big Leviathan. How Actors Macro-Structure Reality and How Sociologists Help Them to Do So., in: Knorr, K., Cicourel, A. (Eds.), Advances in Social Theory and Methodology. London, pp. 277–303.

Cendon, E., Maschwitz, A., Nickel, S., Pellert, A., Schultes, M.-T., Wilkesmann, U., 2020a. Steuerung der hochschulischen Kernaufgabe Weiterbildung, in: Welpe, I.M., Stumpf-Wollersheim, J., Folger, N., Prenzel, M. (Eds.), Leistungsbewertung in Wissenschaftlichen Institutionen und Universitäten. De Gruyter, pp. 274–293. https://doi.org/10.1515/9783110689884-013

Cendon, E., Maschwitz, A., Nickel, S., Pellert, A., Wilkesmann, U., 2020b. Steuerung der hochschulischen Kernaufgabe Weiterbildung., in: Wandel an Hochschulen? Entwicklungen der Wissenschaftlichen Weiterbildung im Bund-Länder-Wettbewerb «Aufstieg durch Bildung: Offene Hochschulen». Waxmann Verlag, Münster, pp. 17–38. https://doi.org/10.31244/9783830991069

Cendon, E., Wilkesmann, U., Schulte, D., Elsholz, U., 2020c. Profilbildung durch wissenschaftliche Weiterbildung? Eine Konstruktion von idealtypischen Profilen wissenschaftlicher Weiterbildung für Hochschulen der Zukunft, in: Wandel an Hochschulen? Entwicklungen Der Wissenschaftlichen Weiterbildung Im Bund-Länder-Wettbewerb ›Aufstieg Durch Bildung: Offene Hochschulen‹. pp. 303–320.

Cervero, R.M., Wilson, A.L., 1994. The Politics of Responsibility: A Theory of Program Planning Practice for Adult Education. Adult Education Quarterly. 45(1), pp. 249–268. https://doi.org/10.1177/0741713694045001001

Cohen, J., 2013. Statistical Power Analysis for the Behavioral Sciences, ed. Routledge. https://doi.org/10.4324/9780203771587

Dahmen, S., 2022. Organisationen als Kompromissmaschinen: Zur Mikrofundierung von Organisationen im Neo-Institutionalismus und der Soziologie der Konventionen am Beispiel Sozialer Hilfen am Übergang von der Schule in den Beruf, in: Alke, M., C. Feld, T. (Eds.), Steuerung von Bildungseinrichtungen: Theoretische Analysen Erziehungswissenschaftlicher Organisationsforschung. Springer Fachmedien Wiesbaden, pp. 279–302. https://doi.org/10.1007/978-3-658-35825-9_12

Deutsche Gesellschaft für Weiterbildung und Fernstudium e. V. [DGWF], 2015. Organisation der wissenschaftlichen Weiterbildung an Hochschulen. DGWF-Empfehlungen. Beschlossen am 16./17.07.2015 in Oestrich-Winkel.

Deutscher Qualifikationsrahmen für Lebenslanges Lernen, 2023. Bundesministerium für Bildung und Forschung. Online: Startseite – Deutscher Qualifikationsrahmen (dqr.de); abgerufen am 28.03.2023.

Diaz-Bone, 2006. Wirtschaftssoziologische Perspektiven nach Bourdieu in Frankreich, in: Florian, M., Hillbrandt, F. (Eds.), Pierre Bourdieu: Neue Perspektiven für die Soziologie der Wirtschaft. VS Verlag, Wiesbaden, pp. 43–71.

Diaz-Bone, R., 2021. Michael Storper und Robert Salais: Worlds of Production, in: Kraemer, K., Brugger, F. (Eds.), Schlüsselwerke der Wirtschaftssoziologie, Wirtschaft + Gesellschaft. Springer Fachmedien Wiesbaden, pp. 349–354. https://doi.org/10.1007/978-3-658-31439-2_35

Diaz-Bone, R., 2019. Statistik für Soziologen, 5. überarbeitete Auflage, utb basics. UVK Verlag, München.

Diaz-Bone, R., 2018a. Qualitätskonventionen, in: Die "Economie des conventions." Springer Fachmedien Wiesbaden, pp. 141–210. https://doi.org/10.1007/978-3-658-21062-5_5

Diaz-Bone, R., 2018b. Einführung, in: Die "Economie des conventions." Springer Fachmedien Wiesbaden, Wiesbaden, pp. 1–6. https://doi.org/10.1007/978-3-658-21062-5_1

Diaz-Bone, R., 2018c. Economics of Convention and its Perspective on Knowledge and Institutions, in: Glückler, J., Suddaby, R., Lenz, R. (Eds.), Knowledge and Institutions, Knowledge and Space. Springer International Publishing, Cham, pp. 69–88. https://doi.org/10.1007/978-3-319-75328-7_4

Diaz-Bone, R., 2017. Dispositive der Ökonomie: Konventionentheoretische Perspektiven auf Institutionen und Instrumentierungen der ökonomischen Koordination, in: Diaz-Bone, R., Hartz, R. (Eds.), Dispositiv und Ökonomie. Springer Fachmedien Wiesbaden, pp. 83–111. https://doi.org/10.1007/978-3-658-15842-2_3

Diaz-Bone, R., 2011a. Soziologie der Konventionen. Grundlagen einer pragmatischen Anthropologie. Campus, Frankfurt.

Diaz-Bone, R., 2011b. The Methodological Standpoint of the "économie des conventions." Historical Social Research Vol. 36 (4). https://doi.org/10.12759/HSR.36.2011.4.43-63

Diaz-Bone, R., 2010. Qualitätskonstruktion und Marktstrukturen Ein Vergleich der Économie des conventions mit dem Marktmodell von Harrison White, in: Fuhse, J., Mützel, S. (Eds.), Relationale Soziologie: Zur Kulturellen Wende der Netzwerkforschung. VS Verlag für Sozialwissenschaften, Wiesbaden, pp. 163–178. https://doi.org/10.1007/978-3-531-92402-1_8

Diaz-Bone, R., 2009. Convention, Organization and Institution: The Contribution of the "Economics of Convention" to Institutionalism Historical Social Research Vol. 34 (2). https://doi.org/10.12759/HSR.34.2009.2.235-264

Diaz-Bone, R., de Larquier, G., 2022. Conventions: Meanings and Applications of a Core Concept in Economics and Sociology of Conventions, in: Diaz Bone, R., de Larquier, G. (Eds.), Handbook of Economics and Sociology of Conventions. Springer International Publishing, Cham, pp. 1–27. https://doi.org/10.1007/978-3-030-52130-1_2-1

Diaz-Bone, R., Salais, R., 2011. Economics of Convention and the History of Economies. Towards a Transdisciplinary Approach. Historical Social Research/Historische Sozialforschung 36 (4), pp. 7–39.

Diaz-Bone, R., Thévenot, L., 2010. Die Soziologie der Konventionen. Die Theorie der Konventionen als ein zentraler Bestandteil der neuen französischen Sozialwissenschaften: Einleitung. Trivium. https://doi.org/10.4000/trivium.3557

Dick, M., 2010. Ungenutzte Potenziale. Weiterbildung an Hochschulen als Transformation zwischen Wissenschaft und Praxis. Zeitschrift für Soziologie der Erziehung und Sozialisation 30 (1), pp. 13–27.

DiMaggio, P. J., & Powell, W. W. (Hrsg.) (1991). The New institutionalism in organizational analysis. University of Chicago Press.

DiMaggio, P.J., Powell, W.W., 2009. Das „stahlharte Gehäuse" neu betrachtet: Institutionelle Isomorphie und kollektive Rationalität in organisationalen Feldern, in: Koch, S., Schemmann, M. (Eds.), Neo-Institutionalismus in der Erziehungswissenschaft: Grundlegende Texte und Empirische Studien. VS Verlag für Sozialwissenschaften, Wiesbaden, pp. 57–84. https://doi.org/10.1007/978-3-531-91496-1_4

Dodier, N., 2011. Konventionen als Stützen der Handlung: Elemente der soziologischen Pragmatik. Dt. Übersetzung aus dem Französischen., in: Diaz-Bone, R. (Ed.), Soziologie der Konventionen. Grundlagen einer pragmatischen Anthropologie. Campus, Frankfurt, pp. 69–98.

Dodier, N., 1993. Review Article: Action as a Combination of 'Common Worlds.' The Sociological Review 41, pp. 556–571.

Dollhausen, K., 2022. Institution, Organisation, „Actorhood" – Bezugspunkte zur Analyse der Steuerung von und in Weiterbildungsorganisationen, in: Alke, M., C. Feld,
T. (Eds.), Steuerung von Bildungseinrichtungen, Theorie und Empirie Lebenslangen
Lernens. Springer Fachmedien Wiesbaden, Wiesbaden, pp. 199–224. https://doi.org/10.
1007/978-3-658-35825-9_9

Dollhausen, K., 2016. Wandel oder Kontinuität institutioneller Ordnungen im Weiterbil-
dungssektor? Zur Bedeutung von organisationsspezifischen "Planungskulturen," in: Leemann, R.J., Imdorf, C., Powell, J.J.W., Sertl, M. (Eds.), Die Organisation von Bildung.
Soziologische Analysen zu Schule, Berufsbildung, Hochschule und Weiterbildung. Beltz
Juventa, pp. 233–249.

Dollhausen, K., 2008. Planungskulturen in der Weiterbildung: Angebotsplanungen zwischen
wirtschaftlichen Erfordernissen und pädagogischem Anspruch, Theorie und Praxis der
Erwachsenenbildung. Bertelsmann, Bielefeld.

Dollhausen, K., Lattke, S., 2020. Organisation und Organisationsformen wissenschaftlicher
Weiterbildung, in: Jütte, W., Rohs, M. (Eds.), Handbuch Wissenschaftliche Weiterbildung. Springer Fachmedien Wiesbaden, Wiesbaden, pp. 99–121. https://doi.org/10.1007/
978-3-658-17674-7_5-1

Döring, N., Bortz, J., 2016. Forschungsmethoden und Evaluation in den Sozial- und Human-
wissenschaften. Springer Berlin Heidelberg, Berlin, Heidelberg. https://doi.org/10.1007/
978-3-642-41089-5

Dörner, O., 2020. Soziale Praxis wissenschaftlicher Weiterbildung. Theoretische und empirische Implikationen zu einer Forschungsperspektive, in: Jütte, W., Kondratjuk, M.,
Schulze, M. (Eds.), Hochschulweiterbildung als Forschungsfeld: Kritische Bestandsaufnahmen und Perspektiven, Hochschulweiterbildung in Theorie und Praxis. Bielefeld,
pp. 21–36.

Esposito, R.S., 2022. Ausbildungsqualitäten – andersartig, aber gleichwertig? Ein Vergleich
konkurrierender Gesundheitsausbildungen in der Schweiz, Soziologie der Konventionen.
Springer Fachmedien, Wiesbaden. https://doi.org/10.1007/978-3-658-36353-6

Eymard-Duvernay, F., 2011. Konventionalistische Ansätze in der Unternehmensforschung.
Trivium. https://doi.org/10.4000/trivium.3561

Eymard-Duvernay, F., 2002. Conventionalist approaches to enterprise, in: Conventions and
Structures in Economic Organization. Edward Elgar Publishing, p. 2235. https://doi.org/
10.4337/9781781952863.00008

Eymard-Duvernay, F., Favereau, O., Orléan, A., Salais, R., Thévenot, L., 2010. Werte, Koordination und Rationalität: Die Verbindung dreier Themen durch die »Économie des
conventions«. Trivium. https://doi.org/10.4000/trivium.3545

Fahrmeir, L., Künstler, R., Pigeot, I., Tutz, G., 2011. Statistik: der Weg zur Datenanalyse, 7.
Aufl., korr. Nachdruck, Springer-Lehrbuch. Springer, Berlin Heidelberg.

Farrell, H., 2018. The Shared Challenges of Institutional Theories: Rational Choice, Histori-
cal Institutionalism and Sociological Institutionalism, in: Glückler, J., Suddaby, R., Lenz,
R. (Eds.), Knowledge and Institutions, Knowledge and Space. Springer International
Publishing, Cham, pp. 23–44. https://doi.org/10.1007/978-3-319-75328-7_2

Fischer, A., 2014. Hochschulweiterbildung in einem heterogenen Feld. Bericht zu Händen
der Geschäftsstelle des Schweizerischen Wissenschafts- und Innovationsrats, Arbeitsdo-
kument Geschäftsstelle SWIR 3/2014, Bern.

Fischer, A., Zimmermann, T.E., 2016. Leitende in der Hochschulweiterbildung verstehen sich primär als Unternehmerinnen oder Unternehmer. Zeitschrift Hochschule und Weiterbildung (ZHWB), pp. 45–49. https://doi.org/10.11576/ZHWB-3750

Fischer, A., Zimmermann, T.E., 2011. Lohnt sich universitäre Weiterbildung? Schweizerischer. Verband für Weiterbildung SVEB, Education permanente – Schweizerische Zeitschrift für Weiterbildung, 3, pp. 26–28.

Fleige, M., 2011. Lernkulturen in der öffentlichen Erwachsenenbildung: Theorieentwickelnde und empirische Betrachtungen am Beispiel evangelischer Träger, Internationale Hochschulschriften. Waxmann, Münster München Berlin.

Fleige, M., Gieseke, W., Hippel, A., Käpplinger, B., Robak, S., 2019. Programm- und Angebotsentwicklung in der Erwachsenen- und Weiterbildung, 2. korrigierte Auflage, UTB Erwachsenenbildung, Weiterbildung. wbv, Bielefeld.

Florian, M., 2015. Vertrauen und Konventionen, in: Knoll, L. (Ed.), Organisationen und Konventionen. Springer Fachmedien Wiesbaden, Wiesbaden, pp. 61–88. https://doi.org/10.1007/978-3-658-02007-1_3

Frank, A., Meyer-Guckel, V., Schneider, C., 2007. Innovationsfaktor Kooperation: Bericht des Stifterverbandes zur Zusammenarbeit zwischen Unternehmen und Hochschulen, 1. Auflage, Stifterverband, Verwaltungsgesellschaft für Wissenschaftspflege, Essen.

Fuchs, J.P., 2016. Universität-Unternehmenskooperationen in Deutschland als Untersuchungsobjekt, in: Talent Management in Universität-Unternehmenskooperationen. Springer Fachmedien Wiesbaden, Wiesbaden, pp. 9–78. https://doi.org/10.1007/978-3-658-15107-2_1

Gieseke, W., 2009. Organisationstheoretische Überlegungen zur Lernkultur – Der übersehene institutionelle/organisatorische Faktor im Lernkulturdiskurs, in: Gieseke, W., Robak, S., Wu, M.-L. (Eds.), Transkulturelle Perspektiven auf Kulturen des Lernens. Transcript Verlag, pp. 49–86. https://doi.org/10.1515/9783839410561-002

Gieseke, W., 2008a. Forschungsbefunde zum Planungshandeln in der Weiterbildung. https://doi.org/10.3278/HBV0802W126

Gieseke, W., 2008b. Bedarfsorientierte Angebotsplanung in der Erwachsenenbildung. wbv Media, DE.

Gieseke, W., 2006. Programmforschung als Grundlage der Programmplanung unter flexiblen institutionellen Kontexten, in: Meisel, K., Schiersmann, C. (Eds.), Zukunftsfeld Weiterbildung. Standortbestimmung Für Forschung, Praxis und Politik, pp. 69–88.

Gieseke, W., 2003. Programmplanungshandeln als Angleichungshandeln. Die realisierte Vernetzung in der Abstimmung von Angebot und Nachfrage, in: Gieseke, W. (Ed.), Institutionelle Innensichten der Weiterbildung. pp. 189–211.

Gieseke, W., 2002. Reichtum, Vielfalt, Selbständigkeit. Programmplanung in der Evangelischen Erwachsenenbildung., in: Seiverth, A. (Ed.), Re-Visionen Evangelischer Erwachsenenbildung. Am Menschen orientiert. Deutsche Evangelische Arbeitsgemeinschaft für Erwachsenenbildung. Bielefeld, pp. 203–212.

Göbel, E., 2021. Neue Institutionenökonomik: Grundlagen, Ansätze und Kritik, utb Wirtschaftswissenschaften. UVK Verlag, München.

Gonon, P., 2019. Zur Legitimität von Hochschulweiterbildung in der Schweiz – Zwischen Wissenschafts- und Arbeitsmarktorientierung, in: Imdorf, C., Leemann, R.J., Gonon, P.

(Eds.), Bildung und Konventionen: Die „Economie Des Conventions" in der Bildungs-forschung. Springer Fachmedien Wiesbaden, Wiesbaden, pp. 371–399. https://doi.org/10.1007/978-3-658-23301-3_13

Graß, D., 2015. Legitimation neuer Steuerung: Eine neo-institutionalistische Erweiterung der Governance-Perspektive auf Schule und Bildungsarbeit, in: Schrader, J., Schmid, J., Amos, K., Thiel, A. (Eds.), Governance von Bildung im Wandel: Interdisziplinäre Zugänge. Springer Fachmedien Wiesbaden, Wiesbaden, pp. 65–93. https://doi.org/10.1007/978-3-658-07270-4_4

Graß, D., Alke, M., 2019. Die Soziologie der Konventionen und ihr analytisches Potenzial für die Educational Governance Forschung, in: Langer, R., Brüsemeister, T. (Eds.), Handbuch Educational Governance Theorien. Springer Fachmedien Wiesbaden, pp. 219–246. https://doi.org/10.1007/978-3-658-22237-6_11

Graßl, H., 2019. Ökonomisierung der Bildungsproduktion: zu einer Theorie des konservativen Bildungsstaats. Studien zur politischen Soziologie. Nomos, Baden-Baden.

Graßl, H., 2008. Ökonomisierung der Bildungsproduktion. Nomos. https://doi.org/10.5771/9783845211411

Greenwood, R., Suddaby, R., 2006. Institutional Entrepreneurship in Mature Fields: The Big Five Accounting Firms. The Academy of Management Journal 49(1), pp. 27–48.

Harms, J., Reichard, C., Ambrosius, G. (Eds.), 2003. Die Ökonomisierung des öffentlichen Sektors: Instrumente und Trends, 1. Auflage, Schriftenreihe der Gesellschaft für Öffentliche Wirtschaft. Nomos Verl.-Ges, Baden-Baden.

Hartz, S., 2009. Diffusionsprozesse in der Weiterbildung – eine Analyse aus der Perspektive des Neo-Institutionalismus, in: Koch, S., Schemmann, M. (Eds.), Neo-Institutionalismus in der Erziehungswissenschaft. VS Verlag für Sozialwissenschaften, Wiesbaden, pp. 133–159. https://doi.org/10.1007/978-3-531-91496-1_7

Hasse, R., Krücken, G., 2005. Neo-Institutionalismus: (2., komplett überarbeitete Auflage). transcript Verlag. https://doi.org/10.1515/9783839400289

Hasse, R., Krücken, G., 2008. Institution, in: Baur, N., Korte, H., Löw, M., Schroer, M. (Eds.), Handbuch Soziologie. VS Verlag für Sozialwissenschaften, Wiesbaden, pp. 163–182. https://doi.org/10.1007/978-3-531-91974-4_8

Herbrechter, D., Schemmann, M., 2019. Educational Governance und Neo-Institutionalismus in der Weiterbildungsforschung, in: Langer, R., Brüsemeister, T. (Eds.), Handbuch Educational Governance Theorien, Educational Governance. Springer Fachmedien Wiesbaden, pp. 181–199. https://doi.org/10.1007/978-3-658-22237-6_9

HFKG – Bundesgesetz über die Förderung der Hochschulen und die Koordination im schweizerischen Hochschulbereich: Hochschulförderungs- und Koordinationsgesetz vom 30.09.2011 (Stand 01.01.2020).

Hippel von, A., 2017. Theoretische Perspektiven auf Programmplanung in der Erwachsenenbildung: Eine Systematisierung von Programmplanungsmodellen für Forschung und Praxis. Zeitschrift für Weiterbildungsforschung 40 (2), 199–209. https://doi.org/10.1007/s40955-017-0090-4

Hippel von, A., 2013. Programmplanung als professionelles Handeln – „Angleichungshandeln" und „Aneignungsmodi" im aktuellen Diskurs der Programm- und Professionsforschung, in: Käpplinger, B., Robak, S., Schmidt-Lauff, S. (Eds.), Engagement für die Erwachsenenbildung. Springer Fachmedien Wiesbaden, pp. 131–143. https://doi.org/10.1007/978-3-531-19116-4_12

Hippel von, A., 2011. Programmplanungshandeln im Spannungsfeld heterogener Erwartungen. Ein Ansatz zur Differenzierung von Widerspruchskonstellationen und professionellen Antinomien. Report: Zeitschrift für Weiterbildungsforschung 34 (1), pp. 45–57.

Hippel von, A., Kulmus, C., Stimm, M., 2019. Didaktik der Erwachsenen- und Weiterbildung, UTB Erziehungswissenschaft, Didaktik. Ferdinand Schöningh, Paderborn.

Hippel von, A., Röbel, T., 2016. Funktionen als akteursabhängige Zuschreibungen in der Programmplanung betrieblicher Weiterbildung. Zeitschrift für Weiterbildungsforschung 39 (1), pp. 61–81. https://doi.org/10.1007/s40955-016-0053-1

Höhne, T., 2016. Stiftungen & Staat auf dem Privatisierungspfad, in: Heinrich, M., Kohlstock, B. (Eds.), Ambivalenzen des Ökonomischen. Springer Fachmedien Wiesbaden, Wiesbaden, pp. 35–58. https://doi.org/10.1007/978-3-658-10084-1_3

Höhne, T., 2015a. Ökonomisierung und Bildung. Springer Fachmedien Wiesbaden, Wiesbaden. https://doi.org/10.1007/978-3-658-08974-0

Höhne, T., 2015b. Ökonomisierungsdiskurse: Problemaufriss und begriffliche Unterscheidungen, in: Ökonomisierung und Bildung, Essentials. Springer Fachmedien Wiesbaden, pp. 3–7. https://doi.org/10.1007/978-3-658-08974-0_2

Höhne, T., 2012a. Ökonomisierung von Bildung, in: Bauer, U., Bittlingmayer, U.H., Scherr, A. (Eds.), Handbuch Bildungs- und Erziehungssoziologie. VS Verlag für Sozialwissenschaften, Wiesbaden, pp. 797–812. https://doi.org/10.1007/978-3-531-18944-4_47

Höhne, T., 2012b. Stiftungen als Akteure eines neuen Bildungsregimes. Waxmann, DDS – Die Deutsche Schule 104. Jahrgang 2012, Heft 3, pp. 242–255.

Houben, D., 2019. Theorieentwicklungen des soziologischen Neoinstitutionalismus und seine Potentiale für die Educational Governance-Perspektive, in: Langer, R., Brüsemeister, T. (Eds.), Handbuch Educational Governance Theorien, Educational Governance. Springer Fachmedien Wiesbaden, pp. 147–179. https://doi.org/10.1007/978-3-658-222 37-6_8

Imdorf, C., Leemann, R.J. (2023). Education and Conventions. In: Diaz-Bone, R., Larquier, G.d. (eds) Handbook of Economics and Sociology of Conventions. Springer, Cham. https://doi.org/10.1007/978-3-030-52130-1_69-1

Imdorf, C., Leemann, R.J., Gonon, P. (Eds.), 2019. Bildung und Konventionen: Die „Economie des conventions" in der Bildungsforschung. Springer Fachmedien Wiesbaden, Wiesbaden. https://doi.org/10.1007/978-3-658-23301-3

Jagd, S., 2011. Die Économie des conventions und die neue Wirtschaftssoziologie; Wechselseitige Inspiration und Dialoge., in: Diaz-Bone, R. (Ed.), Soziologie der Konventionen. Grundlagen einer pragmatischen Anthropologie. Campus, Frankfurt, pp. 275–292.

Jager, J., Putnick, D.L., Bornstein, M.H., 2017. More than just convenient: the scientific merits of homogeneous convenience samples, developmental methodology. Monographs of the Society for Research in Child Development 82 (2), pp. 13–30. https://doi.org/10.1111/mono.12296

Juusola, H., Räihä, P., 2020. Quality conventions in the exported Finnish master's degree programme in teacher education in Indonesia. Higher Education 79 (4), pp. 675–690. https://doi.org/10.1007/s10734-019-00430-3

Kahl, R., Schmitt, T., 2014. Die Institutionalisierung wissenschaftlicher Weiterbildung zwischen organisations- und professionsbezogenen Herausforderungen, in: Weber, S.M., Göhlich, M., Schröer, A., Schwarz, J. (Eds.), Organisation und das Neue: Beiträge der

Kommission Organisationspädagogik. Springer Fachmedien Wiesbaden, pp. 151–160. https://doi.org/10.1007/978-3-658-03734-5_11

Kirchner, S., Krüger, A.K., Meier, F., Meyer, U., 2015. Wie geht es weiter mit dem soziologischen Neo-Institutionalismus? in: Apelt, M., Wilkesmann, U. (Eds.), Zur Zukunft der Organisationssoziologie. Springer Fachmedien Wiesbaden, pp. 189–202. https://doi.org/10.1007/978-3-658-07330-5_11

Kiwit, D., Voigt, S., 1995. Überlegungen zum institutionellen Wandel unter Berücksichtigung des Verhältnisses interner und externer Institutionen. Diskussionsbeitrag / Max-Planck-Institut zur Erforschung von Wirtschaftssystemen, Jena.

Klages, B., Mörth, A., Cendon, E., 2020. Theorie-Praxis-Verzahnung in der wissenschaftlichen Weiterbildung: Unterschiedliche Domänen – unterschiedliche Probleme? in: Wandel an Hochschulen? Entwicklungen der Wissenschaftlichen Weiterbildung im Bund-Länder-Wettbewerb «Aufstieg durch Bildung: Offene Hochschulen». pp. 109–126. https://doi.org/10.31244/9783830991069

Kloke, K., Krücken, G., 2010. Grenzstellenmanager zwischen Wissenschaft und Wirtschaft? Eine Studie zu Mitarbeiterinnen und Mitarbeitern in Einrichtungen des Technologietransfers und der wissenschaftlichen Weiterbildung. Beiträge zur Hochschulforschung 32(3), pp. 32–52.

Knoll, L. (Ed.), 2015. Organisationen und Konventionen. Springer Fachmedien Wiesbaden, Wiesbaden. https://doi.org/10.1007/978-3-658-02007-1

Knoll, L., 2012. Über die Rechtfertigung wirtschaftlichen Handelns. VS Verlag für Sozialwissenschaften, Wiesbaden. https://doi.org/10.1007/978-3-531-18983-3

Koch, S., Schemmann, M., 2009. Neo-Institutionalismus und Erziehungswissenschaft – eine einleitende Verhältnisbestimmung, in: Koch, S., Schemmann, M. (Eds.), Neo-Institutionalismus in der Erziehungswissenschaft: Grundlegende Texte und Empirische Studien. VS Verlag für Sozialwissenschaften, Wiesbaden, pp. 7–18. https://doi.org/10.1007/978-3-531-91496-1_1

Koch, S., 2022. Legitimität, Legitimation und Legitimierung von Bildungsorganisationen. Zur Theorie und Empirie einer vernachlässigten Bedingung von Steuerung, in: Alke, M., C. Feld, T. (Eds.), Steuerung von Bildungseinrichtungen: Theoretische Analysen Erziehungswissenschaftlicher Organisationsforschung. Springer Fachmedien Wiesbaden, Wiesbaden, pp. 151–178. https://doi.org/10.1007/978-3-658-35825-9_7

Kondratjuk, M., 2020. Das Handeln der Akteure in der Hochschulweiterbildung sozialweltlich gedeutet, in: Jütte, W., Kondratjuk, M., Schulze, M. (Hrsg.). (2020). Hochschulweiterbildung als Forschungsfeld: Kritische Bestandsaufnahmen und Perspektiven, Hochschulweiterbildung in Theorie und Praxis. wbv Media GmbH & Co. KG, Bielefeld, pp. 37–62.

Kondratjuk, M., 2017. Soziale Welt Hochschulweiterbildung. Figurationsmerkmale, Arenastruktur, Handlungsmodell. Bertelsmann.

König, P.D., Jäckle, S., 2017. Clusteranalyse, in: Jäckle, S. (Ed.), Neue Trends in den Sozialwissenschaften. Springer Fachmedien Wiesbaden, pp. 51–84. https://doi.org/10.1007/978-3-658-17189-6_3

Krücken, G., Röbken, H., 2009. Neo-institutionalistische Hochschulforschung, in: Koch, S., Schemmann, M. (Eds.), Neo-Institutionalismus in der Erziehungswissenschaft: Grundlegende Texte und Empirische Studien. VS Verlag für Sozialwissenschaften, Wiesbaden, pp. 326–346. https://doi.org/10.1007/978-3-531-91496-1_16

Lawrence, T., Suddaby, R.R., 2006. Institutions and Institutional Work, in: Clegg, S.R., Hardy, C., Lawrence, T.B., Nord, W.R. (Eds.), Sage Handbook of Organization Studies. London, pp. 215–254.

Leemann, R.J., 2019. Educational Governance von Ausbildungsverbünden in der Berufsbildung – die Macht der Konventionen, in: Langer, R., Brüsemeister, T. (Eds.), Handbuch Educational Governance Theorien, Educational Governance. Springer Fachmedien Wiesbaden, pp. 265–287. https://doi.org/10.1007/978-3-658-22237-6_13

Lehmann, B., 2019. Ziele und Aufgaben wissenschaftlicher Weiterbildung, in: Jütte, W., Rohs, M. (Eds.), Handbuch Wissenschaftliche Weiterbildung. Springer Fachmedien Wiesbaden, Wiesbaden, pp. 1–20. https://doi.org/10.1007/978-3-658-17674-7_4-1

Lehmann, B., Vierzigmann, G., 2022. Weiterbildung an Hochschulen: Zwischen Disziplin, Bildungspraxis und Profession, Zeitschrift Hochschule und Weiterbildung (ZHWB), 2, pp. 8–15. https://doi.org/10.11576/zhwb-5263

Lohmann, I., 2014. Bildung am Ende der Moderne. Beiträge zur Kritik der Privatisierung des Bildungswesens. https://doi.org/10.25656/01:9476

McCabe, J.A., 2017. The SAGE Encyclopedia of Abnormal and Clinical Psychology. SAGE Publications, Inc., Thousand Oaks. https://doi.org/10.4135/9781483365817

Meier, F., 2009. Die Universität als Akteur. VS Verlag für Sozialwissenschaften, Wiesbaden. https://doi.org/10.1007/978-3-531-91486-2

Milligan, G.W., 1980a. An examination of the effect of six types of error perturbation on fifteen clustering algorithms. Psychometrika 45 (3), pp. 325–342. https://doi.org/10.1007/BF02293907

Moosbrugger, H., Kelava, A., 2020. Testtheorie und Fragebogenkonstruktion. Springer Berlin Heidelberg, Berlin, Heidelberg. https://doi.org/10.1007/978-3-662-61532-4

Moosbrugger, H., Kelava, A., 2012. Testtheorie und Fragebogenkonstruktion, Springer-Lehrbuch. Springer Berlin Heidelberg, Berlin, Heidelberg. https://doi.org/10.1007/978-3-642-20072-4

Nagy, M.S., 2002. Using a single-item approach to measure facet job satisfaction. Journal of Occupational and Organizational Psychology 75 (1), pp. 77–86. https://doi.org/10.1348/096317902167658

Pätzold, H., 2022b. Steuerung in sich verändernden Umwelten – das Potenzial von Systemtheorie, (Neo-) Institutionalismus und Konventionentheorie für die erziehungswissenschaftliche Organisationsforschung, in: Alke, M., C. Feld, T. (Eds.), Steuerung von Bildungseinrichtungen, Theorie und Empirie Lebenslangen Lernens. Springer Fachmedien Wiesbaden, Wiesbaden, pp. 359–374. https://doi.org/10.1007/978-3-658-35825-9_15

Peetz, T., Sowada, M.G., 2019. Koordination und Konvention, in: Langer, R., Brüsemeister, T. (Eds.), Handbuch Educational Governance Theorien, Educational Governance. Springer Fachmedien Wiesbaden, Wiesbaden, pp. 247–264. https://doi.org/10.1007/978-3-658-22237-6_12

Peters, B.G., 2011. Institutional Theory in Political Science: The New Institutionalism. Bloomsbury Publishing.

Powell, W.W., Colyvas, J.A., 2008. Microfoundations of institutional theory. The SAGE handbook of organizational institutionalism. – Los Angeles, Calif. [u.a.] Sage Publ., pp. 276–298.

Powell, W.W., DiMaggio, P., 1991. The New institutionalism in organizational analysis. University of Chicago Press, Chicago.

Punj, G., Stewart, D.W., 1983. Cluster Analysis in Marketing Research: Review and Suggestions for Application. Journal of Marketing Research 20 (2), pp. 134–148. https://doi.org/10.1177/002224378302000204

Qualifikationsrahmen für den schweizerischen Hochschulbereich (nqf.ch-HS), 2021. Swissuniversities. Online: nqf-ch-HS-d.pdf (swissuniversities.ch), abgerufen am 28.03.2023

Reich-Claassen, J., 2020. Angebotsentwicklung und Programmplanung in der wissenschaftlichen Weiterbildung, in: Jütte, W., Rohs, M. (Eds.), Handbuch Wissenschaftliche Weiterbildung. Springer Fachmedien Wiesbaden, pp. 279–297. https://doi.org/10.1007/978-3-658-17643-3_14

Reich-Claassen, J., 2016. Wissenschaftliche Weiterbildung zwischen kundenorientierten Lernkontexten und hochschulischem Bildungsanspruch, in: Miller, T., Ostertag, M. (Eds.), Hochschulbildung. De Gruyter, pp. 111–122. https://doi.org/10.1515/9783110500875-011

Reum, N., 2020. Entwicklung kürzerer Weiterbildungsformate: Der deutsche Hochschulsektor im europäischen Kontext. In E. Cendon, U. Wilkesmann, A. Maschwitz, S. Nickel, K. Speck, & U. Elsholz (Eds.), Wandel an Hochschulen? Entwicklungen der wissenschaftlichen Weiterbildung im Bund-Länder-Wettbewerb ›Aufstieg durch Bildung: offene Hochschulen‹ (pp. 89–105). Münster: Waxmann. https://doi.org/10.25656/01:20805

Richter, R., Furubotn, E.G., 2003. Neue Institutionenökonomik: Eine Einführung und kritische Würdigung, 3., überarb. und erw. Auflage, Neue ökonomische Grundrisse. Mohr Siebeck, Tübingen.

Rösselet, S., 2012. Der Einfluss von Kontextvariablen, in: Rösselet, S. (Ed.), ExpertInnen machen Schule. VS Verlag für Sozialwissenschaften, Wiesbaden, pp. 51–172. https://doi.org/10.1007/978-3-531-94068-7_3

Rohs, M., Steinmüller, B., & Bender, J. (2019). Weiterbildung an Hochschulen. Eine Fallstudie am Beispiel der Technischen Universität Kaiserslautern. Beiträge zur Erwachsenenbildung, 8. Technische Universität Kaiserslautern.

Salais, R., 2007. Die „Ökonomie der Konventionen" – mit einer Anwendung auf die Arbeitswelt, in: Beckert, J., Diaz Bone, R., Ganßmann, H. (Eds.), Märkte als Soziale Strukturen. Campus, Frankfurt, pp. 95–112.

Salkind, N.J., 2022. The SAGE Encyclopedia of Research Design. SAGE Publications, Inc., Thousand Oaks. https://doi.org/10.4135/9781071812082

Schäffter, O., 2013. Die Kategorie des „Angleichungshandelns" bei Wiltrud Gieseke. Eine relationale Sicht auf die empirische Rekonstruktion von „Programmplanungshandeln", in: Käpplinger, B., Robak, S., Schmidt-Lauff, S. (Eds.), Engagement für die Erwachsenenbildung. Springer Fachmedien Wiesbaden, pp. 223–235. https://doi.org/10.1007/978-3-531-19116-4_20

Schemmann, M., 2017. Institutionentheoretische Grundlagen der Organisationspädagogik, in: Göhlich, M., Schröer, A., Weber, S.M. (Eds.), Handbuch Organisationspädagogik. Springer Fachmedien Wiesbaden, Wiesbaden, pp. 1–11. https://doi.org/10.1007/978-3-658-07746-4_19-1

Schimank, U., Volkmann, U., 2017. Ökonomisierung der Gesellschaft, in: Maurer, A. (Ed.), Handbuch der Wirtschaftssoziologie. Springer Fachmedien Wiesbaden, pp. 593–609. https://doi.org/10.1007/978-3-531-19907-8_28

Schmid, C.J., Wilkesmann, U., 2020. Eine praxistheoretische Fundierung der Governance wissenschaftlicher Weiterbildung, in: Jütte, W., Rohs, M. (Eds.), Handbuch Wissenschaftliche Weiterbildung. Springer Fachmedien Wiesbaden, pp. 215–233. https://doi.org/10.1007/978-3-658-17643-3_10

Schnell, R., Hill, P.B., Esser, E., 1999. Methoden der empirischen Sozialforschung, 6., völlig überarbeitete und erweiterte Auflage. Oldenbourg, München.

Schofer, E., Ramirez, F.O., Meyer, J.W., 2021. The Societal Consequences of Higher Education. Sociology of Education, 94(1), p.1–19. https://doi.org/10.1177/0038040720942912

Schöni, W., 2017. Bildungswertschöpfung: zur politischen Ökonomie der berufsorientierten Weiterbildung, 1. Auflage, hep der bildungsverlag, Bern.

Schrader, J., 2011. Struktur und Wandel der Weiterbildung. wbv Media, DE.

Schrader, J., 2008. Steuerung im Mehrebenensystem der Weiterbildung – ein Rahmenmodell., in: Hartz, S.S. (Ed.), Steuerung und Organisation in der Weiterbildung., Analysen und Beiträge zur Aus- und Weiterbildung. Klinkhardt, Bad Heilbrunn, pp. 31–64.

Schulze, M., 2020. Der Prozess der Institutionalisierung. Ein theoretischer Zugang zur Frage erfolgreicher Entwicklung und Etablierung von Hochschulweiterbildung., in: Jütte, W., Kondratjuk, M., Schulze, M. (Eds.), Hochschulweiterbildung als Forschungsfeld: Kritische Bestandsaufnahmen und Perspektiven. Hochschulweiterbildung in Theorie und Praxis. Bielefeld, pp. 151–166.

Scott, W.R., 1995. Institutions and organizations, Foundations for organizational science. SAGE, Thousand Oaks.

Scott, W.R., Meyer, J.W., 1991. The Organization of Societal Sectors: Propositions and Early Evidence., in: Powell, W.W., DiMaggio, P.J. (Eds.), The New Institutionalism in Organizational Analysis. University of Chicago Press, Chicago, pp. 108–140.

Seitter, W., 2017. Zielgruppen in der wissenschaftlichen Weiterbildung, in: Hörr, B., Jütte, W. (Eds.), Weiterbildung an Hochschulen. Der Beitrag der DGWF zur Förderung Wissenschaftlicher Weiterbildung. Bertelsmann, Bielefeld, pp. 211–221.

Seitter, W., 2014. Nachfrageorientierung als neuer Steuerungsmodus. Wissenschaftliche Weiterbildung als organisationale Herausforderung universitärer Studienangebotsentwicklung, in: Weber, S.M., Göhlich, M., Schröer, A., Schwarz, J. (Eds.), Organisation und das Neue: Beiträge der Kommission Organisationspädagogik. Springer Fachmedien Wiesbaden, pp. 141–150. https://doi.org/10.1007/978-3-658-03734-5_10

Senge, K., 2011. Das Neue am Neo-Institutionalismus. VS Verlag für Sozialwissenschaften, Wiesbaden. https://doi.org/10.1007/978-3-531-93008-4

Siebert, H., 1982. Siebert, H. (1982): Programmplanung als didaktisches Handeln, in: Nuissl, E. (Ed.), Taschenbuch Der Erwachsenenbildung. pp. 100–121.

Siebertz, K., Bebber, D. van, Hochkirchen, T., 2017. Korrelationsanalyse, in: Statistische Versuchsplanung: Design of Experiments (DoE). Springer Berlin Heidelberg, Berlin, Heidelberg, pp. 381–394. https://doi.org/10.1007/978-3-662-55743-3_11

Storper, M., Salais, R., 1997. Worlds of production: the action frameworks of the economy. Harvard University Press, Cambridge, Mass.

Streiner, D. L. (2003). Starting at the Beginning: An Introduction to Coefficient Alpha and Internal Consistency. Journal of Personality Assessment, 80(1), 99–103. https://doi.org/10.1207/S15327752JPA8001_18

Swissuniversities, 2020. Eckwerte Hochschulweiterbildung, Bern 2020.

Tettenborn, A., Tremp, P., 2020. Pädagogische Hochschulen in ihrer Entwicklung. Hochschulkultur im Spannungsfeld von Wissenschaftsorientierung und Berufsbezug. Dokumentation der Tagung vom 15. November 2019. Zenodo. https://doi.org/10.5281/ZEN ODO.3923513

Teusler, N., 2008. Strategische Stabilitätsfaktoren in Unternehmenskooperationen. Gabler, Wiesbaden. https://doi.org/10.1007/978-3-8349-9823-1

Thévenot, L., 2001. Conventions of co-ordination and the framing of uncertainty, in: Fullbrook, E. (Ed.), Intersubjectivity in Economics. Routledge, London, pp. 181–197.

Tremp, P., 2020. „Wissenschaftlichkeit" in der wissenschaftlichen Weiterbildung, in: Jütte, W., Rohs, M. (Eds.), Handbuch Wissenschaftliche Weiterbildung. Springer Fachmedien Wiesbaden, pp. 123–136. https://doi.org/10.1007/978-3-658-17643-3_6

Vetter, T., Schemmann, M., 2022. Veränderungen des Hochschulsystems am Beispiel der Open-Access-Bewegung. Möglichkeiten und Grenzen einer neo-institutionalistischen Perspektive auf Steuerung, in: Alke, M., C. Feld, T. (Eds.), Steuerung von Bildungseinrichtungen, Theorie und Empirie Lebenslangen Lernens. Springer Fachmedien Wiesbaden, Wiesbaden, pp. 225–248. https://doi.org/10.1007/978-3-658-35825-9_10

Voigt, S., 2009. Institutionenökonomik, 2., durchgesehene Auflage, UTB. Fink, Paderborn.

Voswinkel, S., Wagner, G., 2014. Die Organisation des Erfolgs. Regulierung verunsicherter Anerkennungsansprüche. Leviathan 29, pp. 105–122.

Walber, M., Jütte, W., 2015. Entwicklung professioneller Kompetenzen durch didaktische Relationierung in der wissenschaftlichen Weiterbildung, in: Hartung, O., Rumpf, M. (Eds.), Lehrkompetenzen in der wissenschaftlichen Weiterbildung. Springer Fachmedien Wiesbaden, pp. 49–64. https://doi.org/10.1007/978-3-658-08869-9_4

Weber, C., Neureuther, J., 2017. Prozessschritte einer evidenzbasierten Angebotsentwicklung am Beispiel wissenschaftlicher Weiterbildungsangebote der TU Kaiserslautern. Arbeits- und Forschungsberichte aus dem Projekt EB – Bildung als Exponent individueller und regionaler Entwicklung Nr. 9.

Weber, K., 2014. Wissenschaftliche Weiterbildung in der Schweiz: Diskurs, Institutionalisierung und Profilbildung. Internationales Jahrbuch der Erwachsenenbildung 37. https://doi.org/10.7788/ijbe-2014-0104

Weber, K., 2012. Die Öffnung der Hochschulweiterbildung für Leute ohne Hochschulabschluss., in: Zimmermann, T.E.; Fischer, A. (Eds.), Ohne Studium zur wissenschaftlichen Weiterbildung? Universität Bern, Zentrum für universitäre Weiterbildung, Bern, pp. 19–32.

Weber, K., Künzli, R., 2016. Die Hochschulen in der Welt des Wissens, in: Gonon, P., Hügli, R., Künzli, R., Maag Merki, K., Rosenmund, M., Weber, K. (Eds.), Governance im Spannungsfeld des Schweizerischen Bildungsföderalismus. Sechs Fallstudien. Bern: hep verlag ag, pp. 70–94.

WeBiG – Bundesgesetz über die Weiterbildung vom 20.01.2014, Stand: 01.01.2017, SR 419.1 Bundesgesetz vom 20. Juni 2014 über die Weiterbildung (WeBiG).

Wentura, D., Pospeschill, M., 2015. Multivariate Datenanalyse. Springer Fachmedien Wiesbaden, Wiesbaden. https://doi.org/10.1007/978-3-531-93435-8

Wilkesmann, U., 2013. Effects of Transactional and Transformational Governance on Academic Teaching: Empirical evidence from two types of higher education institutions. Tertiary Education and Management 19 (4), pp. 281–300. https://doi.org/10.1080/135 83883.2013.802008

Wilkesmann, U., 2010. Die vier Dilemmata der wissenschaftlichen Weiterbildung. Zeitschrift für Soziologie der Erziehung und Sozialisation, 30, pp. 28–42.

Wilkesmann, U., 2007. Wissenschaftliche Weiterbildung als gemeinsame Wissensarbeit an der Grenzstelle von Universitäten und Unternehmen. Arbeit, Heft 4, Lucius & Lucius Verlagsgesellschaft.

Wilkesmann, U., Vorberg, R., 2021. The influence of relatedness and organizational resources on teaching motivation in continuing higher education. Zeitschrift für Weiterbildungsforschung 44(3), pp. 263–284. https://doi.org/10.1007/s40955-021-00186-3

Wilkesmann, U., Vorberg, R., Schmitz, E., Minnemann, P., 2020. Motivation von Lehrenden in der wissenschaftlichen Weiterbildung. In: Wandel an Hochschulen? Entwicklungen der Wissenschaftlichen Weiterbildung im Bund-Länder-Wettbewerb «Aufstieg durch Bildung: Offene Hochschulen», pp. 184–208.

Williamson, O.E., 2000. The New Institutional Economics: Taking Stock, Looking Ahead. Journal of Economic Literature 38, pp. 595–613.

Wissenschaftsrat, 2019. Empfehlungen zu hochschulischer Weiterbildung als Teil des lebenslangen Lernens – Vierter Teil der Empfehlungen zur Qualifizierung von Fachkräften vor dem Hintergrund des demographischen Wandels; Berlin.

Wittpoth, J., 2007. Weiterbildung im Raum: Beteiligungsregulation und Angebotsentwicklung., in: Heuer, U.S. (Ed.), Weiterbildung am Beginn des 21. Jahrhunderts. Festschrift für Wiltrud Gieseke. Eine Publikation des Erwachsenenpädagogischen Instituts Berlin e.V. Waxmann, Münster u.a., pp. 197–206.

Wolter, A., 2017. Offene Hochschule: Motor wissenschaftlicher Weiterbildung? In: Jütte, W., Hörr, B. (Eds.), Weiterbildung an Hochschulen: Der Beitrag der DGWF zur Förderung wissenschaftlicher Weiterbildung. wbv Media, Bielefeld, pp. 181–194.

Wolter, A., 2011. Die Entwicklung wissenschaftlicher Weiterbildung in Deutschland. Von der postgradualen Weiterbildung zum lebenslangen Lernen., Paralleltitel: The development of further education in Germany. From post graduate further education to lifelong learning. Beiträge zur Hochschulforschung 33(4), pp. 8–35.

Xu, R., Wunsch, D.C., 2009. Clustering, IEEE Press series on computational intelligence. Wiley, IEEE Press, Hoboken, N.J. : Piscataway, NJ.

Zastrow, J., 2013. Die institutionelle Neuausrichtung der wissenschaftlichen Managementweiterbildung. Springer Fachmedien Wiesbaden, Wiesbaden. https://doi.org/10.1007/978-3-531-19739-5

Zimmermann, T.E., 2019a. Wissenschaftliche Weiterbildung in der Schweiz, in: Jütte, W., Rohs, M. (Eds.), Handbuch Wissenschaftliche Weiterbildung. Springer Fachmedien Wiesbaden, pp. 1–19. https://doi.org/10.1007/978-3-658-17674-7_33-1

Zimmermann, T.E., 2019b. Die Weiterbildungsformate CAS, DAS und MAS in der Schweizer Hochschullandschaft. https://doi.org/10.4119/ZHWB-1569

Zimmermann, T.E., 2012. Die Sur-Dossier-Aufnahmen in MAS-Studiengängen in der deutschsprachigen Schweiz: Eine Untersuchung zu den Praktiken und Problemen. In: Ohne Studium zur wissenschaftlichen Weiterbildung? Zoom, pp. 33–62. Bern: Zentrum für universitäre Weiterbildung ZUW der Universität Bern. ZUW, Bern.

Zimmermann, T.E., Fischer, A., 2016. Hochschulweiterbildung Schweiz 2025: Wege in die Zukunft, 1. Auflage, Zentrum für universitäre Weiterbildung, Bern.

Printed by Printforce, the Netherlands